谨以本书献给新中国成立70周年

献身新中国出版事业的出版家

宋应离 著

河南大学出版社
·郑州·

图书在版编目(CIP)数据

献身新中国出版事业的出版家/宋应离著.—郑州:河南大学出版社,2019.10
ISBN 978-7-5649-3963-2

Ⅰ.①献… Ⅱ.①宋… Ⅲ.①出版家－生平事迹－中国－现代 Ⅳ.①K825.42

中国版本图书馆 CIP 数据核字(2019)第 214974 号

责任编辑	靳宇峰　展文婕
责任校对	言　午
装帧设计	马　龙

出　版	河南大学出版社			
	地址:郑州市郑东新区商务外环中华大厦 2401 号　邮编:450046			
	电话:0371－86059735　　　网址:www.hupress.com			
排　版	河南大学出版社设计排版部			
印　刷	河南瑞之光印刷股份有限公司			
版　次	2019 年 10 月第 1 版	印　次	2019 年 10 月第 1 次印刷	
开　本	890mm×1240mm　1/32	印　张	12.125	
字　数	304 千字	定　价	49.00 元	

(本书如有印装质量问题,请与河南大学出版社营销部联系调换)

　　宋应离,1934年生,河南省漯河市人,教授。1955年至1959年在开封师范学院(现河南大学)中文系学习,1956年加入中国共产党,1959年毕业留校任教。曾任《河南大学学报》主编、河南大学出版社社长,长期担任编辑出版专业硕士研究生导师。主要著作有《河南大学学报简史》《中国期刊发展史》(与人合著)《名刊名编名人》《呕心沥血铸精品——现当代名编辑叙录》《中国当代出版史料》(与人合编)《亲历新中国出版六十年》(与人合编)等。发表学术论文多篇。

　　曾荣获1989年"河南省优秀教师"称号、2010年"中国高等高教学会与传播专业委员会中国新闻教育贡献人物奖"、2011年被评为"新中国60年100个有影响力的期刊人"之一。

自　　序

在中华人民共和国成立70周年的喜庆日子里,《献身新中国出版事业的出版家》即将与读者见面了。在这个庄严的时刻,我不禁心潮澎湃,十分激动。感谢我们伟大的党、伟大的祖国多年来对我的教育培养。

新中国成立70年来,我国的出版事业在党的正确领导下,坚持为人民服务、为社会主义服务的方向,取得了举世瞩目的巨大成就。特别是改革开放40多年来,在习近平新时代中国特色社会主义思想指引下,出版事业与全国改革开放同步,坚持文化发展为人民、文化发展成果为人民,出版业为巩固马克思主义在我国意识形态领域的指导地位,为巩固全党全国人民团结奋斗的共同思想基础,为满足广大人民多层次、多样化、多方面丰富的文化生活需求,坚定文化自信,为社会主义现代化建设提供精神动力和智力支持,为建设文化强国作出了巨大贡献。我国的出版业实力愈来愈强,正朝着世界出版强国目标迈进。

编辑出版工作是对人类文化的收集、积累、选择、整合和传播。著名编辑出版家戴文葆认为:"编辑是人类文明的记录者、整理者和保存者,也是人类文明的发现者、创造者。人类文化得以延绵不绝,世代相传,编辑之功不可泯没。"原上海世纪出版集团总裁陈昕从出版工作推动人类文明进步,助推经济发展,促进思想文化发展和学术创新等方面对出版的本质作出了进一步阐释。他强调:"出版工作是知识生产体系的重要一环,优秀的出版工作在知识生产、知识消费和知识积累的循环中起到引擎的作用,它是人类知识和文化传播的推进器;同时,它又为思想和学术的建设与创新提供基础和平台,引导人类文化的进步。"出版工作者是人类优秀文化的积累者,先进文化的传播者,民族文化素质的培育者,精神文明的建设者。

出版工作的巨大成就,离不开广大优秀编辑工作者个人的努力与奉献。新中国成立70年来,在我们党培养教育下,涌现出许多著名的编辑出版家。他们当中虽然经历不同,岗位有别,但他们都长期坚守在出版工作第一线。他们具有大师的高尚风范,不愧是出版业的领军人物。为了发展新中国的出版事业,不忘初心,把编辑出版工作作为终生使命,以服务文化为最高价值追求,为保存、延续人类精神文化,把自己的生命与出版工作紧密结合在一起。正像出版家巢峰说的:"这么多年来,我的生命跟编纂《辞海》交织在一起。"在这些出版家中,他们以自己的亲见、亲闻、亲历见证了新中国出版事业发展的光辉历程;以鲜活的史实给人以历史的现场感;以各自的不凡业绩谱写了新中国70年出版事业繁荣发展的新篇章。

编辑出版工作是一项创造性的精神劳动。编辑工作者是长期从事着默默无闻"为人作嫁"工作的幕后英雄。编辑工作是一种隐匿性的工作,它往往不为人所知。正像一位资深出版者隅人(刘建生)讲的:"在文化的演进更替中,在历史文化的长河巨流中,大家更多关注的是已经成为一本本图书、一部部经典的内容和作家本人,而常常忽略这些著述、这些经典是怎么来的,忽略推出这些著作的幕后人物、无名英雄——作为编辑出版者的书后操作者。人们很少了解当编辑为人作嫁搞出版的苦衷;不太熟悉出版这个行为对于人类文明文化的贡献,不很知道正是编辑的出版选择,我们才能在汗牛充栋的浩瀚文海中,有直面经典的机会,有领略文化思想科学精品带来的启迪和快乐。否则,会有许多文明文化的机遇与我们失之交臂,会有许多进步提升的阶段与我们错峰而去。"这段话既是对编辑工作者劳动的高度赞扬,也是一位出版人亲身体验而发的肺腑之言。

我于1978年开始从事编辑出版工作,至今已40余年。在这段时间里,由于工作的关系,我接触了不少新中国成立以来在编辑出版岗位上的著名编辑出版家,聆听了他们从事编辑出版工作的丰富经历,拜读了他们的著作,从他们身上看到正如出版家刘杲所赞扬的编辑家的高尚精神:"崇尚文化的人文精神、服务读者的服务精神、'为人作嫁'的奉献精神、精益求精的敬业精神、与时俱进的创新精神。"对他们的这种精神,我饱含深情,心生敬意。他们对编辑出版事业贡献的业绩,总是在脑海中,终日萦绕,辗转交织,不把这些写出来,真有夜不眠、饥不食、渴不饮的痛苦与愧疚。在责任心的驱动下,我下决心把他们的业绩总结、记录下来,从一个侧面反映新中国出版事业的发展历程,也为后人留下一份精神遗产;为这些著名出版家立传、为时代存史,追昔励今,以借鉴历史,树立典范,指导当今,启迪后人,这正是我撰写本书的初衷。

本书不是严格意义上的出版家传记,只是对部分出版家在某一历史阶段某些方面对编辑出版事业的成就与贡献作些叙述与概括。由于精力所限,对改革开放40多年来涌现出来的出版改革家很少涉及。

漫漫路上不停步,谁知十年何辛苦。本书从构思到写出历经10年,其间的甘苦无以言表。中山大学文学院教授黄修己在一篇回顾治学感受时曾写出以下几句话:"攻读夜当午,汗滴座下土,谁知手中篇,字字皆辛苦。"读来真是感同身受,引起共鸣。

我一生愚笨,不会用电脑查阅资料,对书刊只能逐页翻阅,有些资料只能靠手抄写,以备后用。所有文字全雇别人打印。我身体不好,在本书写作时,长时间忍受直肠癌术后的痛苦;胃病不时发作,严重影响写作进度,加之视力日趋下降,更增加了写作的困难。不过狠下决心,咬紧牙关,总算撑下来了。

本书的出版,得到河南大学出版社于华龙社长、杨国安总编辑的大力支持;责任编辑靳宇峰、展文婕精心编校,尽心负责;河南大学出版社资深编辑刘小敏编审对书稿作了进一步审读修正。在此,对他们的关心支持表示衷心的感谢!

由于本人知识水平所限,写作能力不强,书中还存在许多不足之处,敬请读者批评指正。

2019 年 9 月 28 日于河南大学

目　　录

传播文化知识的殿堂　培育青年成长的沃土
　　——从《中学生》看叶圣陶的编辑思想……………（ 1 ）
新中国期刊史上辉煌的一页
　　——华岗与《文史哲》………………………………（ 13 ）
热心出版传播普及马克思主义著作的出版家黄洛峰
　　——纪念黄洛峰逝世三十五周年……………………（ 28 ）
胡乔木对新中国出版事业的贡献………………………（ 42 ）
百年大计　育人为本
　　——胡乔木与编辑出版专业教育……………………（ 51 ）
胸中有胆识　敢为天下先
　　——张光年文艺期刊编辑思想评析…………………（ 59 ）
出版园地里的一棵常青树
　　——记百岁出版老人王仿子……………………………（ 76 ）
追思王益…………………………………………………（ 97 ）
胡绳——一位杰出的出版家……………………………（108）
为革命先烈立传　激励后人奋进
　　——传记文学编辑家张羽……………………………（123）

筚路蓝缕启山林　创榛辟莽开先路
　　——戴文葆先生对编辑出版专业建设的重大贡献……(137)
编辑业绩卓著　风范永存人间
　　——读《光辉曲折的编辑生涯——戴文葆先生90诞辰
　　纪念文集》……………………………………………(151)
集编书著书评书于一身的编辑出版家徐柏容…………(155)
献身出版五十年　业绩卓著世人赞
　　——记有胆识有远见重实干的出版家宋原放…………(168)
可喜的丰硕成果　造福世人的佳作
　　——读宋原放等主编的《中国出版史料》……………(188)
毕生献身出版事业的出版家喻建章………………………(192)
历尽艰辛终有成　殚精竭虑铸华章
　　——记出版史专家方厚枢先生……………………(203)
方厚枢与中国出版史研究…………………………………(215)
新中国出版事业发展的历史见证
　　——读《中国当代出版史料文丛》……………………(227)
五十春秋铸华章　离而不休续新篇
　　——记图书发行家郑士德……………………………(230)
研究图书发行工作的新成果
　　——读《图书发行学案例教程》………………………(248)
巢峰的《辞海》情结………………………………………(251)
出版战线导航人　出版人的好朋友
　　——深切怀念宋木文同志……………………………(269)
添荫增绿绘美景　老树虬枝着新花
　　——记好友编辑出版家吴道弘………………………(285)

编评结合　相得益彰
　　——记图书评论专家吴道弘……………………………（295）
在出版热土上辛勤耕耘的编辑出版家蔡学俭……………（303）
新时代推动出版繁荣的出版家
　　——刘杲出版理论、编辑学研究及学科建设思想探微…（325）
于友先印象……………………………………………………（353）
浓浓出版情　屡屡创新功
　　——"韬奋出版奖"获得者李亚娜的出版情结…………（366）

传播文化知识的殿堂　培育青年成长的沃土
——从《中学生》看叶圣陶的编辑思想

在20世纪30年代,有一份深受广大青年欢迎、被誉为中学生的良师益友、影响几代人的刊物,它就是闻名遐迩的《中学生》。它从创刊至今,已走过了八十多年的漫长之路,它像一座不朽的精神丰碑,屹立在中国期刊之林。

提起《中学生》,人们自然会想起文学家、教育家、出版家叶圣陶。《中学生》1930

叶圣陶(1894—1988)

年1月创刊于上海,开明书店出版,著名编辑家夏丏尊主编,次年2月由叶圣陶接编,直至1949年。在长达20年的时间里历经风风雨雨,叶圣陶一直主持担任编辑工作,他为此倾注了大量心血。在他所编的数十种期刊中,《中学生》尤为广大读者称道。从《中学生》的办刊实践中,叶圣陶丰富的办刊经验和创造性的编辑思想有许多地方值得我们学习借鉴。

宗旨明确　定位准确

为什么创办《中学生》？这是时代的需要、教育的需要、青年的需要。20世纪30年代,旧中国面临外敌入侵,国内战乱,人民处于水深火热之中,大批青年流离失所,求学无路,就业无门,对于前途陷入"彷徨于纷叉的歧路,饥渴于廖廓的荒原","我们是有感于此而奋起的。愿藉本志对全国数十万的中学生诸君,有所贡献。本志的使命是:替中学生诸君补校课的不足;供给多方的趣味与知识;指导前途;解答疑问;且作便利的发表机关"。《中学生》创刊号"发刊辞"开宗明义向读者宣告自己的办刊宗旨。

一抬足不能无方向,一著述不可无宗旨。办一份刊物,就是举起一面旗帜,阐述一种主张,宣传一种思想。首要的是要有明确的办刊宗旨,准确的读者定位,否则就会方向不明,编辑工作无法进行;对象定位不准,读者无从吸引。叶圣陶从编《中学生》之始,就把关心祖国命运,指导前途,向青年提供新知识、新思想为宗旨,以广大中学生为对象,以贴近教育、贴近青年、贴近时代为目标,力求办出个性特色取信于广大读者。他认为刊物的个性特色,首先要考虑读者需要。"办任何刊物,都为的是读者。要把刊物办得有特色,先得为自己的读者考虑:什么是他们关心的,什么是他们喜欢的,什么是他们所必需的,什么是对他们有益处的。如果离开了读者,却别出心裁去搞什么特色,就跟为读者办刊物的宗旨背道而驰了"①。一个刊物的个性特色是由刊物的宗旨决定的,而特色栏目的设置就是宗旨的具体体现。为了体现办刊宗旨,围绕贴近教育、贴近青年、贴近时代,《中学生》巧设了众多富有特色的栏目。

贴近教育,办好各科知识专栏和讲座,向中学生传播文化科学知识,开阔中学生视野,以造就有用之才。作为教育家的叶圣陶,认为编辑工作"是教育工作的一个组成部分,一个不可缺少的重要的组成部分"。他把编辑工作和教育工作融为一体,以提高国民素质,启蒙广大青年,实现国家富强为己任,以刊物为阵地,向青年宣传进步思想和科学文化知识。《中学生》创刊后,就先后开设了"卷头言""科学拾零""读者之页""文章病院""阅读指导"等栏目。在众多栏目中"文章病院"尤受欢迎。它"主要是批评文章中出现的语言不通的毛病。经常送到'文章病院'来'医治'的一些语言毛病往往是从政治上反动的文章中摘取的。'文章病院'通过批评语言上的错误来驳斥原文政治上的反动观点,成为揭露黑暗,宣传光明的阵地"②。这一栏目对广大青年提高语言和写作能力帮助很大。

开辟第二课堂引导青年自学。为了给青年系统的科学知识,《中学生》编者广邀有关专家,撰写通俗易懂的、生动有趣的文章在各科知识专栏连载。如叶圣陶、夏丏尊合写的"文心"(读写的故事)、顾均正的"科学趣味"、贾祖璋的"生物素描"、刘薰宇的"马先生谈数学"、高士其的"细菌和人"等,都吸引了广大青年读者,学到了课堂上学不到的东西,引领青年走上创新之路。诺贝尔奖获得者杨振宁在回忆读《中学生》时深情地说:"1933 年我小学毕业进入崇德中学……崇德中学对我比较有影响的,是图书馆的书籍。

---

① 《叶圣陶编辑思想研究》,开明出版社 1999 年版,第 233 页。
② 张志公:《编辑家叶圣陶》,《叶圣陶编辑思想研究》,开明出版社 1999 年版,第 15 页。

譬如,当时有一本杂志叫《中学生》,每个月厚厚一本,我每期都看。从文学、历史、社会到自然科学,都有些文章。我记得特别清楚的,是有一篇文章讲排列与组合。我第一次接触到排列与组合这个概念,就是在这本杂志上。"①当年的中学生欧阳文彬也有同样的感受。她说在中学时代上过两所学校,一所是正规中学,一所是《中学生》。"大凡学校里的课程,《中学生》里几乎都辟有专栏。这里的老师们虽然没有见过面,文章都写得亲切生动,引人入胜","《中学生》的老师们为我们打开一扇扇明亮的窗户,让我们看到知识海洋的广阔和瑰丽,还领着我们涉猎,教给我们正确的学习方法……这种学习经验的传授,使青年读者受益无穷"②。《中学生》犹如一座知识宝库,中学生的第二课堂,在滋润着青年的成长。

贴近青年,帮助青年解疑释怀,引导青年正确做人。《中学生》在编辑工作中重视青年特点,在内容上贴近青年需要,在宣传形式上注意正面引导。它不仅重视传播文化科学知识,还重视引导青年树立正确的人生观、世界观。中学阶段是一个人基本素质奠定基础的时期,处于长身体长知识的阶段,可塑性大。由于正确的人生观世界观尚未确定,对社会对人生的看法存在诸多困惑。如何对待升学、就业,如何对待婚恋,都需要加以引导。叶圣陶认为"一个人到了青年,在身心的发展上正当渐趋成熟的时期,所谓'趁热打铁',该在各方面打下良好的基础。基础打好了,关于做人做事为学有了个良好开端,再求继续发展也就容易"③。他指出社会上有人做坏事,做危害人群的事,是因为做人的基本修养欠缺。为此,他提出对青年加强道德与智能并举的教育。根据这一思想,《中学生》适时开辟了"中国现在中学生的出路""中学生时代应否

---

① 杨振宁:《与上海大学生谈治学之道》,《文汇报》1995年7月22日。
② 欧阳文彬:《〈中学生〉忆旧》,《读书》,1979年第9期。
③ 叶圣陶:《谈谈本刊的旨趣》,《中学生》总第190期。

谈恋爱""中学生怎样从事反帝工作"等栏目,让中学生充分发表意见,澄清一些糊涂认识,端正人生态度,学会正确做人,把自己的前途和祖国的命运联系在一起。北京大学侯仁之教授30年代曾在通州一个中学读书,校园距北平城内前门车站相距50里,他曾冒着凛冽的寒风,一天往返100里去前门的开明书店买1932年1月出版的《中学生》。因为它创刊初期就刊登过马克思、恩格斯、列宁文稿,又注意反映学生爱国运动,以及一些青年因交不起学费而自杀的惨景,内容真实,给自己很大影响。"在我失学失业的时期,心情十分苦闷。恰巧《中学生》有个'出了中学校门后'的特辑,我看到叶圣陶、茅盾(止敬)、章锡琛等先生为这个特辑撰稿,他们都只读了中学或大学预科,以后全凭自学各自取得成就,给我很大鼓舞。加上《中学生》不断发表提倡自学和介绍自学经验的文章,使我终于也能从苦闷彷徨、自暴自弃的情况中得到挽救。在我没有找到第一个糊口的职业以前,我每天到江苏省立图书馆去看书自学。现在回忆往事,我还衷心感激《中学生》的指引"[①]。可以说《中学生》决定了他的人生方向和为祖国生存努力前进的理想。出版家陈原在谈到自己读《中学生》的感受时说:"《中学生》对于一般青年读者,也恰如对于中学生似的,它可能成为每一个人的恳切而善良的教师、朋友和同志。当你不知不觉地从它那里学会了呼吸正义、诅咒黑暗的时候,才会惊骇于一种平淡的刊物竟也会在人的心中唤起一种力量来。"[②]

贴近时代,把握时局,引导青年关心祖国命运和世界形势。《中学生》虽不是一个时政性刊物,但在30年代时局急剧变化,动荡不安,国家民族处于危机之时,它能顺应时代潮流,引导青年关

---

① 侯仁之:《饮水思源——写给〈中学生〉》,《中学生》1983年第5期。
② 陈原:《我与开明书店》,《我与开明》,中国青年出版社1985年版,第5—6页。

心祖国命运和世界形势。不论是1931年"一二八"日本帝国主义侵略上海,还是1935年北京爆发的"一二九"爱国学生运动,刊物都有专文披露真相。特别是大敌当前,民族矛盾上升,刊物都能旗帜鲜明地揭露侵略者的罪行。"八一三"抗战停刊两年后,《中学生》1939年在抗日烽火中的西南大后方又复刊了。复刊后的《中学生》发出了维护民族生存和爱国的最强音。编者在"复刊献辞"中高呼"民族利益超过一切。牺牲一切个人利益。时刻准备为救国救民而奋斗"。复刊不久,彬然在200期《从复刊到"复员"》一文中,谴责"日本帝国主义不仅是我们民族的大仇",而且是"世界和平的公敌","法西斯侵略者终久不免要败亡"。文章对抗战胜利充满信心,预示"一个新的中国从炮火中正在生长着"。

近百年来,日本帝国主义者亡我之心不死,一直窥伺图谋侵略中国。《中学生》从历史发展的角度,历数日本侵华的历史。1931年11期刊载的《日本对我侵略的步骤》,从历史上剖析不同阶段日本分步侵华的野心与图谋;《沈阳事变目击记》用事实揭露日本侵略者侵占我东北的罪行。作为二战战败国的日本一小撮军国主义分子贼心不死,妄图卷土重来。1947年7月出版的《中学生》刊登的宦乡的《东方的危机——日本》,指出日本是亚洲东方的敌人,在美国支持下妄图"把日本造成一个亚洲的反共堡垒";《注意日本的动向》一文,抨击了日本战败后在美国卵翼下,一步步走向帝国主义之路。这些文章既适时,又尖锐,告诉人们务必时刻警惕日本侵略者的侵略阴谋,发人深省,对青年关心祖国民族的命运产生了强大的震撼力。老专家觉民在回忆30年代阅读《中学生》的感受时说:很合自己口味,能长期阅读,成为自己的良友。"它指导我怎样学习,怎样做人,怎样了解时事,怎样认识我们民族的危机和将来的途径"。老读者莫志恒说,《中学生》不仅供给我许多知识,还"让我认清了我们这一代的任务——反帝国主义责任重大"。

《中学生》能引导读者认清形势,关心祖国命运,与时俱进,这与叶圣陶的政治远见,把握时局是分不开的。正如张志公所说"叶圣陶先生的编辑工作同时代的脉搏从来都是一致的。有时他紧跟时代激流向前走,有时乃至走在时代的前面"。胡绳回忆说:"那时《中学生》虽然不是直接鼓吹革命,宣传马克思主义,但是在促进青年思想进步,推动进步文化方面,确是起了积极的作用。在那艰苦的岁月里,叶老和其他几位先生为培植这个杂志花了很多心血,他们的功绩是不可埋没的。"

《中学生》的众多文章产生强大的吸引力与社会影响,一个重要原因是,文章作者和读者处于平等地位,作者从不装腔作势,摆出教训人的架势。叶圣陶认为"我们不愿意站在青年朋友圈子外面,自认为是教训者,指导者。我们愿意跟青年朋友混在一块儿,好比兄弟或者同学,彼此商量,彼此劝勉,共同学习,共同实践"。他强调对青年不要教训,要劝说,不要灌输,要启发,和青年一起探讨,解决青年面临的问题。这正是《中学生》具有魅力吸引人的原因。

甘做人梯　当好伯乐

发现新人,扶植新人,编辑当好伯乐。一份刊物,犹如一所没有围墙的大学,永不谢幕的舞台,从这个舞台上会走出很多新人。《中学生》从创刊之始,就很重视发现新人新作。正如巴金在《致十月》一文中说:"编辑的成绩不在于发表名人的作品,而在于发现新的作家,推荐新的创作。"这方面叶圣陶在编辑工作中做得十分出色。他早在商务印书馆和开明书店时就重视发现新人新作。当年的巴金、冰心、茅盾、丁玲等一批著名作家的早期作品处女作,都是经叶圣陶先发现而推出,从而促使他们坚定地走上文学创作之路而成为名家的。叶圣陶堪称一声不吭不响自觉引导青年成长的向导。他在编《中学生》时,甘做人梯,乐当伯乐。为发现新人,促使新人成长,首先,他为新人写作提供写作园地。《中学生》创刊后,便辟有"读者之页""中学生问题讨论会""文艺竞赛"多个栏目,编者出题,让读者作者就题目做文章。随着形势的变化,又另辟新的栏目"青年论坛""青年文艺",刊登散文、小说、诗歌、戏剧等作品。其次,为了调动作者的积极性,刊物还不定期举办多项征文和竞赛活动,调动文艺爱好青年写作的积极性。由于稿件较多,从中选取一批优秀之作,每年年底另出一册《中学生文艺》",扩大作品影响力。再次,为了辅导青年写作,编者通过"编辑后记"的形式,对青年之作及时点评。叶圣陶像教师一样,对青年作者的作品亲自修改,真可谓"将血一滴滴地滴过去,以饲别人"。作家孙源回忆说:"我的第一篇写作《罢课》就是发表在《中学生》上……《罢课》投寄《中学生》后,心里一直后悔,不该把如此幼稚的文章寄出去。不意经过编辑先生细心修改。竟然登出来了。当我收到开明书店寄来的通知和二元书券时,我的兴奋简直无法形容。我受到如此巨大的鼓舞,就大大增强了自信和勇气……在某种意义上说,正是开明书店的老前辈给我奠下了一生事业的基础,我就从这儿开始起步。"[①]《中学生》的编者对稿件编校极为认真。作家秦牧回忆说:"我写字素来比较潦草,抗战期间我在重庆给《中学生》写过一篇稿子,听书店的朋友说,那稿子也是叶老亲自处理的,他嫌字迹潦草,竟亲自代誊抄了一遍。我听后又是惭愧,又是铭感,此事对我的教训很大。"[②]李束丝在《祝叶圣陶先生五秩大寿》中说:"叶圣陶先生是一直在无形中作着我的导师;自然许多青年,都同我一样,是在直接间接有形无形地受叶先生的教导,尤其是爱好文艺的青

---

① 孙源:《我与开明书店》,《我与开明》,中国青年出版社1985年版,第72页。
② 秦牧:《赞开明书店》,《我与开明》,中国青年出版社1985年版,第56页。

年。"①他称叶圣陶是种桃不吃桃的老人。由于《中学生》的编者以诚恳态度和中学生做朋友,平等对待作者,青年也乐意向《中学生》投稿。作者徐盈仅在1934年至1936年就在刊物上发表5篇小说。由于编者尽力爱护培养作者,在刊物热心关怀下,当年常为《中学生》写稿的胡绳、陈原、子冈、沈振黄、莫志恒等都在后来成为有名的学者作家。

三方互动　共谋发展

办好一个刊物取决于多种因素,需要多方面的努力,形成步调一致的合力,共谋发展,刊物才能保持永久的生命力。在编者、作者、读者三者之中各自要摆正自己的位置。在三者之中,作者处于前端,是源头,是依靠;编者是沟通作者与读者的桥梁;而读者是终端。办好刊物首先要有好的作品论著,这是决定刊物的生命。叶圣陶在新中国建立之初,回忆以往的编辑经验之时说:"著作家编稿子,写稿子,翻稿子,他们的脑力劳动是做好出版工作的决定因素。著作家的成绩好比米,不依靠著作家,出版业没法做无米之炊;著作家的成绩好比泉源,不依靠著作家,出版业就成为无源之水。惟有从著作家方面尽量的拿过来,才可以向读者方面尽量的送过去。"②他强调:一种杂志要办得好,远不只是编者力量所及,需作者们都来帮助,杂志才会见精彩,收实效。强调作者的重要性,但这决不意味着可以忽视编辑的作用,特别是主编的作用。如果说编辑是一个刊物的撑船人,而主编就是一个刊物的掌舵人。主编要善于把握刊物的发展方向,运筹帷幄,善于出主意,引领作

---

① 李束丝、商金林:《叶圣陶年谱》.江苏教育出版社1986年版,第253页。

② 袁亮:《中华人民共和国出版史料》(2).中国书籍出版社1996年版,第505页。

者和读者。主编的学识思想在一定意义上制约一个物的风貌和发展趋势。《中学生》办得好,作为主编的叶圣陶起着重大作用。

编辑工作要以读者为本,视读者为上帝,尊重读者,处处为读者利益着想。办刊物的归宿最终是读者,读者是刊物评判的最高权威。因为要通过他们的阅读感受,才能真正评价刊物的优劣。因而要处处对读者负责,取信于读者。"出一种杂志,标明是月刊,每月某一天出版,这就是与读者诸君订了契约。按月如期出版,那是守约,读者可以享受如期展读的快感。如果出版脱期,那就是失信,读者就将因盼望不到而失望。我们深知守约是人间的起码道德,使多数读者感到失望也是我们自己深切的痛苦"①。为了更好为读者服务,叶圣陶要求在编校中严肃认真,一丝不苟,严把质量关,杜绝出版物差错。他说,写家信有差错,害的人少;编书、写文章有差错,使读者受害,即便是小错,也成了大事,就会贻误青年。

为了减少出版物的差错,叶圣陶亲自看校样。欧阳文彬在一篇文章中回忆说:有一次《中学生》出版

1964年秋毛泽东为《中学生》复刊题写刊名

---

① 叶圣陶:《我们的宗旨与态度》,《叶圣陶编辑思想研究》,开明出版社1999年版,第134页。

后,给作者赠书,一本本卷好,正要寄出时,发现一个错字,叶老叫停下来,一卷卷拆开,把错字改正后再寄。

为了尊重读者,《中学生》在编辑过程中,坚持开门办刊,广泛听取读者意见,在刊物上开辟"读者之页""问题答问",及时刊登读者来信,不定期召开"读者座谈会",举办"笔会"让读者畅所欲言。如1947年3月编者发出向读者征求意见说明,三个月内就收到读者来信1683份,对改进刊物的内容和编辑工作起到了鞭策作用。

《中学生》1930年1月创刊于上海,至今近一个世纪。由于旧中国政治腐败,战乱频繁,社会动荡不安,屡逼停刊。1937年,因抗日战争爆发而停刊。1939年由上海转入广西桂林复刊。1944年因日寇逼近湘西,迁至重庆出版。1946年1月抗战胜利后迁回上海出版。1949年与开明书店创办的《进步青年》合并在北京出版。1952年3月与开明书店出版《开明少年》合并,恢复《中学生》刊名。1953年4月,作为共青团中央主办的刊物,由中国青年出版社出版。1956年6月改由中国少年儿童出版社出版,1960年停刊。1965年1月复刊,毛泽东为其题写刊名。1966年7月因"文革"停刊。1980年复刊。叶圣陶对《中学生》怀有深厚的感情,1979年11月29日特写了《祝〈中学生〉复刊》一文,殷切祝愿《中学生》在新时期越办越好。《中学生》

1948年5月,《中学生》创刊200期(1948年6月1日)编辑人员合影(前排由左至右:叶圣陶、章锡琛、傅彬然,后排由左至右:徐调孚、金仲华、贾祖璋、顾均正)

办刊以来,始终坚持正确的出版导向。它是一座丰富的知识宝库,传播文化知识的殿堂,培养青年的沃土,点燃青年心灵的火炬,充满勃勃生机和吸引人的魅力。在新的历史时期,不断更新内容和形式,它青春长驻不衰。作为一个老读者,每提起《中学生》都思念前辈叶圣陶在《中学生》编辑工作中洒下的辛勤汗水和贡献,令人肃然起敬。最后以四句话作为对叶圣陶先生的赞誉和本文的结束语:

编辑生涯七十年,
编书编刊从不闲。
业绩卓著众人赞,
敬业精神世代传。

研究叶圣陶编辑思想的部分著作

原载《中国编辑》2014 年第 3 期

新中国期刊史上辉煌的一页

——华岗与《文史哲》

著名作家梁晓声在评价《新华文摘》时说:"一个国家总得有一份刊物值得保留,起码一份,一份没有,对这个国家来说不啻是一种悲哀。"①当然,就我们国家整个期刊来说,值得保留的期刊还有不少。仅就学术期刊来说,山东大学创办的《文史哲》就是值得保留的一份。大凡20世纪50年代读大学的人,可以说没有人不知道《文史哲》这个影响深远的刊物。本人也正是《文史哲》从创刊至今的一个老读者。

华岗(1903—1972)

说到《文史哲》,不能不提到它的创办人华岗。

华岗(1903—1972),浙江衢县人。1925年加入中国共产党。历任中共湖北省委宣传部长、中共满洲特委书记。早年主编过进步刊物《火曜》《列宁青年》,任《新华日报》第一任主编,并翻译过《共产党宣言》。1945年国共重庆谈判时任中共代表团顾问。1946年任上海工委书记,1948年在香港做统战工作。1951年任山东大学校长兼党委书记。1955年蒙冤入狱。1980年,中共中央

---

① 《新华文摘》1994年第3期。

为华岗平反昭雪,恢复名誉。华岗解放前的著作有:《1925－1927年的中国大革命史》《中国民族解放运动史》《社会发展史纲》等。华岗入狱后,勤奋写作,其著作有:《规律论》《美学论要》《列宁表述"辩证法十六要素"试释》《自然科学发展史略》《科学的分类》《老子哲学的伟大成就及其消极面和局限性》等。

享誉海内外学术界的《文史哲》

《文史哲》创刊于1951年5月,稍晚于1950年10月1日创刊的《新建设》,是新中国成立之后创刊最早的一家大学文科学报,也是创刊最早的综合性学术刊物之一。它开始是由山东大学文学院和历史语文研究所一些教师创办的一份同人刊物。创刊之始,没有经费,几位兼职编辑从自己工资里拿出一部分用作印刷费和稿费,华岗一个人就拿出500元作为开办费。1953年之后成为山东大学的学报之一。创刊时由山东大学校长、著名学者华岗任社长,知名学者陆侃如、吴富恒任副社长,历史学家杨向奎任主编,几位教师担任编委。《文史哲》创刊号的编者明确提出:"我们的宗旨是刊登新文史哲的学习和研究文字,通过写作的实践,来提高我们的理论水平,并借以推进文史哲三方面的学习和研究。"当时正是新中国成立不久,大学

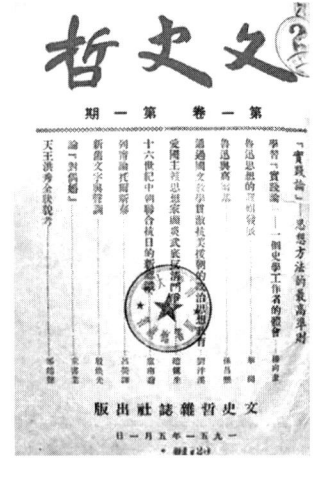

教育处于恢复发展阶段,广大教师以极高的政治热情如饥似渴学习马克思列宁主义、毛泽东思想,力图运用马克思列宁主义来指导自己的教学和科学研究,加之当时的山东大学文史哲教师队伍阵

容强大,是文史哲研究的重镇,刊物的创办可谓适逢其时,应运而生。所以创刊伊始,就受到上级领导、山东大学师生及全国学术界的重视。据当时在山东大学工作的知名学者罗竹风回忆:"《文史哲》出版后,曾受到陈毅同志的称赞。他直截了当地说:'大学就是要通过教学的研究,为国家多培养合格而又对路的有用人才,而学报正是检验这种成就的标尺。山东大学创办《文史哲》,是开风气之先,继续办下去,一定可以引起全国各大学的重视,群起仿效。'这些话,是华岗同志1951年暑假到上海,陈毅同志在一次便宴上亲自对他说的。"①

《文史哲》初期办刊人员合影。(第二排左起第四人为社长华岗、第三人为副社长陆侃如、第三排右起第一人为主编杨向奎)选自《出版广角》1999(10)

《文史哲》创刊后,其内容以山东大学文史哲学科的研究成果为主,坚持"严肃认真,求是求实,繁荣学术,扶植新人"的办刊方针,推进当代中国人文科学事业薪火相传,取得了举世公认的成

---

① 罗竹风:《悼念华岗同志》,《柳泉》1980年第2期。

就。由于它起步早,以创新为生命,不断发表新的选题,开展学术争鸣,受到国内外读者赞扬,迎来好评如潮。学界泰斗季羡林曾这样评价《文史哲》:"全国有关人文社会科学的杂志为数极多,但真

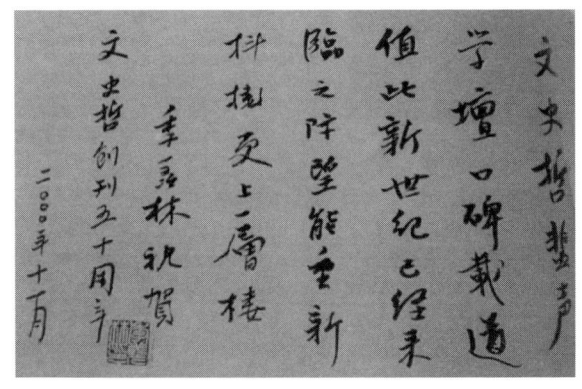

正享有盛誉者颇不多见。山大《文史哲》系其中之一。在上面发表一篇文章,颇有一登龙门之感。"①著名学者蔡尚思说:"《文史哲》创刊伊始,我就十分喜欢它……在五十年代和六十年代初期以及当前这个时期,刊物办得颇有生气。三门学科的文章各有特色,又互相补充、互相渗透,对繁荣祖国的学术起了积极作用……我可以毫不夸张地说:《文史哲》在全国高校文科学报的地位上,是名列前茅的;在全国哲学社会科学期刊的地位上,是具有较长的历史并有重大贡献的。"②国家新闻出版署原署长于友先称《文史哲》是"求是求真的学术名刊"。长时间以来,它一直被评为核心期刊。1998年,《文史哲》被《新华文摘》转载的文章居同类刊物第一名,1999年居第二名,2000年《新华文摘》转载该刊文章18篇。另据《南京大学学报》统计,《文史哲》文章的引用率在全国高校文科学报中占第4名。由于它在国内具有广泛影响,其发行量自创刊之后,一直持续上升。早在1954年印数已超过13000册,1955年猛增至27000册,1973年邮局订数已达70万册(因纸张供应困难,限发行

---

① 《〈文史哲〉之眼界气象》,《光明日报》2009年4月14日。
② 蔡尚思:《感想和希望》,《文史哲》1986年第5期。

24万册,是时欲订《文史哲》需有相当一级的革命委员会的介绍信)。"文革"结束后,发行量长期平稳维持在3万—4万册。目前的发行量仍居全国同类期刊前列。《文史哲》在国外也有其广泛影响,已发行世界30多个国家和地区,海外发行量已达600份。它早就走向国外学界。20世纪50年代郭沫若赴日考察,应日本方面要求,携带50本《文史哲》进行交流。

《文史哲》的办刊思想及特色

在期刊如林、竞争激烈的当今,一个刊物如果没有自己独具的思想及个性特色是难以生存的。早年邹韬奋在总结自己的办刊经验时曾说:"刊物内容如果只是'人云亦云',格式如果只是'亦步亦趋',那是刊物的尾巴主义。这种尾巴主义的刊物便无所谓个性或特色;没有个性或特色的刊物,生存已成问题,发展更没有希望了。"①作为综合性的学术刊物,《文史哲》具有一般学术刊物的共性,但它在刊物的内容和编辑思想上却有着鲜明的个性特色,这正是它能永葆刊物生命力的原因。

一、宣传马克思主义的阵地

《文史哲》创刊于新中国成立之初,当时经济建设和文化建设蓬勃发展,在广大知识分子中正在进行普及马克思主义教育及思想改造运动,如何运用马克思主义的理论武装广大知识分子,确立正确的人生观与世界观是广大知识分子面临的一个迫切问题。《文史哲》的编者当时就明确自觉地担当起宣传马克思主义的光荣任务。创刊号上具有发刊词性质的社论《〈实践论〉——思想方法的最高准则》,明确提出《实践论》是中国人民解放运动的经验总

---

① 邹韬奋:《几个原则》,《韬奋文集》(第3卷),三联书店1955年版。

结和理论结晶,是马列主义及中国哲学思想的巨大发展,是我们学习和工作的指南,是我们开辟学术研究的正确方向和最高准则"。"一切革命工作者,一切科学工作者,一切文学艺术工作者、教育工作者都应该从这里得到重大启示,改进自己的思想方法和工作方法"。根据这样的指导思想,创刊之始,刊物就陆续发表了杨向奎的《学习〈实践论〉——一个史学工作者的体会》、华岗的《学习〈实践论〉和改进教学工作》、石父的《学习〈矛盾论〉,推进思想改造》、童书业的《学习〈论马克思主义在语言学中的问题〉》及《批判〈经济史观〉》、孙昌熙及刘泮溪的《学习〈矛盾论〉——对新现实主义创作方法的体会》等。上述文章,有的正确分析阐述了马克思主义经典作家著作的丰富内容和深刻含意;有的结合自己思想畅谈了学习马列著作的收获;有的结合自己的教学和科研实践谈了马列主义对指导自己教学和科研实践的真切感受。这些文章在当时对于宣传扩大马列主义及毛泽东思想的影响、推动社会主义改造及教学科研工作起到了积极的指导作用。《文史哲》创刊50多年来,一直把宣传马克思主义思想作为一项重要内容。新时期以来,结合改革开放,《文史哲》发表了一系列研究宣传马克思主义、毛泽东思想及邓小平理论的文章,成为宣传马克思主义思想的阵地。

二、学术研究的殿堂

学术性是学术刊物的基本属性,失去学术性,学术刊物就失去了存在的价值。以学术为本,学术立刊,坚持学术研究,坚持学术性是《文史哲》一贯坚持的办刊原则。据不完全统计,从创刊到第10期《文史哲》共刊发文章118篇,其中学术论文占76篇,在这些文章中有华岗的《鲁迅思想的逻辑发展》和《鲁迅论中国历史》、顾颉刚的《穆天子传及著作时代》、赵俪生的《爱国主义思想家顾炎武的反清斗争》、杨向奎的《从〈周礼〉推论中国古代社会发展的不平衡性》、童书业的《"古史辨派"的阶级本质》、冯沅君的《季布骂阵词文补校》、殷焕先的《新旧文字与声调》、萧涤非的《学习人民语言的诗人——杜甫》等。上述论文涵盖了文史哲各个学科，并从中可以看出新中国成立之初，由于党组织在知识分子中进行广泛的马克思主义的宣传教育，知识分子已初步掌握了马克思主义的基本观点和方法，并在学术研究中加以运用。上述不少文章一般能做到论点鲜明、材料丰富、论证深入，具有较高的学术价值，对于推动当时全国学术界对文史哲领域的研究起了良好作用。

新时期以来，《文史哲》一如继往，又开辟了许多既重视传统学科领域又密切关注富有时代特点的新的学科领域的研究，并开辟一些新栏目和讲座，如中国近代史基本线索座谈、人文学科世纪回顾展望、国学研究、审美文化研究以及儒学是否宗教笔谈等，引起学术界广泛关注，使刊物的学术性更浓，成为学术园地的一棵常青树。它在国内引领学术方向、潮流，被学界看作学术风向标。

三、百家争鸣的园地

没有学术刊物，谈不上学术的繁荣，但有了刊物，不开展学术上的自由讨论，不开展百家争鸣，同样不会有学术上的勃勃生机，也不会有真正的学术繁荣。《文史哲》创刊之时，党的"百花齐放、百家争鸣"的方针尚未正式提出。但编者根据自身的学术实践，从自己亲身体验中，认识到一个学术刊物要办得有活力、有生气，能推动学术研究，没有不断求知、不断探索的勇气，没有不同意见和不同学术观点的相互讨论与争鸣，是不能产生重大影响的。所以在创刊之始，刊物陆续开展了关于中国古代史分期问题的讨论、亚细亚生产方式的讨论、资本主义萌芽问题的讨论、土地制度问题的讨论、农民战争问题的讨论、社会主义经济法制问题的讨论等。这些讨论引导了中国学术主潮，凸现了当代中国学术历次转型的轨迹。为了使这些讨论影响深入，1954年11月间，山东大学历史系中国史教研室曾两次举行古代史分期讨论会。历史学家杨向奎、杨宽、童书业、王仲荦等都写了专文,各抒己见,充分发表了各自的不同观点。讨论刚开始,有的学者还有顾虑,因为知道校长华岗同志在其《中国历史的翻案》一书中坚持中国封建社会起始于西周(有的学者认为封建社会起始于春秋或起始于魏晋)的观点,不敢大胆发表意见。华岗同志不但不排斥别人的不同意见,反对异端定为一尊,反而鼓励不同意见大胆发表,并在他主持《文史哲》编辑工作期间,发表了不少赞成春秋论、魏晋论的文章,把这场讨论引向深入,在全国学术界产生了良好影响。当时学界自由讨论的风气如此活跃与华岗发扬学术民主、善待异己,宽宏的学术雅量有直接关系。

另一次在全国引起轰动的学术讨论是关于《红楼梦》研究的大讨论。1954年第9期《文史哲》刊登了李希凡、蓝翎的关于针对俞平伯的《红楼梦》研究的《关于〈红楼梦简论〉及其他》一文,提出不同意见。文章发表后,立即引起了毛泽东的注意。1954年10月16日,他在写给中共中央政治局同志《关于红楼梦研究问题的信》中指出:"这是三十多年以来向所谓红楼梦研究权威作家的错误观点的第一次认真的开火","事情是两个'小人物'做起来的,而'大人物'往往不注意,并往往加以阻拦,他们同资产阶级作家在唯心论方面讲统一战线,甘心作资产阶级的俘虏。"毛泽东对两个"小人物"的勇敢精神给予了高度赞扬。1954年11月间,山东大学先后组织了五次关于《红楼梦》研究的讨论会及座谈会。《文史哲》1955年第1期出版了《红楼梦研究讨论专辑》,发表了陆侃如、吴富恒等人的17篇文章,从不同角度分析评价《红楼梦》,有的作者对前期发表的文章提出了不同看法,当时的讨论自由气氛是好的。毛泽东的信发表后,在全国文艺界、学术界引发了一场声势浩大的对俞平伯的《红楼梦》研究的批判运动,造成了严重的后果。这是由当时的社会环境和政治形势造成的。

如何历史地、正确地评价这次批判运动,有的学者认为:"李希凡、蓝翎的文章提出了一个用马克思历史唯物主义观点研究《红楼梦》和评价以往的'红学'研究的新问题、新任务。如果说,'红学'史上的第一次飞跃,是二十年代的胡适、俞平伯为代表的考证派'新红学'的建立,那么,'红学'史上的第二次飞跃,应该说是五十年代以李、蓝为开端的用马克思主义历史唯物的观点来研究《红楼梦》的'新红学'的建立。但是,学术批判搞成了政治运动,声势压人代替了说理论争。这就不利于对以前的'红学'作全面的、有分析的历史评价。这个历史教训是需要认真汲取的。"①

实践是检验真理的唯一标准。随着历史的发展,人们对这场批判运动有了更冷静的客观评价。陆定一于1956年5月26日在中南海怀仁堂作的题为《百花齐放,百家争鸣》的报告中说:"俞平伯先生,他政治上是好人,只是犯了在文艺工作中学术思想上的错误。对他在学术思想上的错误加以批判是必要的,当时确有一些批判俞先生的文章是写得好的。但是有一些文章写得差一些,缺乏充分的说服力量,语调也过分激烈了一些。至于有人说他把古籍垄断起来,则是无根据的说法。这种情况,我要在这里解释清楚。"《红楼梦》问题的讨论向我们提出,在进行学术研究中,一定要严格区分学术问题和政治问题的界限,决不可把学术问题上的不同意见当做政治问题,无限上纲,进行人身围攻。

四、培养人才的摇篮

学术刊物是繁荣学术的园地和殿堂,也是培养人才的摇篮。它是一所没有围墙的大学,也是青年人自学的良师。没有刊物,研究成果无处发表,得不到学界评价支持,成果也得不到检验机会。《北京大学学报》原主编龙协涛教授在评价《文史哲》时说:"办好一

---

① 龚育之、逄先知、石仲泉:《毛泽东的读书生活》。三联书店2017年版,第204页。

本刊物,就是举起了一面旗帜,它可以弘扬一种精神,推动一种社会思潮,倡导一种学风,团结和造就一批学人。"[①]《文史哲》创刊之始,编者就自觉地认识到学术刊物在培养学术新人方面的作用。原主编杨向奎认为:"一个刊物的编者应当起着伯乐的作用,以发现人才、培养人才为己任。对于文科来说,刊物有如理科的实验室、工科的实验工厂。没有刊物的文科,青年学者将无用武之地,经纶满腹止于满腹而已!我们设想,假使'五四'时代,北大没有《新青年》,会是什么样子?会有那样'伟大的创举'?会有我们的新文化?"[②]实际上《文史哲》创刊开始,就确定一个原则,当时担任杂志社社长的华岗就提出:"尽量使每一期刊物上出现一个新作者。"他曾说,对待青年人的文章,不要求全责备,只要文章有一得之见,有好的苗头,要给予热情的帮助和扶植。他不仅给老年作者出主意改文章,而尤其热心鼓励青年写作。据20世纪50年代山东大学历史系刚毕业的葛懋春回忆,他的毕业论文《从昌潍土改工作中看封建剥削》,是由赵俪生教授推荐,经过华岗审定,在《文史哲》一卷三期登出来的。

要发现扶植新人,就必须打破在学术研究上的论资排辈的传统思想。《文史哲》编者既重视老专家学者的作用,又不迷信权威,注意爱护扶植中青年知识分子,做到以质论稿,不单以名取稿,敢于发表有见地的青年之作。1954年,刚从山东大学中文系毕业不久的李希凡、蓝翎合写了一篇批评俞平伯《红楼梦》研究思想的文章《关于〈红楼梦简论〉及其他》。他们写信向《文艺报》希求发表,《文艺报》没有答复。他们又写信给母校老师,得到支持。当时主持《文史哲》编辑工作的有远见卓识的华岗,将该文发表在《文史哲》1954年第9期上。当时香港的某些报刊说《文史哲》发表这篇

---

① 龙协涛:《我所认识的〈文史哲〉》,《光明日报》2003年9月25日。
② 杨向奎:《发现人才 培养人才》,《文史哲》1986年第5期。

文章是作者奉命写作、编者奉命刊登的。实际上这是解放初期山东大学师生联系学术界实际,批判唯心史观,学习马克思主义的必然产物。"《文史哲》常务编委会发表这篇文章根本没有接到任何上级的指示,当时也不可能预见到后来在思想界产生多大的影响。文章发表后,连《人民日报》编辑部都不知道作者的通信地址,《文史哲》编辑在接到该报长途电话询问作者通信处时,还不知什么原因。这说明《文史哲》发表这篇文章没有经过什么精巧安排。但是应该承认它和华岗同志领导下的《文史哲》,比较重视批判胡适实用主义哲学,比较重视刊登不知名的年轻人的文章是有关系的"①。

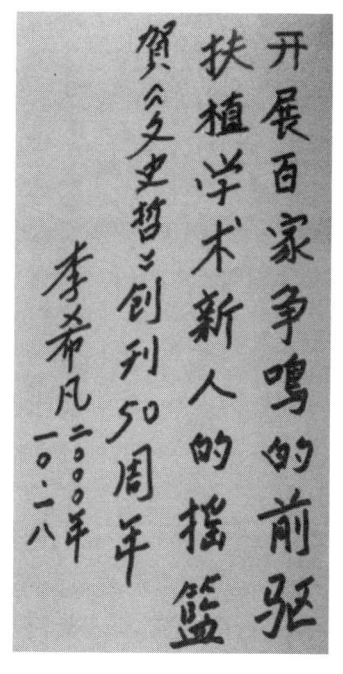

扶植小人物,延揽大学者。创刊几十年来,《文史哲》在发现培养学术新人上做了大量的工作,取得了显著成就,把一个个青年作者推到学术研究的前沿。许多当年在《文史哲》发表过文章的青年,如今都已成为知名学者。像前面提到文学评论家李希凡、蓝翎,另外还有李泽厚、钟肇鹏、庞朴、张传玺、郦纯、汤志钧等,他们成长的足迹伴随《文史哲》的历程。他们分别在古代史、近代史、美学研究上都取得了突出成绩。新时期以来,《文史哲》继续发扬过去繁荣学术扶植新人的办刊思想,把一些学术新秀推到各个学科的前沿。如陈炎的

---

① 葛懋春:《回忆早期〈文史哲〉杂志社社长华岗同志》,《文史哲》1981年第4期。

美学研究、谭好哲的文艺学研究、高旭东的比较文学研究、盛玉琪的汉字信息处理研究、王平的古典文学研究、杜泽逊的四库全书研究等。这些中青年学者均借助《文史哲》这块园地迅速成长起来,分别在各自的学科中占有一席之地。刊物造就名家,名家成就名刊,是《文史哲》办刊的一个经验。

《文史哲》办刊思想对当今办刊人的启示

《文史哲》创刊近70年的历程中,取得的成就是辉煌的,积累的办刊经验是十分丰富的。这当中既有顺利成功的喜悦,也有经历过艰辛与曲折,《文史哲》一些历史教训应该记取。同其他刊物一样,也曾遇到过"左"倾思想的影响。在一段时期内,发表过一些带有"左"倾思想的文章。在"文革"中过分强调阶级斗争和突出政治,刊发了一些配合政治运动的文章,刊物失去了学术性。1973年复刊后,刊物受"左"的影响,发表了一些大批判的文章,一些有影射史学、阴谋文艺、唯心史观、神化个人的论著,造成了不好的影响。这个沉痛的历史教训是应该记取的。但从总体看,《文史哲》的办刊思想对当今如何办好学术期刊提供了不少有益经验。

第一,办好一个刊物首要的是要有一个政治强,业务精,懂出版,善用人,责任心强的社长或主编。社长或主编是一个刊物主脑和总设计师,是编辑团队中的核心和灵魂,在编辑活动中起主持主导作用。他的总体构思、策划设计决定着一个刊物的整体风貌与发展命运。华岗是著名的马克思主义理论家、史学家,又办过报刊,也是一位出色的编辑家。他把握刊物的正确导向,坚持刊物的高品位、高质量,他还把相当多的精力投入到办刊之中。他尽职尽责,是一个名副其实的社长。每一期的文稿他都终审。"每期文章他都亲自审定,通读一遍。每次开常务编委会前,都听取我们对稿件初审汇报,同时他对送审的稿件提出修改意见,为了赶上出版时间,他往往连夜突击改稿"①。这种高度负责、精益求精的精神,使刊物的整体质量越来越高。《文史哲》自1951年创刊,连续四五年出现辉煌,作为社长的关键人物华岗起了重大作用。

作为《文史哲》的社长华岗,在工作繁忙的情况下,自己动手撰写学术论文,从《文史哲》1951年5月创刊到1953年,短短三年时间里,他为《文史哲》撰写了《学习中国共产党史的意义和方法》《哲学上的两大阵营》《辩证唯物主义——马克思列宁主义政党的宇宙观》等重头文章。在他带动影响下,山东大学的许多教师也积极开展科研,将自己的成果投寄《文史哲》。

第二,走专家学者办刊之路。办好一个刊物特别是学术刊物如学报,实践证明,由专家学者办刊是保证学术刊物发展的一条重要经验。现当代期刊发展的历史表明,不论是"五四"前后的《北京大学月刊》《燕京学报》,还是新中国成立之后新创办的《历史研究》《中国社会科学》《北京大学学报》《北京师范大学学报》《南京大学学报》《武汉大学学报》《厦门大学学报》《复旦大学学报》的主编、编辑人员,无不是由著名的专家学者担任。由于这些学者本身具有较高的学术功底和远大深邃的学术眼光,才保证了刊物的学术品位,把刊物的质量提上去。在一定意义上说,主编的眼光和学识对刊物的发展是有决定性的影响。《文史哲》正是有了以华岗为首的高水平的社长、主编和编委,他们是各有关学科领域的领军人物,才保证了刊物的高质量。学者办刊已作为一种传统在《文史哲》保留下来。不论是50年代华岗、杨向奎等专家担任社长、主编,还是后来的刘光裕、丁冠之、韩凌轩、蔡德贵等几代继任者,他们都在自身的研究领域有所成就,又深懂编辑工作,热爱编辑工作,这是刊物高质量的组织保证。

---

① 葛懋春:《回忆早期〈文史哲〉杂志社社长华岗同志》,《文史哲》1981年第4期。

第三,建立庞大的作者群体。刊物编辑部好比一个来料加工厂,办刊必须有丰富的稿源。山东大学本身有一支庞大的作者队伍,如华岗、陆侃如、冯沅君、杨向奎、高亨、萧涤非、赵俪生、王仲荦、童书业、张维华、郑鹤声、卢振华、孙思白、黄云眉、车载、吴大琨、殷孟伦、殷焕先、孙昌熙、刘泮溪、吕荧等,他们活跃在文、史、哲、经、法、教各个学科研究领域,为刊物提供了丰富的稿源。同时还得到校外国内知名学者季羡林、张岱年、任继愈、王亚南、吕振羽、顾颉刚、周谷城、罗尔纲、黄药眠、陈子展、杨宽、齐思和、严北溟、周汝昌、程千帆、王汝弼、谭丕谟、孙作云、傅振伦、阴法鲁、何兹全等的支持。他们当中有的多次把自己的得意之作投寄《文史哲》,这些论著为刊物增添了光彩。庞大的作者群体为刊物提供了质量保证。

第四,坚持"三个结合"。一是刊物编辑工作与学科建设结合。《文史哲》创刊之时,山东大学的历史系刚从中文系独立出来,虽为初创,但有一批以杨向奎为首的知名学者。《文史哲》初创当年,历史系发起亚细亚生产方式的讨论、古代史分期的讨论,使历史系一跃而成为史学界著名的魏晋隋唐史研究基地之一,"中国农民战争史研究"是山东大学历史系所开辟的一个新学科,这个学科以后成为一个"显学",是《文史哲》推动的结果。"列举上述事例,仅想说明这样一个事实:几乎没有历史的山大历史系在50年代的繁荣鼎盛、声震学林,堪与一些名牌历史系媲美,可以说完全是《文史哲》之所赐。杂志与学科建设的关系,于此可以得到充分的说明"①。二是刊物编辑工作与科学研究结合。科学研究的成果可以借助刊物发表,刊物为科研提供阵地;而刊物要办出特色,提高质量,扩大影响,也必须依靠科研的支持,二者互动。50年代陆侃如、冯沅君

---

① 徐显明:《〈文史哲〉与山东大学文科建设——〈文史哲〉创刊50周年献辞》,《文史哲》2001年第3期。

的《中国诗史》《中国文学史简编》,其后来的改写稿,曾在《文史哲》上连载了18期,在此基础上又作了修订,从而确定了山东大学文学史研究的重镇;萧涤非的《杜甫研究》上、下卷,该书上卷出版前,也曾在1955年的《文史哲》上连载,在听取学术界意见后,加以提高,使山东大学成为研究杜甫的基地。三是校内校外结合。《文史哲》创刊后,决不限于山大一隅,坚持开门办刊,它不仅是山东大学的一个学术阵地,而且还是全国性的一个学术阵地。在发稿问题上从来不考虑是以内稿为主还是以外稿为主,在用稿标准上不囿于内稿、外稿,只坚持质量面前人人平等。这就能在全国范围内广泛纳稿,从中择优,保证了刊物的高质量。

　　《文史哲》自1951年创刊至今,已走过了近70年的光辉历程,在新中国期刊史上谱写了辉煌的一页。在新的时期,《文史哲》的办刊人一定会继承刊物的光荣传统,在新的历史起点上再创辉煌。正像当今的主编王学典所说:"总理(指2017年4月李克强总理视察《文史哲》编辑部)希望我们汲取传承优秀的人文精神,为了当今所用,为后世续航。"我们坚信《文史哲》的同仁,一定会按照总理的希望,不断开拓刊物辉煌的新天地。

　　　　　选自宋应离编撰《名刊名编名人》(题目有改动),
大象出版社2011年

热心出版传播普及马克思主义著作的出版家黄洛峰

——纪念黄洛峰逝世三十五周年

黄洛峰(1909—1980)

在我国现代革命史上,涌现出了一批进步的革命的出版家,他们有的在出版领域的各个方面做出了成绩;有的在某个领域做出了突出贡献。自20世纪30年代至50年代尤其是在抗日战争时期,在中共领导人周恩来、董必武领导下,作为出版家的黄洛峰,在热心出版传播普及马克思主义著作方面有其独特卓越的贡献。

中共党史专家龚育之从党和出版事业的关系角度这样评价黄洛峰,认为他"其中一项突出而富有的戏剧性的贡献,就是在黄洛峰主持下,在抗日战争期间的上海孤岛,公开地出版了马克思主义的最大经典《资本论》全三卷,并且穿越战火硝烟辗转运到大后方的重庆和根据地的延安;在抗战胜利之初,在光复了的上海,又重新印制和扩大发行了这部巨著……为这部大书的全译而费尽心力的王亚南、郭大力,功不可没。为这部大书的出版、发行而艰苦经营和巧妙周旋的黄洛峰,也功不可没"①。黄洛峰从步入出版界之始直到他晚年,就比较明确自觉地把出版传播普及马克思主义著作作为出版

---

① 龚育之:《从党史看洛峰》,《文史天地》2006年第11期。

活动的重要使命。黄洛峰，1909年2月6日生于云南省鹤庆县。1922年13岁时考入云南私立成德中学，与两年前入学的郑易里结为好友。1927年18岁时，在"四一二"反革命政变白色恐怖之时在云南省立一中加入中国共产党。次年被任命为中共云南易门、安宁、禄丰三县特委书记。1930年留学日本，1931年"九一八"事变后回国投入抗日运动。1932年到"上海妇女反日救国会"检查"三八"妇女节

● 马仲扬 苏克尘

出版家黄洛峰

光明日报出版社

活动时被捕，后被释放。1936年在上海与李公朴、艾思奇、柳湜、郑易里共同创办读书生活出版社（后改名读书出版社）并长期任经理。抗日战争爆发后，读书出版社由上海迁至武汉、重庆。抗战后期，面对国民党顽固派当局颁布的一系列书报刊审查办法和检查制度，推行压制出版言论自由的法西斯罪行，在中共南方局的领导下，在黄洛峰组织推动下，以生活、读书、新知三家书店为核心组织了重庆出版业中的统一战线新出版业联合会，联合二十多家进步书店发表了争取出版自由的紧急呼吁书，并开展了反对图书报刊检查的"拒检运动"，在强大舆论压力下，国民党当局撤销了对新闻书报刊扼杀的审查制度，取得了"拒检"的胜利。抗战胜利后，为壮大实力，集中经营管理，在紧密团结的基础上，于1948年10月正式成立生活、读书、新知三联书店，黄洛峰任管委会主席。

1949年1月31日北平解放，黄洛峰担任中共中央宣传部出版委员会主任；新中国成立后，1949年11月至1954年11月，先后任出版总署出版局局长、办公厅主任、党组副书记。出版总署撤销后任文化部出版局局长、办公厅主任、部长助理，后任文化学院院长兼党委书记。1965年后，曾任中国社会科学院民族研究所副所

长、中国历史博物馆顾问等。"文革"期间身心遭受摧残,1980年11月4日逝世。

黄洛峰于1954年曾被选为第一届全国人大代表;1956年为中共八大代表;1959年后先后为第三、四、五届全国政协委员;1969年当选为中国出版工作者协会副主席;2009年被评为"新中国六十年百名优秀出版人物"。

出版面向大众的《大众哲学》

读书出版社的前身是李公朴等1934年创办的《读书生活》半月刊,在此基础上于1936年成立了读书出版社。当年11月发生"七君子事件",李公朴被捕,《读书生活》被查禁,读书出版社政治上受迫害,经济上濒于极度困难,经艾思奇之邀,黄洛峰到该社任经理。该社成立后,把出版面向具有初、中等文化程度正在求知的青年读者作为一项重要任务。在李公朴、黄洛峰等主持下,极力出版艾思奇的《大众哲学》就是一个成功的范例。

《大众哲学》原名《哲学讲话》,曾先在《读书生活》专栏上连载,从1934年1月第1卷第1期至1935年底共刊发24篇文章,后结集出版,开始名叫《哲学讲话》,1935年出版之时,李公朴为该书写的编者序中称它是用"最通俗化的笔法,日常谈话的体裁,溶化专门的理论,使大众的读者不必费很大气力就能够接受","这一本通俗的哲学著作,我敢说是可以普遍地做我们全国大众读者们的指南针,拿它去认识世界和改变世界"。① 该书出版后立即受到读者欢迎,短短几个月连印三次,不久国民党当局以"宣传唯物史观,鼓吹阶级斗争"的罪名被查禁。艾思奇不畏艰险,同年6月修改后改名叫《大众哲学》出版。由于该书以人们日常生活接触的事物为

---

① 李公朴:《哲学讲话·编者序》,《大众哲学》,人民出版社2004年版。

1936年出版

例,把马克思主义的哲学深奥的理论,用中国老百姓看得懂的语言表述出来,以人们容易理解的形式,用通俗生动、浅显易懂的语言,形象地阐述了什么是唯物论,什么是形而上学,什么是辩证法,把哲学原理从神秘玄妙的宫殿里解放出来,走向大众,回答了在抗日救亡苦闷中的人们如何生活、如何生存的理论与现实问题,启发影响了广大青年从中吸取真理和力量,走向革命的康庄大道。可以说它利用马克思主义哲学教育了我国几代人。宋平曾回忆说:"《大众哲学》通俗易懂,使我从中受到了马克思主义哲学的启蒙教育。"出版家王士菁回忆《大众哲学》出版时写道:"在国民党反动派长期黑暗反动统治之下,进步书刊大都遭到查禁或焚毁,要读到一本好书是多么不易。在那茫茫黑夜中,一本好书在读者深处产生的影响确实是难以估计的。那时我们还没有可能读到毛泽东同志的著作,一本艾思奇同志的《大众哲学》,可以毫不夸大地说,就像一支熊熊燃烧着的火炬,不断发出光和热,照亮着我们这一代追求革命真理的青年们的前进道路。"① 知名作家刘白羽在谈到《大众哲学》及其作者对自己的影响时动情地说:"《大众哲学》点燃了无数人心灵的火花,引导无数人走上了革命道路",艾思奇"不但是我思想上的启蒙者,而且是引导我走向共产主义的领路人……延安的一个夜晚,我

---

① 王士菁:《认真作好出版工作——怀念黄洛峰同志》,《出版工作》1985年第11期。

到毛泽东同志那里去,当我们谈到艾思奇同志时毛泽东同志对我说'艾思奇同志是一个真正的好人'。"①在黑暗年代,广大青年面临失学失业的困惑,受《大众哲学》影响,萌发了革命思想,看清了自己的前途和道路。"一位潮汕的同志告诉我,他那里有一些青年,因家境贫寒,失业失学,加之国势危殆,陷入彷徨苦闷的境地,产生了想以自杀了此一生的念头。后来,他读了《大众哲学》这本书,打开了眼界,终于使他的悲观情绪一扫而光走上了革命的道路"②。这就是哲学著作产生的力量。哲学之所以重要,就在于它为人民认识世界、改造世界提供了思想武器,指导人的实践。

《大众哲学》的出版,在当年引起了毛泽东的注意。在艾思奇初到延安,毛泽东对其说:"噢!搞《大众哲学》的艾思奇出来了,你好呀!思奇同志,你的《大众哲学》我读过好几遍了。"毛泽东赞赏"艾思奇同志是一个真正的好人","艾思奇是好哲学家,好就好在老实忠厚,诚心诚意做学问"。毛泽东在1936年10月22日写给叶剑英、刘鼎的信中,要求"要买一批通俗的社会科学自然科学及哲学书","作为学校与部队提高干部政治文化水平之用",其中就包括《大众哲学》一书。

《大众哲学》从1936年出版至1949年先后印了32次,发行200多万册。另有人考证,新中国成立之初该书有50多种版本,它成为中国现代出版史上的奇迹。当今,在推进马克思主义大众化之时,我们还可以从书中得到启发。2013年12月,习近平总书记在中央政治局第11次集体学习时号召全党要学哲学、用哲学,是党的一个好传统,要求领导干部特别是高级干部要原原本本学习和研读经典著作,努力把马克思主义作为自己的看家本领,掌握

---

① 刘白羽:《一个哲学家的道路——回忆艾思奇同志·序》,云南人民出版1981年版。

② 陈仲平:《怀念尊敬的老师和战友——艾思奇同志》,《一个哲学家的道路——回忆艾思奇同志》,云南人民出版社1981年版,第129页。

科学的世界观和方法论,更好认识规律,更加能动的推进工作。

在烽火连天的"孤岛"出版《资本论》

毛泽东在《论人民民主专政》一文中总结我党革命历史经验时说"十月革命一声炮响,给我们送来了马克思列宁主义","中国无产阶级的先锋队,在十月革命以后学了马克思列宁主义,建立了中国共产党"。由于中国人民掌握了马克思列宁主义这个放之四海而皆准的普遍真理,中国的面目起了变化。所以,自中国共产党建立之日起,就高度重视传播学习马克思列宁主义著作。1921年9月中国共产党建立后成立的第一个出版社——人民出版社,在李达的主持下就计划出版《马克思全书》《列宁全书》,由于条件限制和历史的原因未能出齐。随着形势的发展,一些热心出版宣传马克思主义著作的出版家,对马克思主义著作的出版一直持续不断。特别是在读书出版社成立之后,黄洛峰、艾思奇、郑易里,共同制定该社的出版方针是:以传播马克思主义为长远任务和以抗日救国为现实任务。他们以战略家的眼光,大无畏的精神计划出版被人们称作"工人阶级的圣经"《资本论》。

《资本论》的翻译出版经历了一段曲折磨难。早在上世纪20年代末30年代初,我国先后有陈启修、郭沫若、侯外庐、王思华、千家驹、吴半农、潘东舟等从事过翻译,但大都是部分翻译而不完备,而《资本

1938年上海读书出版社出版的《资本论》

论》全译稿是后来的郭大力和王亚南完成的。

郭大力,1905年生于江西省南康县农民家庭,大学毕业后,在白色恐怖的笼罩下,从1928年开始翻译《资本论》,他决心把这部完整的巨著介绍给中国人民。他说:"我译这部书,并不是因为我已经很理解它,也不是因为我已经有了翻译的能力。一九二八年,国民党全面背叛了革命,红色政权已在江西建立。当时我只觉得一点:有革命的需要。"① 郭大力翻译《资本论》是在杭州进行的。在此期间正巧他结识了另一位著名的马克思主义经济学家《资本论》的合译者王亚南。两位患难与共的热心青年,从1928年开始,几经磨难,通力合作,历经十年,终于在1938年8月间完成了译稿,曾与一家经济实力雄厚的出版社联系出版,却遭拒绝。两位译者恳请与读书出版社联系出版。经过艾思奇、郑易里、黄洛峰商议决定同意出版,并同译者签订了约稿出版合同。双方规定:出版社每月支付每位译者80元作为预付版税;为保证支付资金正常使用,特意从出版社总资金中提2000元在银行单列账户,作为专门资金支付译者使用;译者应排除一切干扰,按时完成翻译任务等。正当《资本论》翻译出版工作进行之时,形势突变。1937年"七七"事变发生,8月13日战争硝烟在上海燃起,艾思奇奔赴延安,郑易里留上海租界,黄洛峰转移至武汉。郭大力在译完第1卷的译稿交给郑易里后,为了人和译稿的安全,转回江西老家静心翻译,之后陆续进行《资本论》第二卷、第三卷的翻译工作(其中部分由王亚南翻译),郭将译稿寄给在武汉的黄洛峰,黄再将译稿分批寄给在上海的郑易里。为保证译稿质量,郑接译稿后对照日文校阅全部译稿,又请《新华日报》总编辑章汉夫对照英文校阅部分译稿。大

---

① 余信芬、郭宝磷:《郭大力和资本论》,见中共中央马克思恩格斯列宁斯大林著作编译局马恩室:《马克思恩格斯著作在中国的传播》,人民出版社1983年版,第97—98页。

后方的印制条件远不如上海,可惜上海已被日军占领,成为"孤岛",黄洛峰果断决定派懂得出版的行家万国钧赴上海帮助郑易里处理印制难题。历尽艰险,终于在1938年8月至9月间,这部200多万字的三卷巨著《资本论》终于在被日军包围的上海"孤岛"排除万难出版了。它显示了黄洛峰、艾思奇等的远见卓识,也为现代出版史谱写了光辉的一页。

《资本论》在烽火连天的上海"孤岛"时期出版具有重大的现实与历史意义。"曾经有人为此这样写过一段虽然不确切,但也不无道理的一段话:'当年中共起家,得力于艾思奇《大众哲学》与郭大力、王亚南所译《资本论》两部书,六十岁以上的读者,或尚能忆起这两部书流传之广,影响之大,不亚于数十万赤色大军'。"[①]当时的知名人士宋庆龄、冯玉祥、邵力子都曾预订了这部书,影响之大,可见一斑。40年后,1978年黄洛峰在揭批"四人帮"诬蔑三联书店一次会上回忆说:"'读书'(即读书出版社)出了《资本论》。茫茫中国大地上,在党的领导下,举起了马列主义的火炬,虽然不大。那时出的马列主义的书,尽管翻译水平不够理想,但这工作是很有意义的。"[②]

《资本论》出版后,摆在黄洛峰面前的一个难题是如何将书从上海运送到大后方的桂林、重庆和革命根据地延安。《资本论》在上海共印3000套,发往内地的《资本论》共2000套,包装了20大箱,从香港绕道广州,可广州当时已被日军占领,这批书在战火中全部损失。黄洛峰很快电告上海再印2000套,并将上海剩下的1000套除一部分满足上海读者需要外,其余经广州湾(湛江)内运,又不幸遭法国殖民地当局扣留,幸由郑易里找到与法国总督有

[①] 刘大明:《〈资本论〉全译本首次在中国出版纪实》,宋原放:《中国出版史料》(二卷现代部分),湖北、山东教育出版社2011年版,第608页。

[②] 方厚枢:《中国当代出版史料文丛》,中国书籍出版社2007年版,第233页。

同学之交的人从中疏通,才运到桂林、重庆。为了将这部书运往延安,黄洛峰安排读书出版社桂林分社,同桂林八路军办事处联系,办事处有车前往延安运送纸张和印刷器材,才把几十部书安全送到延安。

《资本论》的出版是在特殊年代艰难环境之中进行的。一方面全国人民为抗战、为团结战胜外敌入侵;一方面国民党顽固派搞分裂倒退,对进步文化进行围剿。因而"《资本论》的出版和发行成了双方关注的大事,马克思主义者为之欢欣鼓舞,而仇恨马克思主义者则恨之入骨!其焦点都集中在《资本论》发行人黄洛峰身上。他自己的精力,在这个时期,几乎全部贯注在《资本论》上,从译文、出版、印刷、运输、发行一直到达读者之手,每道工序,每个环节,都刻印着黄洛峰和其他参与者辛勤劳动和闯关过卡的智慧"。①

任何一部书出版后,其自身的价值不可能由书本身自发地产生,只有通过图书评论和广告宣传才能产生广泛的社会影响。《资本论》自1938年出版之后全译本第一版很快售完,由于在八年抗战之中未能有机会再版,抗战胜利后,黄洛峰下决心在上海再版。但此时蒋介石扩大内战,国共两党和谈破裂。面对种种困难,黄洛峰义无反顾,终于在1947年将该书再版。为了扩大宣传,他和范用精心巧妙地制作了下则发行预约广告:

读书出版社发行世界名著

资本论

  卡尔·马克斯原著,郭大力、王亚南合译
   是人类思想的光辉的结晶
   是政治经济学不朽的宝典
  资本论的产生,正像一个新社会的产生一样,它的一切经

---

① 马仲扬、苏克尘:《出版家黄洛峰》,光明日报出版社1991年版,第57页。

过,都是斗争的,革命的,它虽然受到一部分人的嫉恨,但也受到更多人们的欢迎和拥护。他的理论是像钢铁那样紧密,利刃那样锋锐,它的内容是像海洋那样渊深宏富,他的文章又是那样健全,美丽,动人。译笔极严谨忠实,而又熟练流畅,早有好评赞誉。本书于廿七(1938年)初版,瞬即售罄,颇多向隅,迭接读者来信,建议再版,经因战时种种条件所限,未能如愿,今兹勉印出版,以应需要,用答读者之盛意。

全书三大卷,两百余万言,唯一的全译本,精印三巨册;用布面精装。

广告词之后,还刊登了预约注意事项。

这则广告刊登在1947年2月20日重庆的《新华日报》上,使人没有想到是国民党当局的重要报纸《中央时报》上,同一天也刊登了这一广告。当时在新闻界、文化界出现了像爆炸的一颗炮弹,引起轰动,同时也惊怒了蒋介石。当天上午,他看到这一广告时,勃然大怒,立即下令收回这天报纸,并示严加追查。当时的反共报纸《救国日报》发表社论说"中央日报竟为共党张目",承认这一事件"在国民党的声誉方面和心理方面,招致了不可补偿的损失"。

这一事件为什么如此巧妙?这当中显示了黄洛峰高超的斗争策略。1947年2月,黄在上海思考《资本论》再版问题,来自南京正风图书公司经理陈汝言,专程访问黄洛峰。陈是李公朴早期的学生,在重庆得到过黄的帮助,黄请陈想办法,在国民党《中央日报》登一则广告。陈当时有些迟疑,黄强调广告属于商业性质,国民党新闻检查官不会注意这一点,陈接受了这个意见,并预约登报前一天陈再来取纸型,尽量将预约广告作一般广告处理,结果在《中央日报》登出来了。当时,胡宗南部队正疯狂向陕甘边区进攻,蒋介石正兴高采烈,但他没想到当头一棒,广告对国民党当局是一个沉重打击。新闻出版业人中拟了一副对联:"黄洛峰绝妙设计石头城一弹中的;胡宗南大军压境陕甘宁到处扑空! 横批是:同时异地。"①这反映了黄洛峰一批革命出版人绝妙的斗争艺术,也反映了蒋介石不得人心。

承担一项光荣的政治任务——出版《毛泽东选集》

1949年1月31日北平和平解放,在新的历史条件下,为适应文化事业发展的新形势,2月23日作为出版业务的一个企业部门,又是党领导出版工作的领导机关的出版委员会成立,由黄洛峰任出版委员会主任。这个机构一成立,就承担一项头等光荣任务,就是出版《毛泽东选集》。《毛泽东选集》的出版既是中国共产党领导中国人民革命胜利的总结,又是在革命新形势下全党和全国人民学习毛泽东思想的迫切愿望。毛泽东思想是马克思列宁主义的普遍真理同中国革命实践相结合、推翻压在中国人民头上三座大山的理论的总结,也为世界被压迫民族和人民解放提供了宝贵经验。正如黄洛峰所说:"《毛选》是中国共产党的一部最重要的文献,也可以说是自1840年鸦片战争起到现在109年以来的中国人民解放斗争的一大篇总结。毛主席的这一伟大著作,经过《毛选》编委会的重新编选,交给我们重新排版,我们认为是一种光荣的政治任务。"②他又进一步说明,《毛选》新版在1949年5月6日发稿,6月初排完,6月中旬我们校完了三校,现在编委会也已校对完毕,全部校样正呈送毛主席亲自校阅中,业经毛席亲自校阅改正后第二次送校的约有500面,占全书的三分之一。为印好《毛选》,我们又改革了校对制度,建立了新的校对办法。这说明《毛选》出版

---

① 马仲扬、苏克尘:《出版家黄洛峰》,光明日报出版社1991年版,第182-183页。

② 黄洛峰:《出版委员会工作报告》,袁亮:《中华人民共和国出版史料》(1),中国书籍出版社1995年版,第272页。

工作在1949年春夏时就有专门机构着手编选。早在1948年7月12日,毛泽东在东北局报中宣部关于苏联外文出版局准备译印《毛泽东选集》的请示电报上批示:"无论国内、国外,暂时均不要出选集。半年后,经审查后再说。""1949年经中央《毛泽东选集》编委会在各解放区版本基础上编选,由中宣部出版委员会于5月6日向北平新华印刷厂发排,毛泽东审阅了部分清样"。① 由于年底毛主席出访苏联,《毛选》的出版工作暂停,直到1950年3月,毛主席回国后,为加强《毛选》的编辑出版,中共中央政局决定成立"毛泽东选集出版委员会",《毛选》的编辑出版工作再次提上日程。"毛泽东选集出版委员会"主要成员有胡乔木(时任中宣部副部长,新闻总署署长)、陈伯达(中宣部副部长、马列学院副院长)、田家英(毛泽东秘书)。田家英兼任"毛泽东选集出版委员会"办公室主任,兼管有关

《毛选》出版与人民出版社的联络工作。为了进一步便于《毛泽东选集》的出版印刷发行工作顺利进行,出版总署于1951年4月17日决定由黄洛峰、沈静芷、祝志澄等13人组成《毛泽东选集》出版印刷发行工作委员会,黄洛峰任主任委员。

1950年12月,人民出版社成立后,接受了出版委员会交给的《毛泽东选集》出版任务,组织了出版印刷校对专门小组和高素质

---

① 曹国辉:《新中国成立前夕党的出版工作纪略》,宋原放:《中国出版史料》(3卷上册现代部分)湖北、山东教育出版社2001年版,第43—44页。

的印制人才,具体负责出版印刷校对工作。大家以能够参加这项工作为一生的最大光荣,以严肃认真,一丝不苟的态度,忘我劳动,终于不辱使命,做到一字无误,历经两年多时间,完成了出版印刷任务。亲自参与《毛泽东选集》第一卷印制工作的赵晓恩回忆:"建国之初,人民出版社接受出版《毛泽东选集》的任务,当时我在该社负责出版部的工作,具体安排印制工作。洛峰同志作为出版总署出版局长、出版总署临时成立的《毛泽东选集》出版印刷发行工作委员会的负责人,把这项政治任务一抓到底,直接指导我工作,要人要物,无不全力支持。并且具体组织印刷、发行部门通力合作。他对印制质量的要求十分严格,如要求校对不出一个错字,包括标点符号和铅字断笔画。经过大家努力,终于做到了。有了这个榜样,人民出版社出版物的校对质量大大提高了。一些出版工作的基本规章制度,也是这个时候在洛峰同志的督导下建立起来的。"[1]为了使《毛泽东选集》更加增光出彩,黄洛峰还特意为精装本用真金烫印书名。黄洛峰的后人黄燕民在《一瓣心香祭墓前》一文中说:"父亲曾在出版界担任领导职务,50年代初出版《毛泽东选集》是他的第一要务。他提到过做特藏精装本的事。他说他亲自到中国人民银行申请特批黄金数十两用作《毛选》镀金。他也曾亲自过问封面和版式设计。父亲珍藏有这样一套四卷本,五十余年之后的今天,从家中的书柜取出翻阅,所烫真金毫无褪色,依然金光闪闪。"[2]

为庆祝《毛泽东选集》第一卷的出版,1951年10月12日,出版总署召开了庆祝大会,时任出版总署署长胡愈之在庆祝大会上讲话指出:"毛泽东著作的出版是马克思列宁主义事业的重要事

---

[1] 赵晓恩:《忆黄洛峰》,《六十年出版风云散记》,中国书籍出版社1994年版,第174页。

[2] 王仿子:《出版生涯七十年》,上海百家出版社2010年版,第85页。

件,不但影响全中国,也不能不影响全世界。""《毛泽东选集》的出版工作,是在出版总署成立以前,北京解放以后,在中共中央领导下就已经开始了的。1949年5月6日,中共中央宣传部出版委员会开始接受了《毛泽东选集》的一部分稿子发排,到现在差不多将近两年半,才完成了第一卷的出版工作"。《毛泽东选集》的出版,"无论从校对、装帧、排版、印刷到发行,同志们都是以十分认真和严肃的态度进行工作"。我们实践了"认真作好出版工作"这一伟大指示。① 《选集》的第二、三、四卷分别在1952年、1953年、1960年出版。

黄洛峰离开我们35年了,在这段时间里,我国发生了历史性深刻巨变,但他热心出版传播普及马克思主义著作这一出版思想,对我们做好今天的出版工作仍有启示借鉴意义。

原载《中国编辑》2015年第3期

---

① 胡愈之:《在毛泽东选集出版庆祝会上的讲话》,袁亮:《中华人民共和国出版史料》(3),中国书籍出版社1995年版,第365—367页。

胡乔木对新中国出版事业的贡献

胡乔木(1912－1992)

中华人民共和国成立五十多年来,伴随着社会主义革命和社会主义现代化建设的顺利进行,我国的出版工作取得了世人瞩目的伟大成就。这是在马克思列宁主义、毛泽东思想和邓小平建设有中国特色社会主义理论指导下,广大出版工作者辛勤努力取得的。在这个历史时期内,曾担任领导出版工作的党的领导人所起的作用和影响是至关重要的。在众多的出版战线上的领导人中,胡乔木同志是一位杰出的代表。

胡乔木(1912－1992年),马克思主义政治家、理论家。我党思想、理论、文化、宣传战线上的卓越领导人,百科全书式的学者。新中国成立之始,在条件极端困难的情况下,在毛泽东、周恩来等老一辈无产阶级革命家的领导下,他长期分管思想战线包括出版工作,为发展推进新中国出版事业作出了重大贡献。在新的、复杂的条件下,他又为推动出版事业的繁荣发展作出了新贡献。他主管出版工作时间较长,他高屋建瓴,善于从全局、政治的高度敏锐观察出版工作前进过程中出现的问题,体察出版工作中的艰辛与困难,热心支持帮助解决出版工作中的实际困难,是许多出版界领导人难以比拟的。

胡乔木既是出版战线上的领导人,本人又长期做过编辑出版工作。他善于深入调查研究,其有关出版理论具有很强的实践性、针对性,又具有系统、深邃的理论色彩,并给人们以亲切感。从理论上总结他的有关出版理论,对推动我国出版事业的发展,有深刻、长远的指导意义。

胡乔木对出版工作的建树是独特的,内容是丰富的,贡献是多方面的,至少在以下几个方面值得深入总结。

高瞻远瞩的政治意识

出版工作是一项宣传工作,但它首先是一项政治工作。早在1949年10月19日在全国新华书店出版工作会议上,胡乔木在其讲话中就响亮地提出:"大家现在做的工作和其他许多重要的工作一样,应该说是最重要的、最庄严的、最神圣的工作之一。因为我们的工作是传播知识、传播真理的一种工作。"从理论高度明确了出版工作的性质和地位。鉴于历史的原因,新中国成立之前一段时间,出版、发行、印刷三位一体,新华书店既编辑出书,又印刷发行。新中国成立之后,为适应新形势,发行工作实行重大改革,编、印、发分别独立,各司其职。这对书店的同志来说是否表示出版工作的政治性减少乃至消失了呢?当时一些同志确有疑虑。胡乔木明确回答:"现在情况发生变化,今后不管出版只是贩卖书籍了,这是不是一变而为'工商界'

了呢？……是不是就脱离了政治变成纯经济了呢？我认为：发行工作是一个非常重要的政治性的工作，是人民生活中一天不能缺少的有浓厚政治性工作。""发行工作，是从意识形态方面、思想文化方面来促进人民和国家进步的，发行任何有益国计民生的书籍都是政治工作。"这是因为做好发行工作，才能使"理论掌握群众，变成力量，多一个读者看这本书，国家就多一份力量"。这就从理论上纠正了一些同志把发行工作看成单纯经济工作和技术性工作的片面认识。

出版工作的根本任务是出版政治性强、思想进步，具有科学性、知识性的图书，最大限度地满足人们的文化生活需求；同时又是宣传马克思主义、反对与批判错误思想的最重要武器。图书需要宣传的东西很多，胡乔木针对新中国成立之初出版工作中忽视宣传马克思主义的倾向，明确提出，"出版工作第一项任务就是宣传马克思主义"。"因为有了马克思主义，我们的一切工作才有了根本的基础"。因为无论是对政治问题、技术问题，看待一个人、一件事，只有马克思主义才能给我们一种力量，把头脑武装起来，对一些问题"都能有正确的认识和估价"。他还强调我们国家是工人阶级领导的人民国家，不用马克思主义教育人民和各种错误思想作斗争，工人阶级的领导地位就不能巩固。要保证工人阶级思想的领导，就"必须宣传马克思主义"。新中国成立不久，他对出版工作宣传马克思主义提到如此高度，应该说是有预见性、前瞻性和针对性的。当然，在出版工作中始终坚持宣传马克思主义，并不是所有出版工作者都十分清醒、自觉的，需要经常引起注意。时隔四十多年，1990年12月，他在人民出版社成立四十周年讲话中，根据人民出版社的性质和承担的任务，又一次提出："人民出版社面临的第一个重要任务，就是深入宣传马克思主义、列宁主义、毛泽东思想，提高中国现有的马克思主义文化的水平。""人民出版社的中心任务是宣传马克思主义。"他提出我们应该把宣传马克思主义和出版马克思主义理论著作及学术著作同其他国家比较一下,正视我们存在的问题,把我国自己的学术著作和马克思主义理论著作的出版水平提高一步,更好地坚持马克思主义,使它满足社会和国家的需要。

在出版工作中坚持宣传马克思主义,同时又要不断地抵制各种错误思潮。1982年2月4日,在一次胡耀邦主持的中央书记处会议,听取国家出版局党组关于三中全会以来出版工作汇报后,胡乔木针对当时出版存在的问题发表了重要谈话:"我们要考虑,如何出好每一本书,如何做好社会主义出版工作。社会主义阵地不能动摇,不能搞精神污染。要教育人民,不能毒害人民。这是对出版社和书店提出的高要求。"1985年前后,社会上一度出现政治思想方面的书滞销、新武侠、言情小说泛滥、读者趣味下降等情况。胡乔木深刻分析了除经济原因之外,首先是思想政治工作问题,它远远超出了出版的范围。他提出治本的办法,是依靠党和政府,建立健全出版管理机构加以解决。由于措施得力,上述混乱状况很快得到解决。

精益求精的质量意识

邓小平在谈到工业产品的质量时提出,质量问题是一个重大政策。在某种程度上讲,质量好等于数量多。对精神产品他要求把最好的精神产品贡献给人民。重视质量,对出版物在质量上提出严格要求是胡乔木一贯坚持的原则。早在1981年8月,他在《当前思想战线的若干问题》的讲话中就指出:"在社会主义社会,精神产品同物质产品一样,多数是要作为商品进行流通的。但是无论物质产品的生产和精神产品的生产,都必须以满足全体人民的物质需要和精神需要为根本目的。为了实现这个根本目的,我们的精神生产部门不仅要努力增加精神产品的数量,而且要努力提高精神产品的质量,就是说,要力求每一件精神产品都具有爱国的、革命的、健康的思想内容,能够真正给人民精神上以美的享受和奋发向上鼓舞力量。"在谈及物质产品和精神产品对社会产生不同的影响时,他认为经济工作中发生错误,不至于影响到社会政治制度的性质和方向,但是一种发生广泛影响的社会思潮,如果不加以批评控制,却可能像某种传染病一样,危害整个社会的精神健康和安定团结。基于这样的认识,他对作为对人们发生重大思想影响的图书,在思想内容和形式上提出了十分严格的要求。他说:"我们出版一本书当然首先是内容好,内容正确,对人民有利,这是最重要的。但是,我们也不应当忽视书的形式。内容愈好,我们也就愈希望形式同这个内容能够相称,或者不要差得很远。"他强调出版者"对稿子政治上要负责任,同时在技术上也要负责任"。新中国成立之初,面对一些出版物水平不高,特别是一些私营出版物,胡乔木认为私营出版物是容易批评的,因为它占的数量少。而"公营出版物质量不高是一个严重的问题"。"有大量的出版物还是粗制滥造的,是不能容忍的,需要勇敢地把我们自己的出版物作一番检查"。为了提高大家的认识,他在一次大会的讲话中,特别引用了列宁在1919年写给当时苏联国家出版局领导人沃洛斯基的信,批评了1919年莫斯科国家出版局出版的《1919年3月6～7日的第三国际》的小册子。列宁严厉斥责了编者编的这本书是"出得可恶""一塌糊涂""杂乱无章""可耻之至"。胡乔木要求所有出版社都把这封信写下来,贴在编辑部墙上,作为每个同志的座右铭。这件事对当时出版界震动很大。由于当时中央和地方人民出版社存在的一些质量不高、乱七八糟的东西,他提出,"提高出版物的质量,是一项重要任务"。因为图书对人们具有重大的作用,所以"出书要讲质量,不能传播无用的、不准确的知识"。"人民出版社应该是最神圣的出版社,如果我们不提到最高标准,还有谁来提高呢?"要求人民出版社要树立自己的标准,打起人民出版社的旗帜。

  胡乔木对图书的质量要求极为严格,要求图书从内容到形式要做到精益求精,成为精品。1977年5月,国家出版事业管理局筹划《鲁迅全集》重新注释出版。经中央同意由胡乔木来领导这项工作,由林默涵具体主持这项工作。据林默涵回忆,在胡乔木工作极其繁忙的情况下,认真负责地审读了《呐喊》单行本的校样。"乔木拿着《呐喊》的校样,几乎不停地讲了三个多小时,提出了三十多条意见。其中有一些是政治性的内容,但更多的则是有关知识性和遣词造句、文字逻辑方面的问题。记得乔木反复强调的一句话就是注释的文字要精练、准确、干净;文学书籍的注文尤其应当精练、准确、干净。否则就把好好的一本书搞坏了"①。胡乔木要求"做到国家出版社出版的每一本书,从内容到形式都要代表中华人民共和国的水平"。

  为了切实提高出版物的质量,胡乔木提出除了要提高出版者的素质外,还要建立必要的检查监督制度。他建议"我们应当设一些专门的人才来把出版物的质量关,这种人员年纪轻了不行,还要有精力,能分辨善恶美丑。这样的人要给相当高的待遇,比国外的书评员的待遇还要高"。另外,要广泛开展图书评论。他曾风趣地说,50年代"人民日报曾出过'书报评论'副刊,有些出版社很不放心,常来问有没有批评他们的出版物的,现在这个副刊不出了,他们好放心了。应该使出版社永远不放心,让他们提心吊胆,这样出版工作才能向前推进"。他对图书质量提出一系列严格要求,在当时乃至今天,对我们都具有很大的启示与警示作用。

---

① 林默涵:《忆念乔木同志》,《我所知道的胡乔木》,当代中国出版社1997年版,第288页。

严肃认真的责任意识

　　胡乔木多次提出出版工作是最重要、最庄严、最神圣的工作。它关系到社会主义建设事业的全局。出版工作者的责任光荣重大。如何坚持正确的出版方向,如何提高出版物的质量,最重要的是提高出版队伍的素质,加强出版工作的责任心。不论编辑工作、发行工作,最根本的任务是要把好书送到读者手中,发挥图书的社会影响。从书的内容到书的形式,乃至封面设计、装帧、校对,他都提出了严格要求,常以鲁迅对出版工作的责任心来要求大家。图书质量上出问题往往与编者的责任心不强有关。为了对读者负责,他曾对编者提出了一个严格要求:"我们应该使我们的书每一个字一个标点符号也不错。"他举例说:"商务印书馆是资本家的一个书店都能做到,我们无产阶级的书店不能做到?!而且是工人阶级领导的,应该使它一个字也不错。""出版社对出版物要认为能完全负责,然后才去印刷,发行到市场上去。"

　　胡乔木不仅对出版理论作出了一系列马克思主义的论述,他还身体力行,担任领导重大出版工程的具体组织工作。他担任《中国大百科全书》的总编委主任。对全书的总体设计、编辑思想、编辑方针、编辑队伍的组成、全书质量要求等,都提出了明确的意见。他是《中国大百科全书》的主要奠基人。尤为可贵的是,他还对全书条目的语法修辞、遣词造句也一一定夺。他在条目的审定中,都一字字、一句句认真修改。表现了他对出版工作精益求精的精神。

　　为了防止出版物产生差错,对读者造成不良影响,胡乔木对出版物中的个别词句哪怕一个错字也要慎加斟酌,认真查证。李琦、逄先知等在一篇文章中回忆,1982年,为纪念延安文艺座谈会40周年,整理毛泽东同志1938年在鲁迅艺术学院关于文艺问题的一次讲话,对讲话记录稿中"徐志摩曾说过这样一句话:'诗要如银针之响于幽谷'。报乔木同志审阅后,他特别提出要查明此句的出处,他怀疑'银针'是'银铃'之误。经查询,我们从鲁迅《华盖集续编》的《有趣的消息》一文中,果然发现有'银铃之响于幽谷'这句话。而这句话是鲁迅转述徐志摩的话时说

胡乔木同志十分重视出版工作并给予很多重要的指导和支持,还亲自担任中国大百科全书编委会主任,图为他在审阅有关"全书"工作的报告。

的。这样,经过反复核对,终于查明了记录稿上的一个讹误。从这个事例中可以看出,乔木同志对编辑工作要求之严格,和他博闻强记,知识之渊博"①。

对于出版工作他如此严格要求,对发行工作也提出了加强责任心的问题。他认为不论出版、发行都是为人民服务的,应该有很好的服务精神。他形象地比喻发行"正和普罗米修斯送真理到人类中去一样,我们做发行工作的,也同人民负有同样的责任"。为此,他要求发行人员要多想些办法,帮助读者,为读者提供方便,当好读者的导游,把好书送到部队去,送到工厂去,送到机关去,送到学校去。

鉴于当时出版人员、发行人员少,素质不高。为了适应新的形势,胡乔木建议党的领导应做出培养干部的计划,"目前还没有训

---

① 李琦、逄先知、金冲及潘荣庭:《党的文献工作的奠基人——深切怀念胡乔木同志》,《我所知道的胡乔木》,当代中国出版社1997年版,第97页。

练出版工作干部的机关,需要解决。学校中也没有这样一系,应该有这一系,应该包括出版业中各项的业务,在这系中学习的学生,还应该受到严格的训练"。他多次强调发行人员一定懂书。"卖书是很难的事,卖药而不懂药,会把人害死,对书店人员一定要加强培训"。他倡导在大学办出版系,认为没有经过培训的不能担任出版、发行人员。"做一个好编辑很不容易。一个老编辑比一个教授辛苦得多,社会上又不知道他,而没有很多知识的人又当不好编辑。对编辑人员要培训"。他同浙江和上海出版界的谈话中多次说到要在大学办编辑专业。他的这一思想从50年代一直到90年代,都是一贯的,表现了他的远见卓识。他倡导在大学要创办编辑专业的意见,现在已变成了现实。这对中国出版业的发展将会产生深远影响。

胡乔木关于出版工作的理论建树,主要反映在近五十年来他的一系列有关著作中。这些指导性的论述,充分体现了他对出版工作坚持正确政治方向的坚定性,重视出版物质量的一贯性,强调出版工作者要有高度负责精神的严肃性。虽然时间过去了几十年,至今仍然感到亲切,有很强的针对性、现实性,从中汲取这些有益的东西,无疑会对今天做好新时期的出版工作有积极的推动作用。

作者注:文中引文除注明出处外,均引自《胡乔木传》编写组编:《胡乔木谈新闻出版》,人民出版社1999年版。

原载《出版史料》2006年第2期

百年大计　育人为本
—— 胡乔木与编辑出版专业教育

编辑出版教育的倡导者

中国是一个历史悠久的文明古国,其编辑出版活动的历史源远流长。可惜编辑工作作为一门学问,作为培养编辑出版队伍的出版专业教育在我国却起步较晚,迟迟没有引起人们的高度重视。旧中国没有一所专门培养编辑出版人才的高等学校。新中国成立后,鉴于历史条件,为了适应出版形势的需要,当时只能以短期培训的形式来培训出版干部。20世纪五六十年代,虽然也有人从事编辑教学活动和编辑学著作的出版,开办过出版干部学校、文化学院,但教学内容、课程设置都不能适应形势需要。"文革"后,为了改变我国印刷技术落后、印刷技术薄弱的状况,经国务院批准,1978年在我国建立第一所高等印刷院校——北京印刷学院。为了提高图书发行队伍的素质,1983年在武汉大学设置图书发行专业。这标志着我国印刷、发行业高等教育的开始。但是作为正规完备的编辑出版专业教育,则是起始于20世纪80年代中期。

作为中国共产党的思想文化、宣传教育战线上的杰出领导人,著名理论家胡乔木,审时度势,深谋远虑,他在1984年3月至6月间多次提出在我国部分高校试办编辑专业的建议。遵照胡乔木的意见,当时教育部会同文化部出版局召开座谈会讨论,并将讨论的意见于1984年7月23日,以教育部党组名义向胡乔木写了一份

《关于筹办编辑专业的报告》。当年 7 月 25 日,胡乔木复信教育部,明确表示:"编辑之为学,非一般基础课学得好即能胜任。"强调在我国编写编辑学这类书是有基础的。因为"在历史上我国著名典籍的编辑经验,也有不少记载,不过需要收集整理",贵"在有心人的努力罢了"。胡乔木还在信中表示"为促成这个专业(或编辑、新闻专业)的诞生,我宁愿不惮烦言"。在胡乔木的倡导下,北京大学、南开大学、复旦大学相继开始试办编辑专业,并在全国出版界悄悄兴起一股研究编辑学的热潮。

提倡研究编辑学,重视编辑出版专业教育,建立一支适应中国出版事业发展的优秀编辑出版队伍,是胡乔木一贯的指导思想。

早在 1951 年,胡乔木在第一届全国出版行政会议第二次会议上所作的报告中,面对出版干部不足的状况,提出"党也要负责领导教育和培养出版工作的干部的工作。应当做出培养干部的计划。目前还没有训练出版工作干部的机关,需要解决。学校中也没有这样一系,应该有这一系,应该包括出版业中各项的业务,在这系中学习的学生还应当受到严格的训练。现在应当筹备在大学中设立这样的系"①。这是胡乔木最早提出在大学设立编辑系,解决编辑队伍的培养教育问题。

1984 年 3 月,他在讲到新闻人才的来源时说"每个大学中文系都应该开设新闻专业或编辑专业。不但报纸编辑要有来源,出版社的编辑也要有来源,新华书店的经营管理人员也要经过培训"②。1986 年,他同浙江出版部门负责人谈话时,当得知浙江省办有印刷发行学校。他称赞"办学校很需要,但不大好办,要花钱,但不投资不行,这是百年大计。大学办出版系,是我提的建议……

---

① 《胡乔木传》编辑组编:《胡乔木谈新闻出版》,人民出版社 1999 年版,第 464 页。

② 《胡乔木传》编辑组编:《胡乔木谈新闻出版》,人民出版社 1999 年版,第 367 页。

关于在大学试办编辑专业给教育部的信

教育部：

7月23日报告阅悉并同意。

编辑学在中国确无此种书籍（编辑之为学，非一般基础课学得好即能胜任，此点姑不置论）。有一些近似编辑回忆、编辑经验一类的书籍，如鲁迅、茅盾、叶圣陶、韬奋的部分著作和一些老报人的回忆里就有这样一些资料；近年出的《书叶集》（花城出版社）和《鲁迅回忆录正误》（湖南人民出版社）以及前些年出的《重庆新华日报回忆录》，商务印书馆回忆录（？）、三联书店纪念录（？）等，亦可资参考之用。类似的书可能还有。上海出的《辞书研究》是一种刊物，是专讲辞书编辑的，但内容很多可以举一反三。在历史上，我国著名典籍的编辑经验，也有不少记载，不过需要收集整理而已。（顺带说，我还建议编辑专业应设辞书学、目录学、校勘学[中国就有这两类的书]，编目、标题、注释、摘要、插图、索引等的研究和试验，印刷、出版、发行知识等科目。）据我猜测，国外的这类书籍一定是会不少的，例如：三联书店1963年出的《为书籍的一生》就是一本很有用的参考书；循此以求，则参考书究竟非无法收集，是在有心人的努力罢了。

我的知识太少，如找周振甫、吕叔湘、萧乾、杨宪益、叶君健、张志公（以上只是随意举例）诸先生，以及一些有定评的刊物、丛书、辞书、年鉴的编辑，一定会提出许多具体的指示，使艰难的第一步便于成行。这是就北京说，上海、天津当然也不会缺少这样博学而热心的学者。

这封信写给教育部（因不知直接主管人员），似乎有点大而无当。但为促成这个专业（或编辑、新闻专业）的诞生，我宁愿不惮烦吉。教育部高教司可否协助北大、南开、复旦三校具体筹备此专业。人员在暑期开一小型讲座，请京、津、沪的几位老编辑略有准备地分头讲几个题目，帮助筹备者能写成一门或几门课的教学大纲？因各出版社老编辑年老任重，请他们到校兼课的希望可能不大，当然我不反对。

胡乔木

1984年7月25日

杭大办出版系好，早点定下来"①。他认为编辑不是什么人都可以

---

① 《胡乔木传》编辑组编：《胡乔木谈新闻出版》，人民出版社1999年版，第539页。

干的,必须有丰富的科学知识,并且要经过严格的培训或编辑出版专业教育。1986年1月,他在同上海出版部门的负责人谈话中指出:"要把出版发行人员的素质提高,没有经过训练的不能当。北京许多出版社靠老编辑。做一个好编辑很不容易。一个老编辑比一个教授辛苦得多,社会上又不知道他,而没有很多知识的人又当不好编辑。对编辑人员要培训。"①

1990年,他《在叶圣陶研究会成立大会上的讲话》中,又一次提出"编辑是编辑,出版是出版,出版离不了编辑,但编辑是独立的学问"②。

出版要繁荣关键在队伍

面对国际国内出版市场的激烈竞争,中国出版业要健康繁荣发展,及早跨入强国之林,关键是建立一支高素质的编辑出版队伍。人才特别是优秀人才是出版工作中最活跃因子,是推动出版产业前进的强大动力。出版业的竞争说到底是人才的竞争。谁拥有一支高素质的编辑出版队伍,谁就能赢得竞争的主动权。

胡乔木关于试办编辑专业的倡议,关于强调编辑学是一门学问,有很强的针对性、现实性。其主导思想是要人们深刻了解编辑出版工作的规律,着眼于编辑队伍的建设。这一问题的提出,是他长期从事出版领导工作,善于从实际出发,深入调查研究,总结出符合中国实际的一个创举;是他为贯彻出版工作为人民服务、为社会主义服务,满足人民文化生活需要而采取的一项带有巨大战略意义的重大举措;是他从出版事业的全局出发,科学把握出版工作

---

① 《胡乔木传》编辑组编:《胡乔木谈新闻出版》,人民出版社1999年版,第542页。

② 胡乔木:《在叶圣陶研究会成立会上的讲话》,《编辑学刊》,1990年第3期。

的性质、地位、作用,站在历史时代的高度而提出的;也是他对出版工作高度负责精神的体现。因为出版队伍的素质状况如何,事关出版事业发展的全局,直接影响出版物的质量。新中国建立之初,面对当时部分出版工作者对出版工作不负责任,出版物差错多,出版队伍素质不高等情况,提出"出版事业是关系到国家、民族、四化事业,关系到整个民族文化科学水平提高的大事"①。他认为出版是最重要的、最庄严的、最神圣的工作之一,它是传播知识、传播真理的一种工作;出版是一个很大的领域,但又很薄弱,出版队伍的素质和出版工作很不适应。早在1951年,他针对出版物质量低劣的问题就提出严肃批评。他指出"大量的出版物还是粗制滥造的"。当时中央人民出版社和地方人民出版社出版了一些乱七八糟的东西,"所以,提高出版物质量,是一项重要的任务"②。他要求"做到国家出版社出版的每一本书,从内容到形式都要代表中华人民共和国的水平。在毛泽东领导的政府下面,书籍和国旗一样,是代表着我们的国家"③。胡乔木的这些要求既体现了他对出版工作的高标准要求,又指出了对出版队伍加强培养的紧迫性。

编辑出版队伍的建设是一个关系到出版业持续健康发展的百年大计的系统工程,必须像胡乔木那样高度重视,花大力气,长期抓下去,要经常化、制度化。我们的目标是要建立一支具有坚定正确的政治方向、懂得出版工作规律、掌握最新科学技术、具备出版专业知识、富有高尚的职业道德、高度认真负责的编辑出版队伍,这样我们的出版业就一定会健康持久地发展,对人类做出重大贡献。

---

① 《胡乔木传》编辑组编:《胡乔木谈新闻出版》,人民出版社 1999 年版,第 550 页。
② 《胡乔木传》编辑组编:《胡乔木谈新闻出版》,人民出版社 1999 年版,第 457 页。
③ 《胡乔木传》编辑组编:《胡乔木谈新闻出版》,人民出版社 1999 年版,第 458 页。

出版教育在探索中前进

胡乔木关于试办编辑专业的建议提出已20年了。在这段时间里，我国的政治、经济、文化发生了历史性变化，出版事业也出现了前所未有的繁荣。在胡乔木的倡导下，我国的出版专业教育也有了长足的发展，并呈现出良好的发展态势。

出版专业教育由初具规模到进一步发展。1985年继北京大学、南开大学、复旦大学试办编辑专业之后，相继有清华大学、中国科技大学建立科技编辑专业。河南大学、四川大学、上海大学开办了编辑学专业。清华大学、武汉大学开展了编辑学专业的第二学士学位教育。河南大学、南京大学、西安交通大学、四川社科院新闻研究所、华中科技大学，都先后招收了以书报刊科技编辑方向的硕士研究生。河南大学除设有本科专业外，还招收了编辑学硕士研究生，目前新闻传播学硕士点下设四个研究方向：新闻学、编辑出版学、广播电视、广告；北京印刷学院传播学硕士点，以出版传播学为学科领域，下设书刊编辑学、出版产业、出版美学、数字媒介传播四个研究方向。据新闻出版总署信息中心编写的由新华出版社2004年1月出版的《中国媒体概览》一书显示，目前我国有七十多所高校设有新闻系、新闻传播学系（院），其中有二十多所院校专业中设有编辑出版专业。目前我国有两所培养印刷出版和编辑专门人才的本科院校。在胡乔木的倡导下，在教育、出版部门的努力下，我国编辑队伍的培养教育、我国出版高等教育已走上了一条创新之路。"据不完全统计，十五年来，高校的编辑、出版、发行各专业为新闻出版行业输送了十届一千三百余名本科毕业生"。"编辑出版学专业得到了教育部的正式确认。1998年教育部公布的高校本科专业目录中，确立了编辑出版学的应有地位……国务院学位委员会于1998年批准北京印刷学出版系和河南大学文学院招收新闻传播研究生……编辑出版专业培养高层次人才,迈出了可喜的一步","我国早期开展编辑学、图书发行学高等教育的南开大学、武汉大学、清华大学、河南大学等十五所高校,编辑出版学专业建设已基本成熟,正在成为出版教育的排头兵"。① 出版专业经过广大教育、出版工作者的努力,把一个充满生机、发展前景广阔、与中国出版产业相适应的出版专业带入21世纪。

教学研究、教材建设不断探索。鉴于我国出版专业起步较晚,教学工作、教材建设无先例可以借鉴,广大教师边教边学,边进行教材写作,在不断摸索中前进。为了解决教学工作游离于编辑出版实践之外的问题,苏州大学编辑出版专业的教学提出"五个一"的要求,即让编辑出版专业的学生在校初校书稿一百万字、重校一百万字、责编一本书、上一次图书订货会、下一次印刷厂。华中科技大学在培养高层次科技编辑中,在教师指导下,开办了学术沙龙,教师同研究生两周进行一次聚会,参加者根据自己的兴趣提出自己的研究课题,本着百家争鸣畅所欲言的精神,展开讨论,互相启发,收到明显效果。河南大学在研究生教学中强调培养学生的三种能力:创新能力、研究能力、实践能力,坚持自学、研究、写作三结合和以课题任务带学习的方法,到出版社、杂志社参加调查编书、评刊活动,解决理论脱离实现现象,扭转了学生会说不会做的状况。

在教材建设上也取得了显著成就,除辽宁教育出版社出版的一套试用教材外,一些教研与出版单位也分别推出了一些教材,为专业教育服务。

20年来编辑出版教育和编辑学的研究,取得了令人信服的成绩。这些成绩是在有关部门支持下,也是在不断清除"编辑无学""出版无学"的影响中取得的。可以说由初创期开始进入建设期,经过广大师生的努力,已积累了一些宝贵经验。但也要清醒看到,

---

① 李敉力、孙文科:《我国编辑出版专业的建设与发展》,《河南大学学报》1999年第6期。

由于专业发展过快,也带来了不少问题,诸如师资严重不足、教材建设跟不上形势发展、教学内容脱离实际;在学生就业问题上,虽然社会上客观有需求,但用人单位又不乐意接收。凡此种种,都应该引起我们的重视。

历史的发展证明,20世纪80年代中期,胡乔木提出在大学办编辑专业,加强编辑出版教育,开展编辑学研究,是他在出版领域的一次有远见的大胆的尝试,是一个重大突破。这种尝试适应了出版事业发展的需要。可以无愧地说,它复兴再生了一门古老的学科——编辑学;它催生了一门新的专业——出版专业。"编辑出版专业的建立引起了国内外的重视,它是中国出版史和中国教育史上一件创先例的大事"①。编辑学、编辑出版教育毕竟是一个年轻的学科和专业,要成熟、完备,我们需要做的工作很多,要走的路还很长。

第五届全国高校编辑专业联席会暨学术研讨会 1999 年 4 月 24—25 日在河南大学召开

原载《中国编辑》2004 年第 4 期

---

① 卢玉忆:《重视编辑出版专业人才的培养》,《求是》1992 年第 17 期。

胸中有胆识　敢为天下先

——张光年文艺期刊编辑思想评析

风在吼。
马在叫。
黄河在咆哮。
……

保卫家乡！
保卫黄河！
保卫华北！
保卫全中国！

张光年（1913—2002）

每当我听到《黄河大合唱》中体现黄河"自强不息""伟大坚强"，激励中华民族危难之时团结一致抗击日本侵略者这段词曲之时，内心无比激动，诗人、作家、文艺评论家光未然（张光年）的形象在脑海中不时闪现。20世纪50年代，在大学中文系读书时，时任《文艺报》主编的张光年，应邀为我们作了一次文艺创作与文学评论的讲座，至今仍记忆犹新。

"翻开一部中国现代文学史、文化史，我们会发现许多著名的作家、文艺评论家、思想家同时也是卓有成就的资深编辑。特别是一大批著名的作家，他们的文学生涯与编辑活动往往是紧密结合在一起的"①。众所周知的鲁迅、叶圣陶、茅盾、巴金、丁玲、孙犁、秦兆阳等,在现代文学与编辑史上耀眼发光,而作为诗人、作家、文艺评论家,又长期从事文艺期刊编辑的张光年也是这方面的一个突出代表。由于历史的原因,"名作家和文学史,就像万里夜空中闪烁的明星,而编辑则常常隐没在黑暗里;所以,现代名作家群星灿烂,而名编辑却默默无闻"②。一部文学史,上面刻满了作家的名字,文艺家的名字,唯独没有编辑家的名字,这当然是不公平的。今天,我们应从文学历史发展的角度对曾在现代文学发展史上对文学产生推动作用的名编辑家给予恰当的评价。

创作编辑紧密结合

张光年自己说他从20世纪20年代起,在中国共产党领导下,和多灾多难的祖国人民一起,经历了重重惊涛骇浪,"从30年代中期起,我用光未然这个笔名发表诗歌。我写于1939年的名篇歌词《黄河大合唱》,由于天才作曲家的再创造长期流行不衰……我曾长期担任文学期刊的编辑工作。新中国成立后,我曾先后主编《剧本》月刊五年,《文艺报》十年;八十年代主编《人民文学》三年。编辑工作之余,写些诗歌、散文和文学评论文字"③。

跨越两个世纪的张光年,在文艺创作和编辑工作中都做出了突出成就。

张光年,原名张文光,笔名光未然。1913年生,湖北省光化县(现老河口市)人。1925年"五卅"惨案发生后,12岁的他就参加了反帝爱国活动。1927年加入共青团,1929年转为中共正式党员。

---

① 叶子铭:《编辑家茅盾评传·序》,河南大学出版社1995年版。
② 陈思和、虞静:《艺海双桨·序》,山东画报出版社1999年版。
③ 《张光年文集》(三),人民文学出版社2002年版,第564页。

1931年就读于武昌中华大学中文系。求学时期和同学创办《鄂北青年》杂志并任主编。1935年"一二·九"爱国学生运动爆发后,从事抗日救亡艺术宣传活动。抗日战争爆发后,投入抗日救亡运动,他和其他同志组织了"中国文艺工作者战地工作团"并任团长;"八一三"之后,他在上海、武汉投身文艺界抗日宣传活动。1938年秋,带领抗战演剧队深入吕梁地区从事抗日宣传工作,1939年初,创作了有
重大影响的《黄河大合唱》,同年9月去重庆,在周恩来领导下,开展文艺界统一战线工作。1941年"皖南事变"后,根据组织决定转移到缅甸,在仰光创办了《新知周刊》并任主编,组织团结爱国华侨,从事抗日救亡和反法西斯活动。1942年回云南,在云南大学附中教书,同时任李公朴主办的北门出版社出版的《民主增刊》编辑。1946年抗战结束后回北平,负责编辑《民主增刊》北平版。新中国成立后,1950年任中央戏剧学院教育长兼创作室主任,次年调中央人民政府文化艺术局任局长,1952年任《剧本》月刊主编,1957年任中国戏剧家协会党组书记、秘书长兼创作室主任,同年任中国作家协会书记处书记,1957年至1966年任《文艺报》主编。10年"文革"期间,遭受"四人帮"残酷迫害。1976年粉碎"四人帮"之后,他以无比喜悦之情投入文艺创作和编辑活动。1976年底,任《人民文学》主编,1979年至1984年任中国作协党组书记、作协副主席,他曾是第五届全国人大代表,在党的"十二大"会议上被选为中顾委委员。2002年1月28日因病去世,终年89岁。

张光年是一位激情四溢的诗人、作家、文艺评论家,在中国当代文坛上,是一位生命不息,奋斗不止的文坛巨擘,其作品有诗歌、戏剧、文艺评论、散文、古典文学研究等5卷,共170余万字,由人民文学出版社于2002年出版。张光年从事文学创作与编辑活动时间之长,编辑实践经验之丰富,编辑胆识之大,见解之独特,都是非常突出的。可以说,他在现代文学史、编辑史上,是一位杰出的编辑出版家。集作家与编辑出版家于一身的张光年,在实际工作中往往会从不同角度考虑作家与编辑家之间的相互关系。作为编辑家的张光年,长期从事文艺创作与文艺评论,自身具有对作家作品鉴赏力,评析作家作品的优劣,并善于体察作家在创作中的感受与艰辛,能够倾听作者意见,尊重作者劳动,能比较客观冷静评价一部作品;作为作家的张光年,能够适应和理解编辑的价值取向和读者的合理需求,虚心倾听吸收编辑的意见,完善自己的作品,主动配合编辑的工作。只有二者的相互磨合,互动共谋,才能共同促进文化的发展繁荣。

大胆扶植新人新作

张光年的一生大部分时间从事文学创作、文艺评论和参与文艺界高层的领导组织工作,编辑刊物也是他一生乐于从事的重要工作内容。他从青年时代起就涉足创办编辑刊物,特别是新中国建立后,曾先后任《剧本》《文艺报》《人民文学》主编,时间长达20年,尤其是《文艺报》与《人民文学》是创作和评论的两大权威期刊,犹如期刊之林中两株枝叶茂盛的参天大树,是文艺期刊的两大重镇;是人们评价文学成就和文艺评论成就的两支标杆,而他都是在历史的特殊时期担任刊物主编,可以想像其面临的任务是多么艰巨。

办好一个刊物除有明确的办刊宗旨外,还取决于多种因素和正确处理作者、读者、编者的关系。作者居于前端位置,他为刊物提供稿源,是办好刊物的基础,没有作者的支持,刊物就成了无源之水,无本之木,所以刊物要依靠作者、尊重作者。读者,是办刊的依据,处于终端地位,是刊物的立足之地,是刊物的最终归宿和消费者,要以读者为本,时时处处为读者着想、为读者服务,失去读者刊物就无存在必要。编者,处于作者与读者之间的中端位置,即中介地位,是联系作者与读者的桥梁,它调整作者与读者的关系,是刊物的制作者,是刊物成败优劣的关键。特别是主编的作用尤为重要,它如大海中的航船,编辑是撑船人,主编就是舵手。主编是一个刊物的主脑与灵魂,他把握掌控刊物的正确方向,是一个刊物的总设计师,他决定刊物的整体风貌和命运。主编的人品、学识素养、胆识都会在刊物上留下鲜明的印记。实践证明,作为有深厚文学创作素养、又有文化积淀,还有长期从事刊物编辑经验的张光年,承担《文艺报》和1977年初刚复刊后的《人民文学》主编无疑是理想的人选。

《人民文学》作为与新中国同时共生的"国字"号期刊,它是展示我国文学创作最高水平、最新成果的殿堂,是哺育与扶植我国文学园地新生力量、新锐作品的摇篮,是体现与折射我国社会生活阴晴圆缺、喜怒哀乐的窗口,是谱写记载我国当代文学兴衰曲折变化的史册。作为新中国第一个大型文学期刊的首任主编茅盾做了许多具有开创性的工作,继之后的几位主编也功不可没。但在十年"文革"中,由于受到"四人帮"的破坏,文学创作遭到扼杀,文学自身的发展规律被破坏,大批作家受到打击和迫害。面对新的形势,如何拨乱反正,在新的形势下,开创文学刊物编辑工作新局面是摆在新任主编张光年面前的一项严峻的任务。

评价一个文学刊物办得如何,一个重要标准是看它是否发表了一批反映时代精神,点燃国民精神火光,启发人们深思重大问题,内容形式完美结合,影响重大的传世之作。1977年正值批判"四人帮"之始,《人民文学》收到一篇刘心武写的短篇小说《班主任》,据当时的责任编辑崔道怡回忆,他看后肯定这篇作品,但进入终审时却出现了不同意见,当时终审者十分为难,不好拍板,只好呈请主编张光年裁决。当张光年看了《班主任》之后,1977年10月7日,他把有关编辑召集到他家里,明确讲述了他的意见:"这篇小说很有修改基础,题材抓得好,不仅是个教育问题,而且是个社会问题,抓到了有普遍意义的东西。如果处理得更尖锐,会引起人们的注意,以文学促进关于教育问题的讨论""写矛盾尖锐好,不痛不痒不好。不要怕尖锐,但是要准确。""短篇小说要得人心,作家写矛盾就不要回避尖锐性,否则,就是回避战斗性教育作用问题。"①张光年果断决定,《班主任》于1977年11月号《人民文学》短篇小说特辑以头条位置推出。刘锡诚同志在一篇文章中回忆:尽管当时《人民文学》有编辑高手慧眼识英雄,但在那个特殊时代,内容上稍有出格的作品也许会惹祸。在发与不发这篇小说的关键时刻,如果没有张光年这个"老编辑"的胆识与决断,恐怕历史又会是另一个样子。小说发表后引起强大的社会反响。有的读者说《班主任》说出了我们想说的话,它提出了发人深省的社会问题,它有力地控诉了"四人帮"从精神上残害青少年的罪行等,被称为引人深思,促人感奋的"伤痕"文学。因此,在1978年全国短篇小说评奖中获得冠军奖。"二十年过去,回首解冻之初,正是时任《人民文学》主编的张光年,对小说《班主任》的横空出世,对作家刘心武的突飞猛进,起了决定性的推动作用。也正是他的胆识与魄力,对文学事业的拨乱反正,对艺术创造的复苏振兴,可以说起了关键性的促进作用。这是我国新时期文学史上闪光的一页"②。作为一个刊物的主编要有敢为天下先的精神,敢于发表别人不敢发表的

---

① 崔道怡:《报春花开第一枝——张光年和〈班主任〉的发表》,《文学报》1999年4月8日。
② 崔道怡:《报春花开第一枝——张光年和〈班主任〉的发表》,《文学报》1999年4月8日。

富有新意的文学作品,否则不能取信于读者,《班主任》的发表表现了张光年的胆识与魄力。

作为文学刊物的编辑,不能仅仅靠作者来稿,而要善于根据形势和读者的需要,走向社会,策划选题,物色作者,取得编辑的主动权。鉴于"文革"知识分子被作为"臭老九""反动权威",无法发挥自己的积极性。粉碎"四人帮"之后,摆在全党面前的一个任务是实现现代化,而科学技术和人才是关键。《人民文学》编辑部得知1983年春天召开全国科学大会,立即意识到能有一篇写科学家的报告文学该多好。为此,编辑周明在

1977年陪同徐迟访问了科学院数学研究所的陈景润,在访问了解陈的情况后,破除了陈是个"怪人"的偏见,确认他是一个真正的科学家。周明向主编汇报了访问陈的感受。张光年听了汇报"经过一番考虑后,斩钉截铁地说:'好哇,写陈景润!丝毫不要动摇。''文革'把知识分子打成臭老九,不得翻身。现在党中央提出要搞四个现代化,这就需要靠知识分子!陈景润如此刻苦钻研科学,突破了'哥德巴赫猜想',这是很了不起的!这样的知识分子为什么不可以进入文学画廊?你转告徐迟同志,我相信这个人物他一定会写出一篇精彩的报告文学!明年一月号《人民文学》上发表,就这么定了……《哥德巴赫猜想》,又是张光年的果断决定。前述刘心武的短篇小说《班主任》,也是张光年一锤定音。""现在看来也许不觉得什么,当时的形势是,'四人帮'显然倒了,垮了!但'四人帮'强加给人们的许多枷锁,还远未彻底打碎、打垮,虽冲破了一些禁锢,但还有许多障碍。加之还有两个'凡是'在作祟。特别是中央关于彻底否定'文化大革命'的决议还没有做出。而这两篇作品

恰恰却都是尖锐地触及了'文革',抨击了'文革'。这个分寸如何把握?若是换一个人,一位无胆无识的主编,大概打死也不肯拍这个板"①。《哥德巴赫猜想》在《人民文学》1978年4期发表后,在全国特别是科学界引起强烈反响,有的读者称它是一篇赞美科学家的颂歌,同时也是一篇控诉"四人帮"无情打击、恶毒陷害科技人员的罪行,批判"四人帮"破坏科学事业的战斗檄文;有的说杰出的数学家陈景润的出现,是我们伟大祖国的骄傲,是中国人民的自豪,他不愧是新中国培养出来的科学工作者。他的先进事迹,他的巨大科研成果,生动地说明中国人民是有志气、有能力的。

哥德巴赫猜想

为了表彰徐迟在文学创作上的重要贡献,中国作家协会于2014年10月10日,举办了徐迟百年诞辰纪念座谈会。中国作家

---

① 周明:《张光年与风暴过后的〈人民文学〉》,《纵横》1997年第1期。

协会主席铁凝在座谈会上作了讲话。她高度赞扬了徐迟的《哥德巴赫猜想》是当代报告文学史中一部里程碑式的作品。这部报告文学给人们带来了感奋和启迪。"一种新的视野在人们面前打开,一种被重新认识的价值和意义在人们面前雄辩地展现,一种新的人物形象、新的英雄和楷模在人们面前矗立起来。这是极具勇气的拨乱反正,长期被视为改造和教育对象的知识分子被擦去尘埃和污垢,昂首走在时代进步的前列,而长期被认为是'白专道路'的科学探索被有力地肯定、热情地讴歌。《哥德巴赫猜想》因此远远超出文学的范围,汇入了思想解放的大潮,成为时代精神的嘹亮号角。就在同一年,全国科学大会召开,日出江花红胜火,春来江水绿如蓝,科学的春天来临了,而徐迟无疑是报春的燕子"[①]。

巴金在致《十月》一文中说,编辑的成绩不在于发表名人的作品,而在于发现新的作家,推荐新的创作。一个文艺刊物的编辑和文艺界的领导人,在编辑工作中要善于发现,敢于扶植有成就的新的作家,特别是当一些作家在处境危难,承受巨大压力,别人向他打棍子时,要敢于仗义执言,大胆保护支持作家。《人民文学》《文艺报》的编者及其主编张光年保护支持作家蒋子龙就是一个突出的事例。

《人民文学》1979年第7期发表了蒋子龙的被称为"改革文学"的代表作——《乔厂长上任记》,作品一问世,在文艺界特别是在天津遭到了一些人的猛烈批判,《天津日报》用14个版来"围剿"这部小说,指责《乔厂长上任记》是对当时揭批查运动"大泼冷水","充当不光彩的消防队员",小说中的人物乔光朴一举一动就是对揭批查运动的反"拨乱反正",总之是反对揭批查运动和思想解放运动,对蒋子龙围剿讨伐。然而真金不怕火炼,黑暗掩不住光明。

---

① 铁凝:《科学春天的歌者 现代文明的歌者——纪念徐迟先生百年诞辰》,《博览群书》2014年第11期。

与此同时,一些文艺界的评论家敢于面对当时的一些错误批评,在文艺评论中旗帜鲜明地高度评价了这一作品。评论家刘锡诚肯定"小说的主要成就在于为我们塑造了乔光朴这样一个在新时期现代化建设中焕发出革命青春的闯将的典型形象""随着现实生活进入了一个新的历史时期,作家们还可能而且必然塑造出各种各样的当代英雄来充实我们的文学画廊,如工人、农民、知识分子、基层干部中的英雄人物,但乔光朴

无疑是其中的一员,而且是最早出现于文学作品中的成功的典型形象之一"①。有的评论文章认为乔光朴"是我们国家的脊梁骨",是一位敢于负责,勇于革新,大刀阔斧,大干四化的闯将。著名的文艺评论家陈荒煤、冯牧都在座谈会的发言和文章中给作品以高度的评价。事隔两年多之后的1981年,张光年约请有关人员在他家研究《文艺报》改版问题时,他得知《文艺报》编辑部收到告蒋子龙的一封告状信,对编辑部的同志说要写一篇《蒋子龙论》,并说:"蒋子龙的《乔厂长上任记》是不是第一个反映重点转移的?是不是反映了重大现实?这部小说有点浪漫主义……蒋子龙正是我们所需要的作家。不怕写艰苦、写矛盾,但要强调写斗争。他是从学习三四十年代苏联建设时期文学中走过来的,技巧还不成熟,模仿,不凝练,枝蔓。但可贵的是坚持了现实主义、革命浪漫主义,这正适合广大青年、工人、老干部读者的口味。他遭到打击,但始终

---

① 刘锡诚:《在文坛边缘上》,河南大学出版社2004年版,第342页。

不放下笔。《新港》上发表的这篇《基础》我刚看完,还是有内在的、推动生活前进的东西,写得相当深刻。……这个作者不是为名利而写的,不是品质很不好,有意讨好'四人帮',想做官,附和时好。我很愿意和他谈谈,荒煤的文章,就拿给《文艺报》发表吧。"①张光年的意见表达了文学期刊编者和老一代文艺家对新一代作者的深切关怀。从此,蒋子龙在文坛上得到顺利健康成长。蒋子龙在一篇文章中回忆说:"我获奖的很多作品都是在《人民文学》上发表的。《人民文学》改变了自己的人生命运。"张一弓的小说《犯人李铜钟的故事》在评奖中遇到阻力,也是张光年力主评为优秀作品的。张光年在几个作品处于存亡的关键时刻敢于大胆推出,开创新局面的胆识,表现了他敢为天下先的大无畏精神,这种精神,得力于他对形势发展规律清醒的认识能力、自身很高的判断事物的是非能力、熟悉艺术规律的鉴赏能力。这种胆识正是他工作成功的重要原因。

作为文学刊物的编辑,张光年在实际工作中时时处处以读者为本,不时为读者提供优秀作品,满足读者的需要。他明确提出"我们编刊物,不仅是对上负责,而置广大读者要求于不顾,那样,最终要失去读者。我们的文学刊物一定要反映人民的情绪和愿望,要同人民群众通心,要让读者读过以后乐于向自己的亲人、朋友推荐这篇作品、这份刊物。文艺作品就是要打动人们的心弦,喜怒哀乐的心弦。作家写东西总要自己先受感动,然后才能去感动别人。没有真情实感,就没有艺术力量"②。1979年1月,在《诗刊》诗歌创作座谈会上他肯定了《诗刊》的成就,又坦诚地说:"作为一个刊物,本来是应当同人民群众紧密联结在一起的,及时地反映

---

① 刘锡诚:《在文坛边缘上》,河南大学出版社2004年版,第437—438页。

② 《张光年文集》(三),人民文学出版社2002年版,第349页。

群众的要求和呼声。但我们的刊物办得不合群众的要求,或者不很合群众的要求。工作没做好,应当受批评。"这种以读者为本的思想和新时期解放思想大胆探索精神相结合,心里想着读者,使得他主编的文学刊物在新时期文学大道上不断呈现辉煌。

以读者为本,对读者负责,就要在编辑工作中认真负责,防止差错。张光年在主编的几个文艺刊物中都能做到身体力行,并带动别的同志认真去做。据《剧本》的资深编辑颜振奋在一篇回忆文章中说:"20世纪50年代《剧本》月刊创刊初期,编辑部的同志大多是20来岁的青年人。有的是刚从大学毕业的,有的是从剧团、剧院调来的,都没有编辑经验。光年同志对我们这些年轻编辑大胆使用,鼓励我们勇于实践,同时又悉心培养,循循善诱。他要求我们很严格,但又很亲切。他对编辑工作认真负责,身体力行。……他对《剧本》月刊的重要稿件发稿前都要审阅。最后还要看一遍清样,然后签字付型。他严谨的工作作风也形成了编辑部工作的优秀传统,保证编辑工作不出错、少出错,包括少出错字和错误标点符号。"①

拨乱反正开创新局面

文学刊物是发表优秀作品的园地,也是宣传马克思主义文艺思想,批判各种错误文艺思潮,促进文学创作繁荣的阵地。1976年粉碎"四人帮"不久,文艺界虽然萌动着一股新的创作热情和一批新的作品,开始揭批"四人帮"的错误理论,但整个文坛还是萧条沉闷的。"文革"尚未被彻底否定,"四人帮"鼓吹的"文艺黑线专政"论还没推倒,"文革"中受打击迫害的文艺家刚刚恢复自由,但还没有动笔写作,许多人还是戴着脚镣跳舞。刊物编辑工作者长

---

① 颜振奋:《悼念老主编光年同志》,《剧本》2002年第3期。

期受"四人帮"禁锢思想的影响远未清除,在此情况下作为刚上任《人民文学》主编的张光年,面对的是如何以刊物为阵地,拨乱反正,清除"四人帮"的流毒,为文学事业的发展,扫除前进道路上的障碍,开创文学事业繁荣的新局面。

在"文革"期间,张光年饱受"文革"之苦,当他恢复工作之后,就和刚刚获得解放的一些评论家、作家和《人民文学》的编辑部商量,如何依托这块阵地冲破牢笼,迈出开创新时期文学新局面的第一步。经过充分研究,以《人民文学》为阵地,由张光年主持,于1977年10月20日,在北京召开了一次"短篇小说创作座谈会"。应邀出席会议的包括茅盾、沙汀、刘白羽、周立波等老中青三代20余位作家。这是一次粉碎"四人帮"之后曾一度被打散而未打垮的作家们的一次盛会,也是探讨如何繁荣短篇小说创作,联系实际初步批判"四人帮"的声讨会。"短篇小说座谈会的召开以及会议的指导思想,就是张光年在粉碎'四人帮'之初思想解放走出的第一步","对于张光年来说……却是历史赋予他的第一个机遇。他成就了一番事业,同时也重塑了他的形象"。①

如果说1977年10月间《人民文学》编辑部召开的"短篇小说创作座谈会"是最初批判"四人帮"的小型会议,那么由《人民文学》于1977年底召开的批判"四人帮""文艺黑线专政"论则是一次向"文艺黑线专政"论全面开火的誓师大会。这是一次不寻常的大会,粉碎"四人帮"一年多,但"四人帮"炮制的所谓我国从30年代至新中国后17年来文艺战线始终贯穿一条黑线还没有得到全面批判;林彪、江青炮制的《纪要》还未被触动;两个"凡是"还在影响着人们的思想。尽管阻力重重,张光年等在上级党组织支持下,召开了这次大会。出席会议的有100多位作家,这是一次全面揭批"四人帮",贯彻党中央新时期文艺路线的大会,这次会议抓住了

---

① 刘锡诚:《文坛旧事》,武汉出版社2005年版,第50—51页。

"文艺黑线专政"论这个重点,突破了《纪要》不能批的禁区,把批判斗争大大推进了一步;会议的另一成果是促成了恢复被解散了的文联和各协会的工作,为文艺创作繁荣创造了有利条件。

上述两次会议的召开,作为《人民文学》这块阵地的主编张光年,在当代中国文学史和期刊发展史上谱写了辉煌的一页。

勇于反思解剖自我

在现实生活中有些工作遇到困难的问题,总要寻找选择那些有智慧、有能力、有胆识、富于创新、有高度责任心的人去担当。张光年从1957年至1966年长达10年间担任《文艺报》的主编。他对《文艺报》有不解之缘并怀有深厚感情。他发自内心地说,编《文艺报》近十年,出国不想去,名山大川不想去,一心想把这点事做好。他走上主编岗位之时,正是我国处于一个十分特殊的时期,这个时期政治运动频繁,左倾思潮愈演愈烈,一直导致十年的"文化大革命"。在这个政治激烈斗争的风口浪尖上,他作为主编不得不面对巨大的压力。作为有创作根底、有文化素养的文艺界高层领导人之一的他,总是尽最大努力为办好刊物。翻阅这十年的《文艺报》,从历史的发展中看,总体上坚持了正确的办刊方针,宣传了马克思主义文艺理论和毛泽东文艺思想;推出了一批新作家和新作品;努力贯彻"双百"方针,对一些作品开展了评论,对一些有争议的理论问题开展了讨论;重视工农兵的文艺创作活动,有力地促进了文艺的繁荣,应该说成就是巨大的,也积累了办刊经验。但冷静的实事求是的评价,其中的失误也不少。

1956年党中央向全党发出了整风的号召,毛泽东提出了"百花齐放,百家争鸣"的方针,作为中国作协领导机关的文艺评论刊物《文艺报》,及时反映了这个时期文艺家的创作热情,一时出现了知识分子欢呼的早春天气。但好景不长,1957年春夏之交,一场反击右派的斗争席卷全国,刊物上反击右派批判右派的文章铺天盖地而来,过火地错误地批判了文艺界的许多著名人物,甚至重复已经在历史上纠正过的对问题性质判断上的错误,又重新"再批判",严重伤害了自己的同志;在文艺创作、文艺理论上压制不同意见,对一些正确的有创新的理论和作品进行了错误的批判;在文艺创作上,违背文艺创作的规律,鼓吹文艺创作大放卫星,助长了文艺创作上的浮夸风;在文艺评论上出现了不加分析的简单化倾向,忽视专家的作用,过分夸大抬高工农兵的创作。所有这些都在极大范围和很大程度上破坏了新中国的文艺生态。失误固然是历史造成的,但作为主编的张光年也有一些不可推卸的责任。他本人从60年代开始反思自己理论上的问题。1964年写出了倡导题材多样化,破除对题材狭隘理解的专论《题材问题》;1962年为纪念毛泽东《在延安文艺座谈会上的讲话》发表20周年协助周扬撰写《人民日报》社论《为最广大的人民群众服务》,以及《共工不死及其他》等思想观点正确的论著,但也写了一些批判秦兆阳、丁玲、巴人、李何林、黄药眠等错误文章和一些倾向不好的文艺评论,起了不好的作用。这都是值得认真反思的。

  回顾历史,总结教训,正视错误,勇于改正错误,在这方面张光年勇于自我解剖的精神是很可贵的。

  历史越离得远,一些事情越看得清楚。经过十年"文革"的磨难,晚年的张光年对自己过去的认识更清醒,对过去的过错从不掩饰,在自己的论著中和不同场合,加以反思自责。他对自己曾错误批判的人表示深刻的歉意。他不断地说:"文化大革命"前"做了很多错事,说了很多错话","1957年反右扩大化,不管有什么原因和来头,我们有错误。"他在后来复查一些案件时,沉痛地说:"这些案件,现在在复查。我看了一些结论,心里很不平静。当时我是作协党组成员、书记处书记、《文艺报》负责人,把不是毒草的打成毒草,很对不起这些同志……1964年作协'假整风',批邵荃麟的'写中间人物'问题,来头不小,但那肯定是错误的,批判文章是我执笔的。""建国十七年来,辛辛苦苦,右的错误,左的错误都有。但哪个为主?现在看来,左的错误危害更大,教训是沉痛的。"①有次他坦率地说,"这期间文坛多事,我的笔杆随头脑左右摇摆,大概向'右'摆时写得好点;向'左'摆时错误不少",他承认主编《文艺报》时"放的太多,害了不少人被划右派之后,事后我承担责任……"他对反右派初期写文章点名批判一些作家深感痛心。"当时党中央将《文艺报》作为文艺界反右派的重要阵地,要点名大批特批。可是那个时候,能找哪些作家写这种文章,一时找不到人写,刊物却必须按期出版,我就自告奋勇,以诛心之论诛杀自己的同志和战友。我已经顾不得前此由我提出、经周恩来同志同意的对犯错误者一分为二的建议,也自己打破了反右初期自己所写批钟惦棐文、批吴祖光文仍以同志相待的前例,写出了一些对同志落井下石的坏文章"②。他对秦兆阳(笔名何直)1956年第9期《人民文学》发表的《现实主义——广阔的道路》,这本是一篇对当时文艺领域里的教条主义、公式化进行批判,提出了对现实主义新认识的文章。此文发表不久,当时作为《文艺报》的编委张光年很快就在当年《文艺报》24期发表了《社会主义现实主义存在着、发展着》和稍后以"言直"为笔名发表的《应当老实些》(1958年第2期《文艺报》)展开了猛烈批判。接着呼应文章陆续而来,秦兆阳被指责为修正主义者,此后被划为右派,蒙冤二十余年。对此张光年也愧疚不已。

  一个人在革命工作中为了党的事业可能要犯这样那样的错误,难能可贵的是知错必改。张光年曾在一次会议上自我批评说:"就我个人来说,在党的领导下,从事文学工作的时间不算短了,可是犯的错误也不少。犯过错误,人要聪明些。我们要善于吸取经

---

① 《张光年文集》(三),人民文学出版社2002年版,第329—330页。
② 《张光年文集》(三),人民文学出版社2002年版,第3页。

验教训,对于那些做对了的,就坚持不懈地做下去,坚持下去,不管有什么干扰,不管有什么议论或嘲笑。既然要革命,既然是革命者,就不怕别人指着鼻子骂。但是如果我们做错了,就要认真吸取教训。"

在历史发展的长河中,一个人工作中,过去的失误不能仅仅从个人的行动中去寻找原因,那样做是违背历史唯物主义的,应该从历史的民族的特定的时代诸多因素去探寻。正如习近平同志所讲的"不能把历史顺境中的成功简单归功于个人,也不能把历史逆境中的挫折简单归咎于个人。不能用今天的时代条件、发展水平、认识水平去衡量和要求前人,不能苛求前人干出只有后人才能干出的业绩来"。对张光年也应该如此看待评价。

原载《出版史料》2016年第1期

出版园地里的一棵常青树

——记百岁出版老人王仿子

王仿子(1916—2019)

结缘出版伴终身,业界高寿第一人。
功勋卓著彪史册,精神昭示永常存。
——贺王仿子先生百年诞辰

在我国现当代出版史上,从事出版工作近八十年至今仍健在者已经很少了。令人欣慰的是当年邹韬奋创办的生活书店职工、原文物出版社社长、文化部出版事业管理局副局长、著名出版家王仿子已迎来了百年华诞,值得出版界为之庆贺。

我和王先生相识近二十年,在和他多次交谈和书信交往中,他热爱出版工作、忠于职守、处处为读者着想、善于思考、勤于思考、勤于学习、勇于探索的改革进取精神,令人钦佩。他从事出版工作时间之长,对出版工作方方面面的贡献之大是少有的。我从他身上看到了老一代出版家以编辑出版工作为己任,为民族和国家的命运着想,为社会进步不懈努力的高大形象。用历史唯物主义的观点,客观地、历史地、真实地研究总结王仿子先生编辑出版活动及编辑出版思想,对做好当今出版工作无疑具有历史与现实意义。

王仿子,曾名健行,1916年10月16日生于江苏省青浦县(今属上海市)。少年时代在当地读私塾,后在吴江县一家米行当学徒。受新思想影响,自幼爱读进步图书。1933年起就是邹韬奋生

宋应离为王仿老百岁寿辰所作的贺诗，吴道弘手书

活书店的一个热心读者。1936年冬到苏州求学，参加由共产党员秘密组织的群众自发的抗日救亡运动。1937年"七七事变"和"八一三"淞沪抗战，惊醒了中华民族。为了挽救祖国危亡，他积极参加苏州地区抗敌后援会活动。苏州沦陷后奔走大后方。1938年8月他在长沙加入中国共产党。1939年经地下党介绍到生活书店衡阳分店当营业员，在经常"跑警报"极其艰苦的条件下，从事图书发行工作。1940年年初国民党反动政府以"发行进步书刊"的罪名，查封书店并把他抓进监狱，坐牢四十多天，后经进步人士营救出狱。这是他参加出版工作遭难的第一次。后到生活书店桂林分店，又经桂林分店转至由夏衍主持的《救亡日报》，在该报所属的南方出版社出版的《十日文萃》经营报刊发行工作。1941年"皖南事变"发生后，《救亡日报》停刊，他转至香港，在杜国庠主持的孟夏书店负责出版业务。1941年底，日本帝国主义发动太平洋战争占领香港，他在组织安排下撤至东江参加抗日游击队，曾先后在军需部门和《前进报》工作。1943年他再次转到桂林，在熊佛西的《文学创作》月刊主持出版发行工作。1944年桂林失陷后与生活书店一起撤至上海。1945年抗日战争胜利后，生活书店在上海复业，他参加了这一工作。根据组织的安排，1949年初，被派往大连光华书店，同年6月，奉调中共中央宣传部出版委员会任印务科长。1949年召开全国新华书店出版工作会议，创建新华书店总管理处，被任命为总管理处出版部秘书处主任。1950年12月人民出版社成立，任出版社经理室主任。1952年任出版总署计划财务

司计划处科长、出版事业管理局出版处处长。1960年任文化部出版事业管理局副局长,1963年兼中国印刷公司经理,1975年任文物出版社社长。1980年之后先后任中国印刷技术协会副理事长、理事长。1987年被选为中国民主促进会第七届中央委员会委员。1993年任印刷协会名誉理事长。1992年被聘为国家出版委员会委员兼秘书长,1983年至1993年任第一、第二届中国出版工作者协会副主席,后任顾问。2000年荣获中国韬奋出版荣誉奖称号,2010年被评为"新中国六十年百名优秀出版人物"。

王先生近八十年来与出版结缘,并执着坚守。他一生辛勤劳作,出版业绩卓著;他勤于思考,笔耕不辍,著作宏富,主要著作有《王仿子出版文集》《王仿子出版文集续编》《出版生涯七十年》《印刷思考与回忆》《初访台湾》(与人合著)等。

王先生是在民族灾难深重、战火纷飞的战争年代参加出版工作的。"他从年青时参加革命起,就奋战在出版这块神圣的领地上。他在国民党白色恐怖下因发售进步书刊坐过牢,经受过腥风血雨的严峻考验。他在度过了旧中国出版史上最黑暗的年代之后,迎来了新中国诞生的曙光。他一生资历深厚,既在领导机关当过行政官员,也在基层做过印刷公司经理和出版社社长,在出版领域的方方面面都留有他的足迹和影子。他精通出版、印刷、发行业务,深谙书籍装帧艺术,门门都是行家里手……在漫长的出版岁月中,从事出版工作的时间之长,涉及出版的范围之广,积累出版经验之丰富,在我国当今的出版界恐已难有其匹"[①]。

深谙编印发的行家

王先生视野开阔,思想活跃,知识面广,他触及出版领域的方

[①] 陆本瑞:《一本厚重的出版史话教材——贺王仿子〈出版生涯七十年〉》,《出版参考》2010年第6期下旬。

2006年柳斌杰代表新闻出版总署祝贺王仿子九十大寿

方面面,编印发样样在行,不愧是出版界难得的全才。他认为编辑行家,还应该是熟悉书籍印刷生产和流通过程,并善于了解读者的能手。他曾自谦地说,我从来没有做过编辑工作。其实他从1979年开始,担任文物出版社社长长达九年时间,对图书的编印发流程都非常熟悉。在他主持文物出版社工作期间,编辑出版了许多精品图书,尤其是他做了一项开创性的工作,打开了与国外合作出版的通道。这一创意绝非偶然。在实际工作中,他深感新中国成立30年了,我国的出版工作还处于"品种少""周期长""印刷技术落后"的状况,如何改变被动落后的局面,他想,"通过合作出版,利用国外现代化的印刷技术和物质力量,为我们增加出书品种,加快出书速度,是可以使用的一种方法"①。然而,一种新生事物出现往往会遇到种种阻力和责难。当时出版界有些人指责与国外搞合作出版是"丧权辱国"、"卖国主义"、利润被外国人赚走、我们"吃亏"等。由于他情况明,决心大,看准了的事情就干,面对这种责难,他毫无退缩。他多次去日本和北欧国家出版界接触交流,通过调查研究,认为与国外合作出版有几个好处:一是可以多快好省地出

---

① 《王仿子出版文集》,中国书籍出版社1994年版,第6页。

书,二是可以打入世界图书市场,三是可以增加外汇收入。在他主持下,文物出版社首先在1983年开始与日本讲谈社合作出版大型画册《中国博物馆》丛书(14卷),1985年到1986年间又合作出版了《中国书迹大观》(全7册)。1978年起与日本平凡社合作陆续出版了《中国陶瓷史》《中国石窟》(17卷)等。尤其是其中《敦煌莫高窟》(5卷)的出版,改变了过去"敦煌在中国,研究在日本"的偏见。实践证明,和国外合作出版既加强了与国外合作出版渠道的沟通,又扩大了中国文化在国外的影响。

印刷是保证出版物的物质基础,也是保证出版物质量的重要条件。在出版活动中王先生尤其热爱并重视印刷工作。这是他一生出版活动的一个重要组成部分。他认为印刷技术和印刷质量,不仅是工业生产上的一个重要问题,也是宣传教育文化战线上的一个重要问题,决不可以马马虎虎对待。他把印刷工作看作是编辑出版发行三个环节中的重要一环。他从进入出版界之始就长期担任印刷业务的领导工作。"我一辈子做出版工作,不论到哪个地方,总要与印刷厂发生关系。不管厂大厂小,印刷技术先进或落后,都是我亲密合作的伙伴"①。为了切实了解印刷技术问题,他亲身到北京印刷厂和工人一块研究改进印刷技术,和该厂建立起长达50年同欢乐共患难的关系。1963年中国印刷公司成立,作为当时文化部出版事业管理局副局长主管印刷工作的他,多次蹲点到印刷厂调查研究,整理归纳出七十多个问题,作为以后改进印刷工作的依据。为了学习先进,赶上世界先进印刷水平,1973年、1975年,他以印刷物资公司经理身份,两次率团赴日本考察印刷业。回国后,他提出改进印刷技术、改造老厂、引进先进印刷技术的意见与措施。为了提高印刷人员的素质,推动印刷技术与理论水平的提高,开展技术交流,1960年中国印刷协会成立后,他主持

---

① 王仿子:《出版生涯七十年》,上海百家出版社2010年版,第98页。

创刊《中国印刷》并任主编,还组织出版《中国印刷年鉴》,撰写了许多有价值的论著。为在更广泛的范围内培养印刷人才,在王先生的倡议下,1987年出版印刷函授学校成立,为出版战线输送了大批印刷人才。为了继承和发扬我国古代的印刷技术,1983年5月,他和别人联合向上级建议筹建中国印刷博物馆,当时由于某些原因,建议未被采纳,1991年他再次提出这一建议,经主管部门批准,中国印刷博物馆终于建成。

出版、印刷、发行三位一体,出版是主体,印刷和发行是两翼。出版工作的最终归宿是把出版物送到读者手中,最大限度满足读者的需要。王先生认为"一切出版工作者不能不关心市场,不能不关心书在市场上的命运……出版社必须关心书在市场上的命运,关心书籍销售工作"①。他引用金盾出版社社长的话,"图书有销路,出版社才有出路,没有销路,出版社只有死路"。他认为作为一个编辑要了解市场,了解读者的需要和购买力,在选题时就要考虑读者。"心目中没有读者的出版家,不能算合格的出版家"。他从参加出版工作之始,就在最基层从事书刊的发行工作。不论他在衡阳生活书店、香港生活书店,还是大连光华书店,都是在基层书店长期和读者打交道,做门市工作。他热爱这项工作,把它看作是传播先进文化、先进思想,把革命火种撒向读者的渠道。他牢记邹韬奋提出的最大限度地满足读者需要是发行工作的神圣职责。王先生认为做好发行工作最重要的是提高发行者自身素质,关心读者、爱护读者、方便读者。他曾多次提出门市部要开架售书,虽给发行工作者增加了麻烦和负担,但却给读者提供了方便,值得大力提倡。长期的基层工作实践,王先生积累了大量实用的门市工作经验。1949年春末他在大连光华书店工作期间,根据数十年来在国统区从事门市工作的体会,写出了《门市工作七十二条》,其中心

---

① 《王仿子出版文集》,中国书籍出版社1994年版,第26页。

思想是发行工作者要熟悉了解图书的内容及作者,要耐心、实事求是地向读者介绍图书的内容,要想尽一切办法为读者选书买书提供方便。这是王先生"对书店门市工作,作了全面系统的总结,充分体现了韬奋先生一贯倡导的'竭诚为读者服务'的优良传统和崇高的敬业精神,在解放初期的出版发行界产生深远的影响"①。至今对我们仍有借鉴意义。

出版改革的探索者

1978年后,我国进入了全面改革开放的新时期,各条战线的改革迅猛进行。作为文化事业组成部分的出版工作改革也提上重要议事日程。"文化大革命"对出版事业的摧残破坏,形成严重的书荒,再加上长期受计划经济体制的影响,在出版工作中出现了出书难、买书难、卖书难"三难"的严重局面,改变这种局面迫在眉睫。作为老出版家的王先生,身先士卒,积极站在改革的最前线,提出了许多具有开创性的真知灼见,有力地推动了出版工作的改革。

出版工作的改革,首先是从图书发行体制改革作为突破口。我国的图书发行体制长期以来实行的是新华书店一家包销的单一发行渠道,这种"一统天下""独家经营"的体制严重制约了图书发行市场。王先生早在1980年就倡议建立图书发行的书市,提出在出版工作者协会的倡导推动下,各中央级出版社联合建立若干专业门市部;这些门市部要集中在一个地段,形成书市;实行民主管理,各出版社自愿参加,各派一名干部参加管理委员会;出版"书市"刊物,刊登新书目;门市部敞开书架,设立新书专台;训练工作

---

① 俞筱尧:《积极进取的老出版家王仿子》,《出版生涯七十年》,上海百家出版社2010年版,第435页。

人员,开办训练班,改进工作方法,树立良好的服务态度①。这些构想对打破新华书店单一的发行体制,活跃图书市场,缓解"出书难""买书难""卖书难"起到了积极作用。

"图书销售是图书的生命线"。王先生1979年参加国家出版局在长沙召开的全国出版会议,会上确立了"立足全省,面向全国"的方针。他从考察湖南省出版情况得知,解放思想解放了地方出版社的生产力。但是,由于发行体制的单一严重制约了图书的发行,只有打破单一的发行渠道,实行国营、集体、个体一起上,形成一个活跃的图书市场,才能实现真正的出版繁荣。他明确提出:"现在出版改革与发行改革不平衡,出版走在前面,发行跟不上出版形势发展的要求。虽然出版社建立了一批门市部,市场上出现一批集体、个体书店,可是批发没有放开,地区与条块之间仍统得太死,集体、个体书店只能向当地新华书店进货,出现两头粗中间细的局面。出版与发行好像一架车上的两个轮子,不能同速运转,势必影响前进,甚至兜圈子、走弯路,这几年的事实就是出书越多,买书越难。难就难在这个中间环节——单一的流通渠道太细,产生中间梗塞。"②解决的办法就是发展和扶持集体、个体书店,使它成为图书市场的有益的必要补充,而这样做绝不会影响新华书店主渠道的地位与作用。

长期以来有一种旧观念,出版社的任务只管出书,图书由书店包销,卖不出去的书由书店承担损失,出版社不担任何风险,促使出版社只顾出版,不管销售,盲目生产,形成脱销和积压,资源浪费。为改变这种局面,王先生深入调查研究,尊重群众的首创精神,认为应开辟第三发行渠道,即出版社搞自办发行,有利于和新华书店齐心协力做好发行工作。"发挥第三发行渠道的作用,并不

---

① 《王仿子出版文集》,中国书籍出版社1994年版,第239页。
② 《王仿子出版文集》,中国书籍出版社1994年版,第262页。

是为了与第一渠道和第二渠道相对抗"。"加强第三发行渠道的重要意义,在于出版社是图书生产者,从切身利害关系讲,比书店更加关心某本书的销售情况……比书店更了解某本书的性质、特点和读者对象,从责任编辑、总编辑到出版、发行人员,人人关心这本书在市场上的命运,具备'为书找读者,为读者找书'的有利条件。所以,加强第三渠道是提高读者需要满足率的有效手段"①。

  出版改革是一场革命。改革中总是会出现一些新问题。20世纪50年代,在出版界流行的重生产,轻流通,忽视管理的旧观念长期束缚人们的思想。到了20世纪90年代,有些出版社彻底抛弃旧的偏见,这方面金盾出版社大力推行自办发行的做法走在其他出版社的前面。王先生对金盾出版社的做法进行了考察评析,总结出的基本经验是:加强出版社总发行的地位与作用,用自己的努力转变观念,抓住发行工作最本质的东西,扩大销售,扭转局面。他对金盾出版社自办发行的经验给予高度评价。其主要是:转变单一依靠新华书店批发渠道的旧观念;改变重生产,轻流通,建立强大的发行队伍。全社180名职工中,从事发行工作的将近90人;送货上门,直接向大城市书店送书;先发货,后结账,销不掉的可以退货;重视书籍宣传推广工作;有比较充足的备货②。从而促使金盾出版社的发行蒸蒸日上。

  在改革开放的年代,出版工作由生产型向生产经营型转变。出版工作改革的根本目标,是多出好书,促进出版繁荣,打开流通渠道,扩大图书发行,满足广大人民物质文化需求,必须坚持这一正确方向。早在1950年胡愈之就在第一届全国出版会议上的闭幕词中提出:"为了出版事业的发展和扩大生产,无论公营和私营保持合理的利润是被容许的,而且也是必要的。但是我们决不是

---

① 《王仿子出版文集》,中国书籍出版社1994年版,第308—309页。
② 《王仿子出版文集续编》,清华大学出版社2005年版,第206页。

专为利润而工作,我们还有更大目的,就是为人民服务,为广大读者群服务。"新时期邓小平要求"思想文化教育卫生部门,都要以社会效益为一切活动的唯一准则"。作为企业,出版社要扩大生产多出好书,改善职工生活,当然要营利,但终究不是因为单纯营利而办出版社,因为一个出版社的成绩和声誉单靠利润是挣不来的。"一个出版社的社长和总编辑把主要精力放在争利润上,成为利润的奴隶是可悲的"。面对改革开放初期,一些出版社为了单纯追求经济效益,采用工业生产的办法,把出版社的经济指标和利润承包到编辑部和编辑个人头上。这样做可能暂时调动了编辑个人的积极性,但在"一切向钱看"的驱使下,必然导致"见利忘义",使出版工作迷失方向走向邪路。这是出版改革中的一股逆流。王先生在《编辑个人承包有三害》一文中明确提出个人承包的危害:一是冲垮三级审稿制,对严肃认真,提高书稿质量的三审制是一个破坏。书稿承包到编辑个人之后,把出书的责、权、利下放到编辑个人手里,编辑更多的是考虑出书的利润问题,失去对严格审稿把关的责任心,导致书稿编校质量的下降。二是促使"卖书号"更加泛滥。"不管书稿质量深与浅,交钱就出版",编辑者为了超额完成经济指标,获取最大利润,轻松不花力气就能多出书,多得不义之财,既败坏了社会风气,也腐蚀了编辑个人。三是学术著作被排斥在选题之外。个人承包之后,编辑着眼的是经济利益,有些学术著作虽有价值,但印数少,销路小,不赚钱,不予出版;而一些格调低下,低俗之作又能赚钱的书却大行其道。败害了出版工作的声誉[①]。"出版工作的确可以使人发财,出版企业应该有赢利,但社会主义出版事业决不允许以营利为目的。把出版工作当作发财的工具,而又屡教不改的人,应该离开出版队伍,以保持出版工作的严肃性和纯

---

① 《王仿子出版文集续编》,清华大学出版社2005年版,第3—4页。

洁性"①。

"没有规矩不能成方圆"。为了保证出版工作的顺利进行,新中国成立后,出版的领导部门建章立制,制定了一系列的改革法规。作为长期在出版基层部门和上层领导机关工作的王先生,根据领导指示,为了探索完善规章制度,改革一些不适宜新形势的法规,做了大量实际的开创性的工作。

吴道弘(右)在"王仿子《出版生涯七十年》座谈会"上向王仿老祝贺

图书的定价高低关系到亿万读者的切身利益。新中国成立初期,人民出版事业的领导者胡愈之、叶圣陶等,强调图书坚持质量第一、薄利多销的政策,体现了出版事业为人民服务的宗旨。从新中国成立初期到1954年,出版领导部门,开始考虑制定贯彻薄利低价政策的具体措施。王先生参与制定《一般书籍、课本定价标准

---

① 《王仿子出版文集续编》,清华大学出版社2005年版,第40—41页。

表》的工作,这一工作是贯彻周恩来总理确定的图书低价薄利政策的一项重要工作。这一政策的制定,在指导思想上是废除旧中国国民党反动统治时期图书包括中小学教科书的高定价、高利润剥削学生的弊病。为了使图书的定价更加合理,兼顾出版者与读者双方利益,在出版总署和文化部出版事业管理局的领导下,通过调查研究和召开一系列的会议,几经修改,1956年文化部出版事业管理局正式出台了《定价标准表》,规范图书的定价,以利于读者。

推行书籍与杂志由直排改横排是对人民群众文化生活习惯的改革,也是出版工作中的一项重要改革。1954年,根据当时出版总署署长胡愈之指示,当年王先生在出版局出版处任职,他参与收集资料,征求意见和起草文件的工作。是年10月,出版局长金灿然召集出版社、印刷厂、书店、杂志社有关人员座谈征求意见,普遍认为书籍与杂志由直排改为横排,可以节约纸张、降低书价。出版总署党组在向中央宣传部的有关通报中也指出,书籍与杂志横排适合人们的阅读习惯。但鉴于当时对书籍与杂志实行横排有不同意见,在起草文件中提出对于横排要灵活处理,区别对待,不可用行政命令的办法强行推广,不强求在印刷中全部实行横排。在广泛征求意见的基础上,1955年12月30日,颁布了《文化部关于推行汉文书籍杂志横排的原则规定》(后简称《规定》)。《规定》指出:"推行横排与培养读者阅读横排书刊的习惯,可以为我国的文字改革创造条件。在编排格式方面,横排在夹排外文、表格、数字时可以避免直排所发生的格式不统一、版面不美观等缺点和便利阅读。"因此,《规定》要求,自1956年起新发排的汉文书籍,除影印中国古籍以及少数有特殊原因不能或不宜横排者外,应该一律采用横排。这一规定是我国书籍与杂志印刷排版的一大变革,1956年之后这一规定得到普遍的推广与实行。

根据社会主义按劳付酬的原则,在出版工作中出版者向著作人支付稿酬,既体现了对著作人劳动的尊重,又体现了对作者权益的保护。早在新中国成立之初,当时出版总署副署长叶圣陶就指出:为保护作者权益,按规定向作者支付稿酬,是调动作者积极性,办好出版事业的一个重要问题。从1954年开始,王先生在出版事业管理局领导人陈克寒、金灿然等领导下负责制定向著作人支付稿酬的办法。"历时三年有余,易稿十余次,无法定稿。1957年,在整风运动后期的整改阶段,他以个人建议方式提出《关于文学和科学书籍稿酬的规定(草案)》。这个草案所提出的稿酬办法是古今中外所没有过的,它具有独创精神和鲜明的中国特色,这个办法将著作人的报酬分为两部分计算:按著作人劳动的质量和数量支付基本稿酬(以千字为计算单位,按书稿质量区分稿酬的高低);按印数多少支付附加稿酬(即印数稿酬,以千册为计算单位。对于通俗读物或因客观因素造成大印数的书,用累进递减办法调节)。这个草案纠正了旧中国版税制度的缺陷,又避免照搬苏联定额稿酬所包含的不合理因素,终于被大多数人所接受"[①]。这一奠基性的工作,为以后制定调整稿酬的办法提供了依据和参照。

此外,为了编制出版事业的第一个五年计划,王先生还起草了《出版物的计量单位和计算方法的规定》、《关于图书版本记录的规定》等。

出版历史的见证人

王先生的出版活动起始于20世纪30年代,加上新中国成立后这段时间近八十年,他是现当代出版历史的见证人。了解他的出版生涯,读他的著作,可以了解许多著名出版人物、出版事业发展中发生的重大事件、出版史上的重大文化工程以及代表性的出

---

① 俞筱尧:《积极进取的老出版家王仿子》,《出版生涯七十年》。上海百家出版社2010年版,第435—436页。

版机构等方面的内容。这方面的文章多达五十余篇,这些珍贵的资料是一笔宝贵的精神财富。

一部出版史,在某种意义上说就是一批杰出出版家选择、积累、传播人类优秀文化的历史。这些杰出人物是推动出版事业前进的强大力量,是影响推动出版业发展的最活跃的因子。正如列宁指出的:"全部历史本来由个人活动构成,而社会科学的任务在于解释这些活动。"[1]王先生在他的出版活动中用相当篇幅回忆了邹韬奋、胡愈之、徐伯昕、夏衍、陈克寒和同侪黄洛峰、胡绳、华应申、金灿然、王益、赵晓恩、陈原、曹辛之、程浩飞、黄宝珣、钱君匋等的出版活动(包括对一些日本出版人的回忆)和感人业绩,为我们树立了一批优秀出版人物群像。尽管他们所处的时代环境不同,经历各异,思想不一,但他们一个共同点就是以出版为己任,为民族和国家命运着想,为社会进步不懈努力,正是他们不断推动着我国现当代出版事业的繁荣与发展。他们是真正的社会文明的建设者,优秀文化的积累者,先进文化的传播者。总结他们出版工作的经验,可以起到"借鉴历史,树立典范,指导当今,教育后人"的作用。

王先生对先贤人物的回忆中有一个明显的特点,就是尊重历史事实,把思想和感情融为一体,用心感悟,以情表达。在对邹韬奋、胡愈之、徐伯昕等人的回忆中,既对他们所处的时代生活环境、思想风貌等作出了深刻思考,并加以理性的总结,又充满了对他们真挚的亲情、友情,读后给人们以强大的感染力。

历史是过去人类活动的客观存在。时代在发展,历史在前进。半个多世纪以来,出版史上的重大事件越来越鲜为人知,如实地记录这些事件,让世人从回忆中寻找历史的路碑,牢记历史,从中汲取教益是出版史研究的一个任务。在王先生的著作中有不少记载

---

[1] 《列宁全集》(第1卷),人民出版社1990年版,第360页。

中国版协祝贺王仿子九十大寿,前排:卢玉忆(左二)、宋木文(左三)、刘波(右一)、于友先(右二)、周应鹏(右三)、邱守铨(右四)

了他亲历、亲闻的重大事件。《记首次全国出版会议》,真实地向人们记述了1949年10月3日至19日,第一届"全国新华书店出版工作会议"在北京召开的具体情景,详细记述了会前毛泽东主席为大会的题词"认真作好出版工作"以及会议结束之前毛主席接见全体会议代表的真实画面,让我们身临其境地感受到这次出版会议是新中国成立后首次全国性的出版会议,是中国出版业有史以来第一次举行这样规模的出版会议,是我国文化战线上重大的事件之一。它标志着全国出版事业适应新的情况,开始走向全国范围的统一。这次会议已载入新中国出版史册,是研究新中国出版事业的重要文献。

《贯彻毛主席"认真作好出版工作"指示的一项成功的实践——回忆〈毛泽东选集〉第一卷的出版工作》一文,作者以当年毛泽东选集出版、印刷、发行委员会成员的身份,从提高出版物的质量为切入点,全方位、多角度,回忆了1949年5月6日《毛泽东选集》第1卷从出版、印刷到发行,出版工作者在各个环节如何严肃认真、一丝不苟,做到一字无误的感人事迹。赞扬了我国出版工作者把出版《毛泽东选集》看作是贯彻毛泽东"认真作好出版工作"的一项成功实践,看作是马克思列宁主义事业的重要事件。由于出版工作者高度的政治责任感,认真负责,创造了中国出版史上的奇迹,为出版工作者如何提高出版物质量树立了典范。全文资料翔实,论述清晰,是当代一篇重要出版史文献。

文须出彩,史求真实。王先生不论回忆出版中重大事件或写出版人物时都力求做到实事求是,对历史事实负责,如过去的一些文章中在论及《毛泽东选集》第 1 卷出版时间时,都说是毛泽东 1950 年访问苏联时由斯大林建议才决定出版的。作为《毛泽东选集》印刷、发行的参与者,王先生经考察认定"在 1950 年斯大林的建议之前,在 1949 年的夏季,《选集》的工作已在进行之中是铁定的"。此外,他在《出版史料》2002 年第 2 辑刊发的《勘误数则》一文中,指出了报刊上有关胡愈之与邹韬奋之间相互关系文章中的多处失实之处。他深感"研究历史,做学问,多么不容易",表现了他高度的求实精神。

王先生长期在多个出版机构工作,回忆了一些出版机构如何在极其艰难的条件下克服种种困难,坚守出版工作为人民大众服务的崇高精神。他所写的《抗日战争时期衡阳生活书店一景》《六十年前中国出版史的重要一页》《回忆中共中央宣传部出版委员会》《我在香港生活书店的经历》《我在人民出版社成立前后》等文章,详细记述了当时的一些出版机构如何在艰难条件下,克服种种困难,坚守出版工作为人民大众服务的崇高精神。这些鲜为人知的事实,亲切可感,从中可以得到诸多启示。

诲人不倦的好老师

王先生一生经历,可谓出版史的一部"活教材"。我们可从他身上学到老一辈优秀出版工作者的许多东西,从中受到许多启发。

热爱出版,安于平凡的敬业精神感人之深。他"一辈子只干出版,全心全意干出版"。近八十年的出版工作经历,岗位虽屡经变动,他始终执着坚守出版岗位不变。他热爱出版工作,以出版作为自己的精神追求,强大的精神力量是他做好出版工作的驱动力。他真正做到了干一行,爱一行,精一行。他在自己的工作岗位上,不断进取创新,平凡的一生,做出不平凡的业绩。出版家吴道弘在《出版生涯七十年》一书座谈会上作诗赞扬王先生说:"为国为民理想真,业有精进七十春,神思健笔老弥健,谱写新篇育后人。"这是对他一生坚守出版,成就卓著的真实写照。

贺王仿老新著《出版生涯七十年》
(吴道弘手书)

生命不息,追求不止的进取精神为老年人树立了榜样。作为一个百岁老人,王先生至今除耳聋外,身心健康,精神矍铄,思维清晰,心态平静。我每到他家登门求教,他总是对我提出的有关问题给予满意的回答。他对当前出版界的情况甚为关注了解。虽年事已高,他不以颐养天年为乐,更不以金钱地位荣誉为求。他七十九岁高龄离休,虽然离开了他热爱一生、奋斗一生的工作岗位,但离而不休,仍思考不断,笔耕不止,累在其中,乐在其中。他的夫人徐砚华说人们称他是一个"老来红"。"在方庄那间小屋中,一个八十余岁的老人,花了十余年时间,日思夜想,点点滴滴地在记录着他的人生旅程,终于以九十四岁高龄完成了一本《出版生涯七十年》短暂的著述"①。正如爱因斯坦所说:"一个人的价值,应当看他贡献什么,而不应当看他取得什么""人只有奉献于社会,才能找出那短暂而有风险的生命的意义。"王先生真正做到活到老,学到老,奉献到老。

循循善诱,诲人不倦,令后学景仰。王先生阅历丰富,资深品高,知识面广,在出版界早已声名远扬,但他"光而不耀",为人谦和平静,儒雅从容,许多出版人通过书信和登门求教,他都乐意相助。我担任编辑专业出版史的教学工作时,有些问题常向他求教。

1997年我和袁喜生、刘小敏编了一部300多万字的《中国当代出版史料》,我曾多次登门聆听了王先生的不少意见。1999年书出来后将书送给王先生,想再征求意见。拿到书后,他在当年11月来信中高兴地说:"能把这么多的史料集中出版,既有你的辛劳,也有勇气。这两者均使我钦佩。你不是从来都是在出版界工作的一员,又不在出版中心地位的北京,能收到这么多资料,可见你的功力,只印800册,可见要亏本,出版社明知亏本也出版,这样的风格在今天的出版界已很少见。"一次他还当面表扬了大象出版社,他说,"一个出版社没钱固然出不了好书,但有钱没有文化眼光照样出不了好书,你算找到既有钱又有文化眼光的出版社"。我恳求他为此书写一书评,他谦逊地说:"关于书评,我缺少这种功力,已和王益同志商量,由他执笔。"事隔两个月后,由王益、王仿子、方厚枢署名的《〈推动出版史的研究和学习〉——谈我国出版史著作和史料出版》一文发表在《中国出版》2000年第3期上。

2000年起,我和袁喜生、刘小敏编了一套《20世纪中国著名编辑出版家研究资料汇辑》(以下简称《汇辑》)。我们把一些想法告知王先生,征求他的意见,2003年2月4日他在来信中"表示赞

---

① 徐砚华:《为出版事业殚精竭虑的一生——记出版家王仿子的晚年》,《出版史料》2010年第4期。

成",并提出"这件工作必须抓紧。因为身历过上世纪三四十年代出版工作的和熟悉那个时期出版业的人不多了"。他希望能开一个名单寄给他。当我们把拟入选书中的著名编辑出版家的名单寄给他后,在 2004 年 10 月 30 日的来信中,他在原名单上又调整添加十几个人物。经过一段时间的努力,我们将《汇辑》(共 10 辑 425 万字)编好准备出版之时,想将他的一封来信改写成文章印在书的扉页上,为此征求他的意见。他在 2005 年 5 月 26 日的回信中说:"我思之再三,不能不坦言,我实在没有这个能力。如果看见过我的《走进生活书店》,就知道我没有读几本书,又加上少时不努力,所以文化素养偏低,不会做文章的。只能交白卷,务请原谅。"王先生还在另一封信中谦逊地说:"我没有职称,什么头衔也没有,是一名普普通通的老出版。我一向不同意抬高自己,不喜欢戴什么光彩不光彩的帽子。"足见他谦逊谨慎,严于律己的高尚品德。

王先生言传身教,对青年成长关怀备至。中国青年出版社的王久安在一篇文章中回忆:王仿老经常动员我写回忆录。当我向他表示水平低,写不好时,他就写了一封长信鼓励我。信中说:"不要认为自己水平太低,能写出来就好。我是小学水平,一直自己认为'不是摇笔杆子的材料',挣扎着也写了不少。我们这一代人,如能把过去的事记录下来就好,好在'存真'。"[①]

乐于奉献,热心公益事业的活动家。王先生在担任印刷技术协会理事长和中国出版工作者协会副主席期间,创办印刷专业期刊,培养印刷人才和编辑人才,举办过各种业务讲座,又为推动编辑出版学的研究召开全国性的出版研究年会,并亲自讲课,为此倾注心力。上海出版的《出版史料》由于种种原因停刊,为推动出版史的研究,他为《出版史料》复刊和在开明出版社重新出版,奔走呼

[①] 王久安:《我国图书发行体制改革的先行者——王益和王仿子》,《出版发行研究》2011 年第 7 期。

号,使这一愿望终于实现。上海的宋原放等主编的《中国出版史料》(8卷15册)出版上遇到了困难,他也多方联系,终于促成出版。

收集编纂新中国前30年的出版史料是出版工作者的一项重要使命。具有远见卓识的王先生是最早提出这一倡议的。"这项史料的编纂工作是根据王仿子同志1991年7月的建议,中国出版科研所1991年12月提出报告,新闻出版署1992年10月7日批准的,从提出任务到完成编纂,历时22年"①。这部大型出版史料书,所收史料始于1948年12月,终于1978年12月。由袁亮任主编,按年分卷编辑,大体上一年一卷,总共15卷。收入的史料以中央档案馆、文化部档案室、新闻出版署(新闻出版总署)档案室的档案为基础,加上中国出版科学研究所(现改名中国新闻出版研究院)、出版界老同志保存的史料,共收入史料1988篇,588万多字。该书气势宏伟,史料真实,权威性高,是研究新中国成立之后30年出版史的重要文献。这在当中,王先生功不可没。

王仿子部分著作书影

---

① 《中华人民共和国出版史料》编辑部:《涵盖新中国前30年纂历22载——〈中华人民共和国出版史料〉出齐》,《出版发行研究》2014年第4期。

最后我以吴玉章老人的《自励诗》作为本文结束语：
  春蚕到死丝方尽，人至期颐亦不休。
  一息尚存须努力，留作青年好范畴。

原载《出版史料》2014年第4期

追思王益

王益(1917—2009)

"铁军儒将扫逆抗倭功耀千秋史,梓业雄才标新领异笔耕万卷书"。这是王益同志去年三月逝世后,人们在北京八宝山东礼堂告别厅内送给他的挽幛。它对王益同志革命的一生作了高度概括,也是对其业绩的真实褒扬。他的逝世,使我们失去了出版战线上的一位老战士、老领导,使我们失去了一位一生不倦地追求、不断地奉献,诲人不倦的好老师。

终生献身出版事业矢志不移

1935年底,王益报考生活书店,经邹韬奋口试录为练习生,从此正式开始出版生涯。后转入世界知识社,从事革命的出版活动。1936年创办上海新文字书店,任经理。1940年,在苏北和淮南抗日根据地创办大众书店,任经理。1941年被任命为中共中央华中局宣传部出版发行科副科长,1943年任新四军政治部宣传部出版发行科科长。

1945年抗日战争胜利后,王益同志任山东(华东)新华书店经理。1945年5月,他到上海参加接管并部署华东大区的出版工作。新中国成立后,他任华东军政委员会出版局副局长。1951年至1958年先后任全国新华书店副总经理、总经理。后相继出任国家出版署发行事业管理局副局长,文化部出版事业管理局局长,人民出版社党委书记,国家出版局副局长、顾问,新闻出版署特邀顾问。

宋木文同志曾说:"像王益同志这样做出版工作时间之长、任职范围之广、积累经验之丰富,因而对出版事业贡献方面之多,在我国出版界是不多的。"①

在2003年12月12日中国韬奋出版奖评委会上,经宋木文(右)商刘杲后提议,报请新闻出版总署批准,授予老出版家王益、许力以、陈原、叶至善、王仿子韬奋出版奖荣誉奖。这是他同王益(左)在韬奋出版奖颁奖会上(2004年2月24日)。

---

① 宋木文:《学习和发扬王益同志忠诚出版事业的崇高精神》,《宋木文出版文集》,中国书籍出版社1996年版,第655页。

王益同志一生赤心献身出版事业,矢志不移,这是基于他把出版工作看做是对党对人民不可缺少的一项重要工作。"在六十年的出版生涯中,王益同志历经坎坷,矢志不悔,执着于党和人民的出版事业。党的出版工作'像一块磁石吸引了他',他说,'我不认为出版工作比别的工作高雅,我也不认为出版工作比别的工作低贱。我只知道革命工作少不了出版工作,革命的出版工作是整个革命工作链条上的一个环节;或者说,是整个革命机器上的一颗螺丝钉。螺丝钉很重要,我爱螺丝钉'"①。正是由于这样正确认识和热爱出版事业,他不惜冒生命危险,为民族解放战争和社会主义出版事业做出了不可磨灭的贡献。

不断推进出版改革与时俱进

在从事出版实践活动和领导出版工作中,王益同志的一个重大贡献是他审时度势,见微知著,勇于创新,与时俱进,不断地推动出版领域的改革。尤其对发行体制的改革,他的贡献更为显著。

1976年粉碎"四人帮"之后,随着国民经济的发展、文化生活水平的提高,人们强烈要求解决买书难的问题。产生这一问题的原因在于:一是出版业在"文革"中遭受严重摧残,大批图书被作为"封资修"销毁;二是印刷技术落后,出版周期长;三是在图书发行中流通渠道不畅,发行渠道单一,长期靠新华书店独家发行,远远不能适应形势发展的需要。改革发行体制势在必行。从1981年8月至1982年2月,中央领导、中宣部领导同志对解决发行体制问题先后有6次批示。国家出版局党组根据批示在北京和各有关省市召开座谈会,听取对于发行体制改革的意见,于1982年3月向中央提出了《关于加强图书发行体制改革的报告》,中央同意这

---

① 于友先:《脚踏实地求真务实》,《中国图书商报》1995年12月25日。

个报告并要求贯彻执行。这个改革是图书流通领域的一次革命，是在党中央领导下，在王益同志具体主持下进行的。正如出版界一些老同志所指出的："组织和领导这次革命的是王益同志。他自1981年开始，从调查研究入手，邀请二十多家出版社和新华书店，召开二十多次大大小小的会议，听取各种意见，集思广益，反复研究，提出一个以'一主三多一少'（一主：新华书店是图书发行的主渠道；三多：多种经济成分，多条流通渠道，多种购销形式；一少：少流通环节）为主要特征的改革方案。这个改革方案既是群众路线的产物，又是王益同志精心构思的杰作"，"提出'一主三多一少'的改革方案，是王益同志在十一届三中全会开创的新的历史时期对出版事业的一大贡献"①。"出版改革起于发行体制改革。而发行体制改革的始作俑者则是王益同志。王益同志对新华书店，可谓爱之越深，改革之心越切。我从王益同志那里开始认识新华书店，开始认识发行体制改革"②。"一主三多一少"的改革方案引起了发行领域的巨大变革，受到业界的好评，并收到实效。

  王益同志在出版领域的改革具有预见性和前瞻性。1983年6月，《中共中央、国务院关于加强出版工作的决定》指出，要"使出版事业有一个更大的发展"。为了适应新的形势，提出"要建立出版发行研究所，充实印刷技术研究所，加强出版、印刷、发行的科研工作"，"培养一支革命化、知识化、专业化的队伍"。根据中央和国务院指示精神，王益同志在《出版工作》1984年第5期发表了《我对筹建出版发行研究所的设想》。"设想"提出："像我们这样一个历史悠久而且在世界上影响甚大的国家，对出版、发行的学术研究工作，落后的现状是相当惊人的。"为了说明这一问题，他提出了"五

---

① 王仿子：《图书发行体制改革的里程碑——贺王益同志从事出版工作六十年》，《出版参考》1996年第9期。

② 刘杲：《我的老师》，《出版笔记》，河北教育出版社2006年版，第242页。

个没有"：一没有出版学院，甚至在大学里也没有出版系；二没有出版发行研究所；三没有出版过讨论出版发行工作的学术著作；四没有公开发行的讨论出版发行工作的学术性刊物；五没有社会公认的出版发行的专家学者。他认为上述"五个没有"，对于出版事业的发展、出版工作质量的提高、出版人才的培养成长，都非常不利。王益同志提出的改变"五个没有"具有远见卓识和战略眼光，抓住了解决出版事业发展的关键问题。根据王益同志的建议，1985年3月，经过国家出版局和有关方面的积极筹备，并报上级批准，我国第一个从事出版科学研究的学术机构——中国出版发行研究所在北京正式成立。1989年后，更名为中国出版科学研究所。可以告慰王益同志的是，目前我国已经有了专门培养出版人才的大学、学院；在全国几十所大学设有编辑出版发行专业（有本科和研究生层次）；有数十家编辑出版类学术性刊物出版；研究编辑出版学的专著有数百种。新中国成立60周年之际，经过业界人士推荐、专家评审、领导机关审定，我国已评出包括王益同志在内的22名杰出出版家和100位优秀出版人物。王益同志当年提出的"五个没有"如今全都有了，他的愿望已全部实现。

  王益同志关于出版改革的思想，贯穿出版的各个领域。他重视印刷工作，认为印刷工作是党的宣传工作、文化教育工作和出版工作的物质基础，是保证完成党的文化宣传工作的重要条件。鉴于我国印刷技术长期落后的状况，他关注印刷技术的改革。"他对改变我国印刷技术极端落后面貌做出了重大贡献，从1983年开始的对我国印刷事业发展具有里程碑意义的国家印刷技术改造专项，就是党中央和国务院采纳他于1982年8月提出的建议而决定实施的"①。

---

① 宋木文：《不倦追求不倦奉献》，《不倦地追求（代序一）》，印刷工业出版社、中国书籍出版社2001年版。

勤思爱学,笔耕不辍,著作丰硕

七十余年来,王益同志在出版战线上一直在不倦地追求,不断地奉献。他践行活到老学到老的人生格言。不管在工作岗位上或离休之后,他始终关注我国出版事业的发展,重视对出版工作的理论研究。可以说思想不保守,探索不停步。

一是重视调查研究,求真务实。王益同志作为出版工作的高层领导者,不管是对出版工作中的重大理论问题和重大实践问题,还是细小的一般具体问题,他都重视调查研究,经过深思熟虑,得出比较符合实际的结论。我国图书发行体制的改革,农村图书发行是一个重要的突破点。1992年初,他曾先后到浙江、江苏、广西等省区调查农村图书发行情况,之后根据调查写出了《农村图书发行需要一个大的突破》和《农村图书发行二题》等6篇系列文章,对农村图书发行工作起到了很好的推动作用。1998年12月,已是81岁高龄的他应邀出席河南省开封市新华书店举办的"市场经济条件下图书市场竞争理论研讨会"。针对一些发行工作者对农村图书市场重视不够的倾向,他发表讲话说:"过去搞革命时,很多干部是农村出来的,中国农村人口占全国总人口的80％左右,农民对革命贡献很大,图书发行应该重视农村,面向农村,今天我们怎么能忘记农民呢?"他的发言得到了到会同志的好评。

二是眼光高远,视野开阔。王益同志不仅对国内出版情况熟悉,有深入研究,而且还把眼光投向国外。1994年他去美国探亲,在美国住了4个月。在这期间,他拜访了美国的许多出版社,访问了许多书店,参观了不少图书展销会,细心收集有关资料,回国后写出了47篇《旅美杂忆》。另外他在1993年至1998年间,用很大精力,写出了探讨国外图书出版情况的系列文章,如《日本出版概况》《俄罗斯联邦出版工作近况》《西方出版业的"圣经"》《美国图书发行体制简析》《推荐法国图书出版业》等 50 篇文章。读者从中既可多侧面多角度了解世界范围内的出版业的概况,又可从和我国出版业的对比中吸收、借鉴一些有益的东西。

三是见解独到,富于创新。王益同志有从事出版工作的实践经验,有较高的理论水平。他在许多文章中有独到的见解。如他在《出版这一行……》一文中对出版工作的性质、特征作了科学概括。他认为"出版工作是文化教育工作,是精神食粮的生产者,但同时又是一项经济活动。出版工作必须服从两种规律:精神文明建设规律和经济活动规律。主持出版工作的领导人员必须具备两种才能,思想文化工作的才能和经营管理的才能"。这既是经验之谈,也是经实践证明了的一条客观真理。另外他在《事业乎?企业乎?》一文中,从历史演变过程全面论述了出版和出版社的特性,既澄清了一些思想混乱,又提出了新的论断。为了适应图书发行的新形势,1998 年王益同志又主持撰写了《图书商品学》一书。在他写的七万多字的前言及总论中强调,图书发行者必须掌握图书商品的知识及运行规律。

四是寻根究底,言而有据。王益同志治学严谨,注重考据,做到言而有据,文不虚发。如"出版"一词关系到对出版概念的理解,又涉及出版和印刷、发行的区别。为了弄清"出版"一词在中国什么时候最早使用,他在《出版发行研究》1988 年第 5 期曾写了《"出版"探源》一文,认为中国人最早使用"出版"一词是 1899 年 12 月梁启超在《汗漫录》中最早使用的。此文发表后,有的学者提出了新的见解。王益同志认为有进一步弄清这一问题的必要。之后他阅读了日本人、意大利人的著作及我国香港中文大学和台湾出版的有关著作,又访问了国内有关学者,写成了《"出版"再探源》,认为"出版"一词在我国书刊上的使用最早是在 1890 年或 1895 年,比梁启超在文章中使用"出版"早 4 年或 9 年。这是出版史研究的一个新收获。从对"出版"一词的考证中,足见王益同志治学态度

王益（左）和于友先在"祝贺王益同志从事出版工作六十年座谈会"上

的认真和寻根究底的钻研精神。

王益同志一生勤奋写作，笔耕不止，著作丰硕。他先后著有《出版工作基本知识》《战争年代的山东新华书店》，译有《图书出版的艺术和科学》。1993年之后出版有《王益出版发行文集》《不倦地追求——王益印刷文集》《不倦地追求——王益出版印刷发行文集》（续编）《不倦地追求——王益出版印刷发行文集》（三编）。特别是后四本皇皇巨著"联系起来看，它们构成了一个相当完整的出版理论体系，内容广泛，丰富多彩；既讲了出版工作，也讲了印刷和发行工作；既讲了当前现实的状况，也讲了历史发展的演变；既讲了我国国内情况，也讲了外国的有关情况；既讲了宏观方面的问题，也讲到微观方面的问题"。"从一定意义上讲，这四本文集，可以称得上是一部出版百科全书式的著作"①。王益同志的著作是他留给我们的一份宝贵的精神财富，也是我们研究新中国出版历史的重要参照。

---

① 袁亮：《喜读王益文集第四卷》，《出版和出版学丛谈》，人民教育出版社2004年版，第784页。

热心扶持激励后学,诲人不倦

我与王益同志相识是在1998年。在此之前我与袁喜生、刘小敏同志因为教学工作的需要,从1992年开始着手编辑《中国当代出版史料》一书。经五六年的努力,收集了大量有关新中国建立以来的出版史料。但对书的编辑体例、资料的鉴别、取舍原则,心中无数,对有些问题拿不准,很想听听出版界老同志的意见。当时我并不认识王益同志,经别人引荐,我在电话上与他取得了联系,表示我有些问题想当面拜访向他求教。他欣然应诺。

1998年9月25日,我带着有关此书编辑出版方面的一些问题,去京登门求教于王益同志。他热情地接待了我。那时他已是81岁的耄耋老人了,但精神矍铄,思维清晰。我把《中国当代出版史料》一书的编辑大纲、体例安排、拟选有关内容送他过目,他仔细看过之后,沉思良久,连声说:"很有意义,很有意义。"并立即打电话给老出版家王仿子介绍了书的内容。放下电话后,他惋惜地说:"上海的宋原放早想把张静庐的近现代出版史料重新修订一下,一直找不到出的地方,没有找到一个有经济实力的出版社。《出版史料》(原上海出版的出版史料刊物)停了太可惜,呼吁也没用。"看来他对出版史的研究和出版史料的收集整理的现状颇有想法。接着他问我:"这套书(指《中国当代出版史料》)有多少字,打算出几本?"我说:"有三百多万字,出四本到五本。"他说:"不行,每本30万字,出10本,书太厚了读起来不方便。"他随即从书架上拿下一本书说:"这本书就太厚了,读起来很不方便,出书一定要考虑读者阅读的方便。"接着,他谈到自己做学问的体会和收集资料的要求。"做学问很苦,写东西要讲究实际,不能乱说,要研究事实,要调查研究,史料要注意真实。"我看过王益同志出版的几本著作,重视调查研究,求真务实,是他一贯坚持的学风。记得早在1989年11

月,他在一次中国近现代出版史学术讨论会上的讲话中就指出:"史料的价值,贵在真实。真实的史料才有价值,不真实的史料一钱不值。真实性、准确性、可靠性,是衡量史料价值的首要标准。"这一点可以说是出版史研究必须遵循的一个基本原则。

经过一年多的努力,在王益、戴文葆等同志热心帮助和支持下,一套8卷本320多万字的《中国当代出版史料》由大象出版社于1999年9月出版了。我及时将样书寄给王益同志,并恳请他写一简单书评。1999年10月2日他在给我的来信中说:"你们做了一件好事,你们三位在6年间完成了一件大工程,非常敬佩。这样一部大书,一次从头到尾读到底,是很困难的,好在有目录,可以从目录中找要看的文章。"他还在信中说:"我已与仿子(王仿子)、厚枢(方厚枢)约定,请他们对此书写一段感想,我也写段感想,由我总其成,写成一篇文章,交报刊发表。"事实确实是这样,王、方二位均写了一段感想,由王益同志总其成。这就是发表在《中国出版》2000年第3期上的三人署名的评论性文章《推动出版史的研究和学习——谈我国出版史著作和史料出版》。文中概述了新中国建立以来我国出版史和出版史料出版的情况,特别肯定了改革开放以来这方面的突出成绩。文中一大段评价了《中国当代出版史料》的出版:"三位同志,不辞辛苦,花了6年时间,从近千万字的资料中筛选出320万字,编成这部书。它篇幅大,字数多,收集范围比较宽广,收集资料比较丰富。在时间上正好与张静庐先生所编史料衔接。书中有些文章,编者曾商请原作者根据所发现的资料进行了修改和补充,使内容更加准确和充实,这是该书的一大特色。该书刊载了一些珍贵的插图;全书按各个专题分编8册,便于阅读;附录中的大事记和《新中国成立以来出版专业书目汇编》及一些统计资料也很有用。以上这些,也是该书的优点。"这是王益同志对后学的鼓励,也是殷切教诲与鞭策。

王益同志离开我们已经一年了。悼念王益同志,我们一定要学习和发扬他那一生献身出版矢志不移、坚守出版事业的崇高精神,学习他一生勇于探索、不倦追求向上的进取精神,学习他一生坚持学习、富于创新、对工作精益求精、诲人不倦、助人为乐的精神,学习他一生安于平凡、勤勤恳恳、扎扎实实,求真务实的精神。

生老病死乃自然规律。新中国成立后,为新中国出版事业做出杰出贡献的老同志,因年事已高,这几年有的已相继去世。2008年9月戴文葆同志去世后,2009年7月、12月,阙道隆、林穗芳同志又先后去世。他们的去世是我国出版事业的损失,也使我们活着的同志难过。我们应该给健在的出版战线上的老同志予更多的生活上的关心照顾,尽可能为他们提供良好的医疗保健条件,使其延年益寿;同时,组织有关人员对他们保存的有关资料及时收集整理出版,给后人留下珍贵的文献资料。这是一项刻不容缓的工作。

王益部分著作

原载《中国编辑》2010年第2期

胡绳——一位杰出的出版家

在中国近百年政治风云变幻、跌宕起伏、社会巨变的历史进程中,涌现出了一批以编辑出版工作为己任,为国家民族命运着想,为社会文化进步不懈努力,推动出版事业繁荣发展的杰出出版家,胡绳是其中的一位代表。他是新近评选出的二十二名新中国六十年杰出出版家之一。

集思想家、学者、出版家于一身

胡绳(1918—2000)

胡绳(1918—2000),祖籍浙江钱塘,生于苏州。原名项志逖。20世纪三四十年代常用"项紫逖""卜人""沉于田""于田"等笔名发表作品。1934年至1935年北京大学哲学系肄业。1935年下半年在上海一面自学,一面从事写作,同时参加中共领导的文化和统战工作,并投身爱国救亡活动。1938年加入中国共产党。抗日战争爆发后,先后在武汉、襄樊、上海、重庆、香港等地从事文化思想工作,主编和参与多种进步报刊与图书的编辑出版工作。1942年又再次回到重庆参加《新华日报》的编辑工作,直到抗战胜利。1946年至1948年,先后在上海、香港从事编辑出版工作。1948年进入河北省平山县解放区。

新中国成立后,历任政务院出版总署党组书记、中共中央宣传部秘书长、《红旗》杂志副总编辑、中共中央党史研究室主任、中国社会科学院院长等。他先后任中共十二届中央委员,第四、五届全国人大常委会委员,第七、八届全国政协副主席等。

胡绳从青年时代起,就致力于马克思主义的学习宣传和从事哲学、史学、文化思想方面的研究及写作。在60余年的学术生涯中,他运用马克思主义的理论,广泛研究中国社会的政治、历史及思想文化方面的问题。早在1937年,生活书店就出版了他的《新哲学的人生观》,该书由于思想内容进步,被国民党反动当局列为禁书。1938年他的《辩证法唯物论入门》由新知书店出版。《思想方法》于1940年由生活书店出版,《怎样搞通思想方法》1948年由生活书店、三联书店出版。上述几部著作构成了一个哲学通俗读物系列。这些著作由于理论联系实际,贴近现实生活,通俗易懂地阐明了马克思主义的基本原理,很受广大青年欢迎,多次重印。

在学术研究领域,胡绳对史学研究尤其是对中共党史研究,成就与贡献更为突出,被史学界誉为"以思想见长的马克思主义历史学大师"。1946年开明书店就出版了他的《二千年间》,1948年出版了《帝国主义与中国政治》。新中国成立后,在社会活动繁忙的情况下,于1949年出版了《五四运动的历史意义》,1981年出版了《从鸦片战争到五四运动》。特别是由他主编的《中国共产党七十年》,1991年出版后,被学界认为是研究中共党史的权威著作。胡乔木称它是"一部中等篇幅的内容比较完善而完整的党史","写得比较可读、可信、可取,因为它实事求是地讲出历史的本然,又实事求是地讲出历史的所以然,夹叙夹议,有质有文,陈言大去,新意迭见,很少沉闷之感。读者读了会觉得在读一部明白晓畅而又严谨切实的历史,从中可以吸取营养,引发思考,而不是读的某种'宣传品'"。①

胡绳不仅是一位睿智求学、思想深邃、认识深刻、富于独立思考,具有创新思维的思想家、理论家,也是一位在众多学科领域有开创性研究、成就卓著的学者。尤为难得的是,他还是一位长期活跃在出版战线上的杰出的编辑出版家,新中国出版事业奠基人之一。

在20世纪三四十年代,中国人民处于内忧外患民族危亡的关头,到处充满贫穷与落后、光明与黑暗的斗争,一批有识之士,投入抗日救亡之中,把自己的命运和民族的生存联系在一起。作为出版家的胡绳就是在抗日战争初期投身于出版活动的。抗战爆发后,随着南京的失守,国民党党政机关及军事机构,大部分迁往武汉。武汉成为国民党统治区政治、军事中心。当时中共的领导者在武汉建立领导机关,扩大政治影响,发展进步势力。战时,以上海为中心的各党派文化机关、社团及一大批新闻出版界知名人士也陆续来到武汉,开展抗日救亡工作,武汉一时成为全国出版中心。抗战的深入进行,促进了武汉地区出版业的发展。正如胡绳1937年9月2日在汉口写给《抗战》三日刊第17号的一篇《武汉通讯》中所预言的:"抗战刚爆发以后,武汉的书店就拿不出一本新出的刊物和书籍,过去的武汉是一片沙漠。但据我所看见的这片沙漠现在是慢慢地长出红花绿草了。"②果然,1937年10月,由胡绳主编的武汉救中国社出版的周刊《救中国》在武汉创刊,1938年1月停刊,不久在宜昌复刊,1938年11月终刊。当时在武汉出版或迁往武汉出版的进步刊物还有张申府、钱俊瑞主编的《抗战救国》、金仲华主编的《世界知识》等。与此同时,当时用各种丛书的名义

---

① 《胡乔木谈中共党史》,人民出版社1989年版,第423页。
② 魏启元:《抗战初期中国共产党在武汉的出版活动》,宋原放:《中国出版史料》(现代部分)第2卷,湖北、山东教育出版社2001年版,第7页。

出版了论述抗战的图书,其中包括中共领导人毛泽东、周恩来、朱德、博古等的一批丛书。新知书店还出版了胡绳主编的《救中国通俗小丛书》《战时问题丛书》等。

1937年8月,由邹韬奋主编的在上海创办的《抗战》,出至30期后,迁往汉口直至86期后与1937年12月创刊于汉口的《全民》周刊(李公朴、柳湜主编)在1938年7月合并为《全民抗战》,主编为邹韬奋、柳湜。为了适应新形势,扩大了编委会成员,其成员有沈钧儒、张仲实、胡绳等。胡绳为协助办好《全民抗战》做出了积极贡献,使《全民抗战》成为号召全民族支持抗战、参加抗战,真正代表全国人民意志,宣传抗日的有力工具。同年10月,武汉沦陷,胡绳去襄樊,创办主编《鄂北日报》。

由于战时形势的变化,《全民抗战》于1938年10月迁至重庆出版。胡绳的出版活动也转至重庆。1939年2月,《读书月报》在重庆创刊,由胡绳主编(先前由史枚、艾寒松主编)。该刊宗旨为"推进战时学术研究,帮助读者自学"。内容分:"学术论著""社会科学讲座""书报评介""读书方法经验""读书问答""读书小辞典""时事评论"等栏。每期并刊载新书和全国定期刊物一览。出版后受到读者和图书馆的欢迎①。该刊于1941年2月出至2卷11期停刊。胡绳在主编《读书月报》的同时,还参与了由沈志远主编的于1939年4月在重庆创刊的季刊《理论与现实》的编辑工作和《新华日报》的编辑工作。

1941年"皖南事变"后,国民党反动政府加深了对文化界进步人士的迫害,邹韬奋由重庆出走香港,筹备复刊《大众生活》。在廖承志的帮助下,1941年5月17日《大众生活》复刊号新一号出版,胡绳任该刊编委。《大众生活》是一个政治性、综合性刊物,开设有

---

① 叶再生:《中国近代现代出版通史》第2卷,华文出版社2002年版,第1185页。

"周末笔谈""专题漫谈""大众之声"等栏目。胡绳以"卜人""于田"等笔名经常为"周末笔谈"撰文,其内容涉及时事政治、文化思想评论等,他所写的《目前思想斗争的方向》《谈全盘西化》《对西洋文化必须有所选择有所甄别》《审查官的文化观》等,在新出的1—30号刊物中,先后撰文35篇,宣传了抗日进步思想,有力地扩大了刊物的影响。

1945年抗战胜利前后,胡绳先后在上海、香港主持生活书店的编辑工作,任总编辑。此间,生活书店有了进一步的发展,出版了一大批优秀图书。1948年他又参与生活书店出版的《大众文艺丛书》的编辑工作。

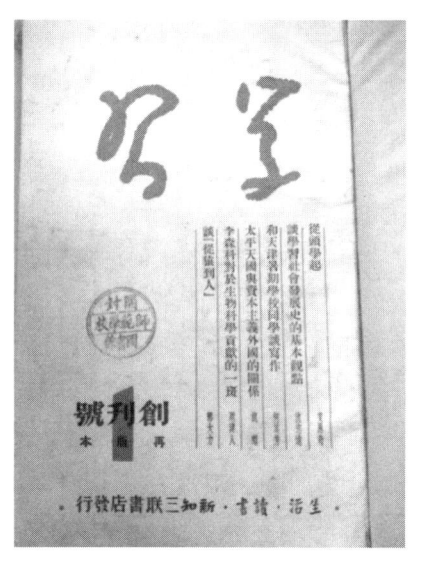

在漫长的三十多年的时间里,胡绳是在政治环境险恶、物质条件极端困难的情况下,一面从事学术研究,一面从事编辑出版工作,二者都做出了显著成就。

新中国成立后,他担任1949年9月创办的《学习》杂志主编,并任1949年11月创办的《新华月报》编委。1958年《红旗》创刊后,任副总编。他从20世纪50年代开始,还参加了《毛泽东选集》的编辑工作。到他晚年1996年,为了让党史研究的成果普及到广大群众中去,他倡议创办《百年潮》这一通俗的、可读性强的讲党史、革命史、近现代史的刊物。可以说他从20世纪30年代步入编辑出版生涯,50多年来,在坚持学术研究同时,还坚守在出版战线,把一生最重要的岁月献给了学术研究和出版事业。

践行出版评论,推动出版事业健康发展

作为杰出出版家,胡绳对出版工作的贡献是多方面的。一是他主编和参与了十多种有影响的报刊和部分图书编辑工作;二是他主持了一些有重大影响的出版机构的出版工作,如生活书店、人民出版社;三是他倡导、践行出版评论,多有出版理论建树,推动出版事业的健康发展。

出版评论是伴随出版业产生而推动出版业前进的手段与动力。但它在很长时期未引起人们的重视。在我国五四时期,以茅盾为代表的一批出版人把出版评论运用到出版工作的实践中去。作为出版家的茅盾,"他一直认为出版评论是加强作者、编辑出版者与读者之间沟通传播,改善出版文化生态环境,提高出版物质量的有效手段",它的"显著的功能表现在文化检测和沟通传播","而监测、净化出版文化的生态环境,维护出版文化动态平衡是其基本宗旨"①。茅盾不仅强调了出版评论的功能,还明确了出版评论的对象,即图书评论、期刊评论、报纸评论及出版现象评论等。

胡绳置身于 20 世纪三四十年代出版的具体环境,对当时错综复杂的出版现实、出版态势、出版走向进行宏观与微观的评析。他的出版评论既有具体图书的评论,但更多的是对期刊与出版现象的评论。

抗日时期,伪"满洲帝国""大同报社"出版的《满洲帝国国民文库》第一集中的《新小说》,在这些作品中,"御用"走狗作家们把"王道"统治下的"满洲帝国"的农村描写得像天堂一样美好,但却掩盖"满洲帝国"统治下农民"遭受着更残酷的蹂躏,过着更痛苦的生活"现实,胡绳对这些作品给以无情揭露和批评,指出不能反映真

---

① 李频:《编辑家茅盾评传》,河南大学出版社 2006 年版,第 233 页。

实社会生活的作品,绝不是好的文学作品。

胡绳对期刊的评论,坚持实事求是的科学态度。30年代上海左翼进步人士办的一些刊物,由于逐步摆脱了教条主义党八股的束缚,从实际出发,从广大群众需要出发而受到欢迎。他特别提到一些如1934年柳湜、艾思奇主编的《读书生活》,徐步、沙千里主编的《生活知识》,薛暮桥主编的《中国农村》等,认为这些刊物回答了群众关心的问题,宣传了马克思主义,受到群众的欢迎。

武汉作为战时的出版中心,刊物虽不少,但在胡绳看来,却有相当多的刊物明显地脱离广大群众的生活,显然是"知识分子的刊物",其内容"和实践常常保持着一个相当的距离",因此他希望刊物的创办者"多出通俗的大众的刊物","为他们解决生活中的各项现实问题",刊物内容"要谈得具体切实","避免空洞",应当"建立活泼的、简约的锋利的文体"①等。

由于长期存在的城乡差别,文化产业配置不当,胡绳针对我国许多刊物集中在上海等大城市,远离中小城市和乡村的现象,提出要健全地方性报刊,调整刊物不合理布局的构想,多办以地方大众为读者对象的刊物。因为救亡运动不能抛开千千万万僻居内地的大众。如何办好地方性刊物,首先要解决当前地方性刊物存在的问题:一是内容"常常是太文学的了","风花雪月"的文章占极大的成分;二是编者"常常太喜欢高谈阔论些架空的理论",使大众觉得"高深可佩",但却远离读者。要解决这些问题,重要的是解决办刊人明确刊物"读者对象是什么人"的问题。地方性刊物的读者"多数是小学教员、中学生、店员、手工业者、农民等",应该和"这些读者紧密地打成一片……注意到读者的要求,读者的趣味,读者的需要……做得为他们所理解,且为他们所喜爱"。为了使刊物扎根读

---

① 胡绳:《怎样调整当前的刊物》,1937年12月25日《全民周刊》(武汉)第1卷第3号。

者之中,编者"要尽量用本地的方言土语,竭力避免文言和'五四白话'",胡绳还特别提出"刊物上的文章不能只是'编辑同人'来写,要号召读者大众都来写稿子"①。强调以读者为本,依靠读者办刊物。这些见解,在当时具有指导性,富于前瞻性。

鉴于旧中国是一个文化落后,文盲众多的国家,在出版物中必须高度重视通俗化,这是办刊人为民众服务的立足点。针对当时出版界议论杂志办得是多是少的问题,胡绳认为问题不在杂志办多办少,关键是大众切实需要。他提出"杂志的第一意义就是使各种知识较为通俗化一点,而能广泛地传播到大众中去……中国文化水准的一般低下是不容讳言的,杂志以短小精悍而又能供给各方面的知识为其特点,是比单行本较易普遍而深入于读者群中去的,我们不必嫌杂志太多,倒应该多多地创造许多配让大众'正正经经地研读'的杂志出来"②。

胡绳对出版评论的一个重要关注点是对出版现象的评论。出版现象包括出版政策、出版事件、编者与作者的关系、出版人的活动等广泛内容。

正确处理作者与编者的关系,是促进出版事业发展的一个重要问题。1948年5月10日,胡绳在生活书店内刊《店务通讯》总110号上,以"于田"为笔名发表了《著作界与出版界》一文,开宗明义形象地说"著作界与出版界好比是同一的车子双轮,在文化事业上相互辅助,相互推动"。"著作界如不能供给好稿子,出版界也无好书可出。就这方面说,出版界的工作不能不为著作界工作所决定"。"但出版界并不只是被动地为著作界尽印刷发行之劳,反过来,出版界实在能够起推动著作界的作用"。作者在此强调要处理

---

① 胡绳:《我们要求健全的地方性的刊物和报纸副刊》,1936年2月25日,《读书生活》(上海)第3卷第8期。
② 胡绳:《杂志与文库》,1935年9月29日《时事新报》(上海)副刊,另见《胡绳全书》(7卷),人民出版社2003年版。

好著作界与出版界二者关系。著作界与出版界虽然工作性质有所不同,但共同的目的都是为了向读者提供优秀的出版物。著作家写稿子,其劳动成果是做好出版工作的决定性因素,是出版者依靠的支柱,不依靠著作家,出版者无法做无米之炊;著作家的著作不通过出版者精心劳作,其成果也无法送到读者手中进行传播。二者应该各自担当起自己的职责,共同实现为读者服务的任务。在明确著作界与出版界的相辅相成的关系后,胡绳还从出版者所担当的神圣职

刊登在《店务通讯》上的《著作界与出版界》一文

责角度,向出版界提出了更高的要求,"每一个在出版事业工作的人,不能把自己看做只是做着事务性的工作,而应该对于进步文化事业发展自觉地负起责任"。这篇发表在六十多年前的文章,今天读来,对我们正确处理著作者与出版者的关系,搞好出版工作仍有启示意义。

出版人物特别是杰出人物,是推动出版事业前进的强大力量,是出版事业发展最活跃的因子。一部出版史,在某种意义上说就是一批杰出出版人选择、积累、传播人类优秀文化的历史。胡绳从总结借鉴前人经验的角度,对杰出出版人的成就及贡献,加以评析、弘扬,以启迪后人。

他一向仰慕邹韬奋,称他是20世纪30年代国民党统治区掀起救亡运动的领袖人物,是著名的思想宣传家、出版家,是"在30年代以爱国救亡为主旋律的激荡风云中……经过独立思考,把政治选择放在共产党方面来的杰出的知识分子","是这些知识分子中的一个代表人物"。"由于他多年间以为读者服务的精神办刊

物,由于他在言论中表现出来的一片爱国赤诚,由于坚守真理……他受到众多读者的爱戴。他的读者不仅在国内,而且还有海外华侨。他的杂志销售数最多时达到十几万份这样一个在中国出版界中空前的数量"①。

视名利淡如水,看事业重如山。在中国现代出版史上有许多在白色恐怖艰难环境中为出版事业做出了突出贡献,但从不张扬个人业绩的出版家,胡愈之就是其中的一个。胡绳在评价胡愈之文化活动的特点时,说他是"善于团结和鼓励许多爱国的、正直的文化界人士","生活书店是在他支持下建立发展起来的,但他并不在书店担任任何职务"。"《世界知识》这个杂志创刊后,在一段时期是愈之同志主编,但他从未署名。他是对抗日救亡运动的兴起有巨大的作用的救国会的最初组织者。他是当时的进步的文化运动和抗日救亡运动的最积极的组织者之一。他做的许多工作是人们所不知道的,后来他也从不和人说起自己做过的这些工作"。②

在艰苦险恶的环境中,不畏困难,甚至冒生命危险,为了传播真理,坚持出版工作,是我党领导下出版工作的一个光荣传统。1936年抗战初期,由黄洛峰主持的读书生活出版社,不畏艰险,坚持出版进步图书。他工作之始就制定了"以传播马克思主义为长远任务的抗日救国为现实服务"的出版方针,克服种种困难,出版《资本论》就是一个典型。

抗日战争初期,由郭大力、王亚南合译的《资本论》书稿,曾几度与商务印书馆等大型出版社联系均无果,后经《读书生活》编辑夏征农介绍,由财力单薄的读书生活出版社,经过重重困难,被人们称为"工人阶级的圣经"的宏伟巨著《资本论》,于1938年出版。

---

① 胡绳:《纪念邹韬奋诞辰一百周年》,《胡绳全书》(3卷4辑),人民出版社1998年版。

② 胡绳:《胡愈之同志的工作精神》,《胡绳全书》(3卷4辑),人民出版社1998年版。

对这一举动,胡绳同志给予高度赞扬说:"它只是个小规模的出版社。对它来说,尤其是在战争环境下刊印《资本论》那样的大书,显然是很吃力的。这部书在上海印出来的时候,武汉已经沦陷。黄洛峰同志又想方设法、千辛万苦地把印成的书运到重庆。1939年,我们在重庆拿到在当时说来装帧很讲究的这三大卷书的时候,实在感到高兴。这固然要感谢译者郭大力、王亚南两位同志的辛勤努力,也不能不归功于出版者的毅力。"①

追求出版物高质量,对读者高度负责

新中国成立后,人民出版社于1950年12月成立,胡绳任人民出版社社长,1952年兼任总编辑。在此期间,他为人民出版社的建设发展,为提高出版物的质量,对读者高度负责做了大量切实有效的工作,为人民出版社以后的长远发展奠定了坚实的基础。他着重抓了几项重大工作。

一是高度重视出版物质量。他在人民出版社成立九个月的工作报告中,没有过多肯定成绩,而是毫不避讳地提出出版物"质量不高,门类繁杂,真正有分量、有权威的书出的不多,适合广大群众阅读的通俗读物基本上没有解决"。进而提出"目前的中心问题是做到少而精,然后做到多而精"。他批评当时的情况是出版无计划,出一些不好和不必要的书。由于对一本书的体例没有一定的规格,造成图书差错过多。他提到有一个认真的读者对人民出版社的出版物提出了十七条意见,指出了许多小毛病。如对外国人的译名不统一,如"普列汉诺夫",有的译为"普列哈诺夫",有的译为"普列汉诺夫"。这些"虽然是小毛病,便对于认真的出版工作者

---

① 胡绳:《追怀黄洛峰同志》,《胡绳全书》(3卷4辑),人民出版社1998年版。

是可耻的事"。为了解决质量问题,他提出要加强计划性,防止只注意数量,忽视质量,与其"多而坏不如少而精"。

二要建立严格的规章制度。从书稿到出版全过程,各个环节要有章可循,各司其职,建立行之有效的制度,如"三审制",克服出版工作中的混乱现象。"一本书的稿子从作家手里到出版社付印……应该采取严格坚决的态度,一定要有主要负责人签字……负责人对一切过程都满意了,从政治上考虑没有问题,才能出版发行"。他还提出"出版社主要负责人应该熟悉所有的出版物,希望出版行政机关来检查负责人是否签字看稿,如果没有看,可以撤职,必要时查办,也是应该的"[1]。

三是高标准地完成出版任务,树立新中国良好出版形象。作为国家政治书籍出版社,人民出版社承担着出版重要出版物的光荣使命,出版物质量关系到国家的信誉和形象,理应成为全国出版工作者学习的榜样,从而高标准、严要求地树立良好的新中国出版形象。从这一点出发,胡绳多次强调,"我们的每一新出版物一定要是在政治上必要的和正确的;我们的出版物一定要是从内容到形式,在印刷、装订、插图上都是考究的;文法、标点没有错误;引用的材料都经过严格的审查。我们的出版物要能让人看到新中国的出版物确是有高度的标准的"。"既然我们所做的工作并不是在国家生活中无足轻重的事情,而是在国家生活中占有重大地位的,那么在我们工作中的一个哪怕是最小的疏忽和缺点也会成为整个国家生活中的污点。不明确认识这一点,是做不好工作的"[2]。

综观胡绳的一生,前半生编辑出版活动与写作活动结伴而行;后半生以学术研究为主,同时仍然关心出版工作,取得了出版工作

---

[1] 《胡绳关于人民出版社的工作报告》,袁亮:《中华人民共和国出版史料》(3),中国书籍出版社1996年版,第460—467页。

[2] 《胡绳在人民出版社进行工作检查的动员会议上的讲话》,袁亮:《中华人民共和国出版史料》(3),中国书籍出版社1996年版,第211—212页。

与学术研究双赢,其学术成果丰硕,主要著作汇集为《胡绳全书》(7卷10册)中,共三百多万字。

1999年5月,生活书店老同事访问胡绳夫妇(前右一为胡绳,右二为吴全衡,后排右二为王仿子)。

集思想家、学者、出版家于一身的胡绳,他的出版工作有其鲜明的个性与特点,并给我们提供了许多有益的启示。

一是博览群书,编研结合。编辑出版工作是一项创造性的精神劳动。一切出版物的质量,很大程度上决定于编辑出版者的政治、业务学术水平。作为学者型的编辑,胡绳本人具有丰厚的文化底蕴,善于从学术的高度,把握出版物的品位。他十分重视出版者的知识素养,从青年时代步入编辑活动之始,就酷爱各种知识的学习。他博览群书,即使在困难的环境中,也从不间断。抗日战争时期,他在重庆的一年多时间里,认真读完《资本论》。"皖南事变"后到香港,后经过东江游击队的接应到桂林,一路上读了《老子》《庄子》。没有电灯,晚上点上油灯,挤时间读了冯友兰的《新世训》。

他一边从事编辑工作,一边多读书,使他扩展了知识领域,开阔了眼界,具有高远的文化眼光,为做好编辑出版工作奠定了深厚的基础。正是坚持了编研结合,二者互补互促,合力推进,实现了编与研的双赢。

二是独立思考,勤于写作。胡绳不论在出版工作或学术研究中,都坚持独立思考,勤于写作。他认为一个人的学习要学思结合。学是指接受前人的知识,思是根据自己的经验与认识,有所发挥,有所发明。他的许多著作,都是他长期用心观察、周密思考的结晶。晚年他虽患重病,但仍关心思考社会主义建设和改革开放中的一系列问题,他无私无畏提出了许多真知灼见,体现了他生命不息,求索不止,追求真理的高尚品格。

胡绳在出版工作和学术研究中一贯倡导积极从事写作。青年时代,他认为自己的写作活动是客观形势的需要。他曾说:在抗日战争和解放战争时期,有许多现象使人心中不安,使人苦恼,使人激奋,需要思考,需要评论,他的许多论著都是在这种情况下写出来的。新中国成立后,他屡次提出不论从事学术研究或是出版工作都要勤于写作。他认为如果一个人不能把自己的某种思想清清楚楚地写出来,这种思想实际上就是处于混沌的状态中。他的写作活动伴随他的一生,直到晚年仍笔耕不辍。如《中共党史》自1988年创刊,以后的12年中,他曾为该刊撰稿28篇他,其写作之勤奋可见一斑。从胡绳倡导践行写作活动中,我们得到启示,作为一个出版工作者,在重视具体的编辑工作同时,还要养成勤于写作的习惯。勤于写作,可以促进自己的学习,可以促使自己思考,可以防止思想僵化,有利于更好地做好编辑出版工作。

三是责任至上,质量第一。胡绳在长期的编辑出版工作中,为创造民族和人类的优秀文化而呕心沥血。他对事业有炽热的追求,在文化方面有高远的素养,工作上有无私无畏的奉献精神。他对出版物高要求,对读者高度负责。他视出版物的质量如生命,视差错为仇敌,把出版物的质量提高到关系国家形象的高度,表现了一个出版人忠于职守、责任至上的高贵品德,是我们学习的典范。他从理论上强调编辑工作的重要性和艰辛,又要求编辑工作者要有严谨的学风和作风。他对社会科学出版工作提出了殷切的希望:"出版社的编辑工作是繁重的,甚至是艰苦的工作,也是极为重要的工作。从许多书稿中选出可供出版的书稿,对一本值得出版的书,帮助作者、译者进行必要的加工和修饰,这都是编辑工作者的责任。校对工作、装帧工作,也是整个编辑工作中的重要组成部分。许多好书的出版都有编辑工作者的辛劳在内。我们要求著作界有严谨的学风,编辑工作也要有严谨的学风和作风。"①

原载《出版史料》2011 年第 1 期

---

① 《胡绳全书》(3 卷,下),人民出版社 1998 年版,第 790 页。

为革命先烈立传 激励后人奋进
——传记文学编辑家张羽

一家出版社名气的大小、声誉的高低是与它出版多少优秀图书特别是传世之作相连的。在我国当代出版史上,中国青年出版社在20世纪五六十年代曾出版了《红岩》《红日》《红旗谱》《创业史》及《李自成》《风雷》等名著,促成了中国当代文学的第一次大繁荣,谱写了中国青年出版社历史上的光辉一页。

如果说作家是作品之源,而编辑家就是作家的良师益友,是催生作品的助产士。中国青年出版社出

张羽(1921—2004)

版的一批具有时代精神、当代气息的优秀之作,是与该社有眼光的领导者和一批独具慧眼、善于发现作者、乐于奉献、素质高的编辑家分不开的。而在这批编辑家中张羽就是其中的一位杰出代表。

张羽,原名张甲,字贯一,1921年5月生于河南省灵宝县。1938年加入中国共产党,同年5月赴中共长江局党训班受训。后在灵宝县和卢氏县参加建党工作。曾任中共灵宝县尹庄村第一任党支部书记,1939年任卢氏县第一任县委委员。1946年曾被灵宝县国民党县党部以"煽动农民暴动"罪追捕,后辗转上海,从事学运、工运活动,又因国民党追捕而赴苏州振华女中教书,引导学生

投身革命。1949年解放之初,先后任上海《青年报》文艺组组长、华东青年出版社文艺组组长、通俗读物组组长。1953年调中国青年出版社文学编辑室任编辑,1962年被吸收为中国作家协会会员,1983年被评为编审。"文革"时遭到"四人帮"的残酷迫害,2004年逝世。他一生对我国编辑出版事业作出重大贡献,其事迹已收入《世界优秀专家人才名典》、《中国出版人名辞典》等。

张羽从事数十年的文艺创作活动和编辑工作。1937年之后在河南郑州、上海、西安等地报刊发表了宣传抗日,歌颂解放区,对青年进行革命传统教育的诗歌、散文、小说、报告文学、革命回忆录等。其代表作有传记文学《王孝和》《恽代英传》,报告文学《萧也牧之死》等。在中国青年出版社期间,他和萧也牧、黄伊、王扶一起,创办了我国第一个发表传记和革命回忆录丛刊《红旗飘飘》。他审读了长篇小说《红旗谱》《青春之歌》,加工整理出版了《王若飞在狱中》,担任

长篇小说《红岩》的责任编辑。在几十年的编辑活动中,负责组织、加工、编辑出版的图书达150多部。他本人的部分著作和编辑理论已收入《张羽文存》(上下集),由中国青年出版社2007年出版。张羽办过报纸、编辑过刊物,当过记者和编辑,并长期从事图书编辑出版工作,是一位编辑出版工作的多面手。

加工、编辑出版《王若飞在狱中》

中国青年出版社在20世纪50年代成立之初,就很重视描写英雄人物传记故事和传记小说出版。"当时,中青社文学编辑室贯彻党的方针政策,执行团中央关于培养一代社会主义新人的指示,着重抓了关于描写英雄人物的传记故事和传记小说的出版,先后出版了《刘胡兰小传》《青年英雄的故事》《董存瑞》《卓娅和舒拉的故事》《普通一兵——马特洛索夫》以及《牛虻》《钢铁是怎样炼成的》《伏契克文集》等书,在青年读者群中产生巨大的影响,对50年代一代新人世界观的形成,起了极良好的作用"①。

20世纪50年代,经他手编辑出版了何香凝的《回忆孙中山和廖仲恺》、蒋秦峰的《在毛主席周围》、李天焕的《气壮山河》、陈茂辉的《一个红军的经历》、魏巍的《女将军》,尤其是经他加工整理出版的《王若飞在狱中》影响最大。

《王若飞在狱中》原是黄伊在1957年8月间发现内蒙古出版的《草原》杂志上刊登的《王若飞同志监狱斗争的一段记述》,仅一万字左右,作者是自治区党委书记杨植霖,黄向他约稿。但到作者交稿时,张羽和黄伊、王扶都离开了《红旗飘飘》编辑部。由于作者把稿子写成了一部思想修养稿,不像回忆录,审稿人认为不宜刊用,就请原约稿人去处理。当时,只好由黄伊交张羽去处理。张羽

---

① 黄伊:《张羽的编辑生涯》,《无名集》,山西人民出版社1985年版。

认真审稿后,觉得题材重要,材料翔实,内容丰富,如能重新改写,可以成为一部进行革命传统教育的生动教材。张羽把原稿中八个横向的题目打乱,按事情发展的时间先后另行重新安排,并列出了22个小标题,拟定了重写的方案,征得编辑室主任和社长朱语今的同意,并立即去内蒙古找作者商量修改意见。张羽到内蒙古后,为了加深对书中内容的了解,在作者杨植霖陪同下张羽到呼和浩特监狱里参观调研,回京后,又同杨一起访问了乌兰夫、汪锋等同志,用了28天时间对稿件作了补充修改,将原稿四万字改写为七万多字。为慎重起见,经王若飞夫人李培之送周恩来总理和董必武、吴玉章、徐特立等审查。周总理审阅后肯定了这本书稿,并提出了一些修改意见。他指出书中"对这些高级民主人士还是要留有余地才好"。1961年2月,该书出版前夕,又送请了当时的团中央第一书记胡耀邦进行严格审查。胡耀邦在清样上提出了八条修改意见:一、监狱和狱吏。监狱历来是专政工具,狱吏则是专政工具的具体执行者,文字上必须有充分交代;二、关于牢狱生活。对具体的监狱,具体的人要作具体分析,要和不同的监狱作比较,对不同的敌人、不同的监狱、不同的被囚者作政治上的分析;三、狱中的思想教育及群众的觉悟。牢房里接受王若飞思想教育,要把背景、原因、情况写充分;四、绥远狱和太原狱的关系。王若飞从绥远狱又押到太原狱这个情况要交代清楚;五、关于傅作义。凡是涉及傅作义的地方,既不要抹粉,也不要抹灰,要根据党的统一战线政策,对傅作义作政治分析,从回忆可以看出傅作义是个有见地的人。回忆录中要注意写出一个政治家的风度;六、关于"党""党中央""共产国际"几个概念的使用问题。在使用中要注意它们之间的严格的、特定的意义,不能含混;七、关于经典语录发明权问题。回忆录中王若飞在和敌人作斗争时,为了捍卫马列主义,曾说过"马列主义是放之四海而皆准的普遍真理",是毛主席1942年讲的,而王若飞坐牢是1931年,他可能有同样的思想,说过类似的话,但不可能说出一字不差的同样的话,我认为这个发明权只能属于毛主席。不要超越了历史,把后来认识到的东西提到前面来写,那样就不真实了;八、关于狱中的"思想自由"问题。狱中写王若飞在狱中能看书看外文,颇有点"思想自由"的样子,这个地方要作分析,不分析当时为什么会出现这种情况,就会引起社会的误解,似乎这里不像是个国民党的监狱。①

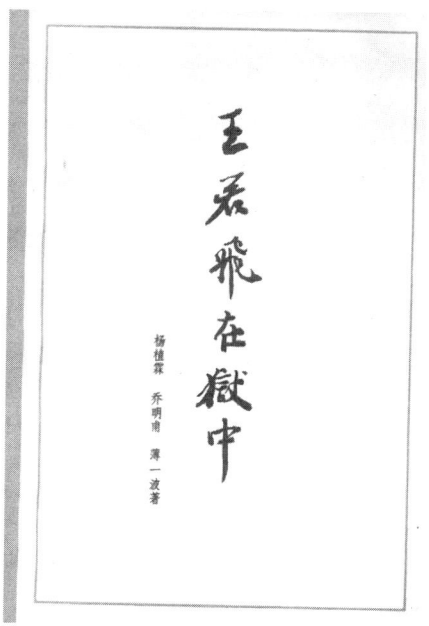

《王若飞在狱中》,历时一年,三易其稿,最后由胡耀邦同志亲自审定。中国青年出版社于1961年3、4、5月三次印刷。以后出书时,又加上乔明甫写的《若飞同志在太原狱中》,新版又增加了薄一波写的《若飞同志出狱前后》,内容更真实丰富。据中国青年出版社1988年的统计,这本书在27年间,共发行了366万多册,加上当年《中国青年》《北京晚报》连载和内蒙古的《草原》杂志转载、翻印总数不下800万册。

《王若飞在狱中》被人们誉为革命回忆录中里程碑式的作品。该书出版后在读者中产生极强烈反响。一位读者读后写道:"若飞同志就在国民党设置在塞外的监狱里进行着英勇不屈的斗争,反反复复,达五年零七个月之久,表现出一个无产阶级革命家的英雄

---

① 《三易其稿见深情——记周恩来、董必武、胡耀邦同志审〈王若飞在狱中〉书稿》,《张羽文存》(下),中国青年出版社2007年版,第825—827页。

本色。他在狱中顽强斗争的事迹,在党所领导的中国人民斗争的伟大斗争历史上留下了光辉的一页。""我以极为崇敬和振奋的心情,一遍又一遍地读着《王若飞在狱中》,若飞同志的高尚的共产主义风格,光辉巨大的形象,给我以极大的鼓舞。"①

《王若飞在狱中》出版后获得读者广泛赞誉,也给我们诸多启示:一是一部好的传记文学和写真人真事的革命回忆录,必须具有高度的真实性,应通过对主人公的人生轨迹描写,表现主人公的崇高思想和美好的东西,并能折射出广阔的社会历史内容。早年胡适曾提出:传记文学的创作,必须以实在的态度,写出传主的实在身份、实在神情、实在口吻,有了"三个实在",才能经得起历史的检验,成为益智谕人的传世之作。"真实是一切优秀文学作品必不可缺的因素,但对传记文学来说,更有其特殊意义。它不但要求生活的真实、艺术的真实,还要求事件的真实。真实,是传记文学的生命,是传记文学的灵魂"②。

《王若飞在狱中》写的是真人真事,为了做到作品的真实性,编者深入实际生活,进行调查研究,和作者一起经过反复修改,使作品中的人物真实可信,也富有巨大的艺术感染力。

二是传记文学在编辑工作中要历史的、科学的把握人物所处的环境和时代背景及政治政策界限,既要符合历史真实,又要符合党的方针政策;对人物描写既要写出人物的崇高,又不随意拔高。《王若飞在狱中》在成书过程中,老一代革命家对书稿的审查,提出宝贵意见,起了至关重要的作用。

---

① 王强模:《无产阶级革命家的光辉形象——读〈王若飞在狱中〉》,《山花》1962年第7期。

② 《传记文学的真实性》,《张羽文存》(下),中国青年出版社2007年版,第839页。

竭尽全力编辑《红岩》

《红岩》描写的是1949年新中国成立前夕,在四川重庆"中美合作所"中共地下党组织成员向敌人展开的各种形式的斗争。面临崩溃的蒋介石集团疯狂地大肆逮捕共产党人,被关押在中美合作所集中营的白公馆、渣滓洞监狱里一批共产党人,与凶恶的敌人展开了殊死斗争。小说以狱中斗争为主线,作者满腔热情歌颂了共产党人的英勇不屈,揭露了敌人的阴险丑恶。这部小说原名为《禁锢的世界》,后定名为《红岩》。它的出版经历了一个较长的时期。

《红岩》的最早的名字是《圣洁的鲜花》,是罗广斌、杨益言、刘德彬合写的报告文学。1950年7月发表在重庆《大众文艺》,后出单行本。1958年2月在《红旗飘飘》第6集发表时名为《在烈火中得到永生》,1959年2月经补充增订后出版了《在烈火中永生》;1961年从年初到年终,几易其稿,在此基础上出版了小说《红岩》。

《红岩》的前身是《禁锢的世界》,是罗广斌、杨益言、刘德彬1956年开始着手写的一部关于"中美合作所"革命烈士斗争事迹的纪实文学作品,1957年2月曾寄中国青年出版社恳望出版。1958年7月,当时的编辑萧也牧从《在烈火中得到永生》中看出作者的才华和作品的前途,就草拟了给作者一封约稿信。当年11月,社长朱语今和总编办公室秘书王维玲在四川调研时,了解到作者正创作《禁锢的世界》,回京后决定约作者写成长篇小说。

1959年4月初,张羽到重庆组稿,得知罗广斌、杨益言正在写作《禁锢的世界》及其写作进程,并得知经重庆市委批准已获创作假,经过大半年的努力,写出草稿近百万字,从中选出30万字,排印出来交中青社征求意见。当时,社里决定由王维玲、江晓天先看。

1960年秋天,中国青年出版社原五编室属于人物传记、回忆录的这部分工作归入二编室即文学编辑室,张羽重返二编室。据张羽回忆:"不久,编辑室决定,《禁锢的世界》由我担任责任编辑,负责审读、修改、加工、定稿。在此以前,曾由从宣传科调出来的王维玲和作者经常联系、组织作者参观访问、为作者请创作假等,多次奔波在京渝线上,做了前期的不少准备工作。当时的文学编辑室主任江晓天,对稿子的修改工作发表过很好的意见。"①张羽看了80万字的《禁锢的世界》后,肯定了成功之处,也指出不足,就先后于1961年1月27日、1961年2月3日、1961年2月8日先后给作者写过三封信,提出具体修改意见。

1961年3月7日,根据张羽提出的意见,罗广斌、杨益言来北京修改作品,3月8日上午,中青社召集有关编辑人员讨论第三稿的得失和修改方案,当时作者罗广斌及编辑张羽、王维玲在会上都作了发言,对书稿提出了意见。书稿讨论会后,正式修改之前,编者和作者对小说的命名进行了研究,最终从十几个名字中选定为《红岩》。作者听取意见后,从3月10日起,经过100个昼夜到6月10日,小说第四稿的清样改毕。《红岩》的第一次稿正式诞生。由于小说写的是四川重庆地下党的斗争生活,四川的不少老革命都很熟悉当时的斗争生活,四川的一些著名作家都很关心这部作品。为了提高作品质量,作者回四川听取有关人士的意见。9月

---

① 张羽:《我与〈红岩〉》,《新文学史料》1987年第4期。

中旬,罗广斌、杨益言带着四川众多同志的意见,再次来北京对小说作最后修改。张羽曾这样描述当时修改的情景:"他们两人被安排在我的宿舍隔壁的一间大空屋里,同我比邻而居。后来我干脆也搬进了那间大房间里去,三人,三床,三桌,依次摆开,进行流水作业。每天晚上,是最紧张的时刻。三盏台灯,照着三张桌面上铺开的稿纸,三个人悄然无声,埋头'爬格子'。一般情况是杨益言先改出第一遍稿,交给罗广斌修改;罗把两人的改定稿,再交我加工处理;我对稿件作过推敲、订正、删削或润饰后,再给他俩传阅。三人都认可后,即作为定稿,等待发稿、付排。"① 就是这样作者和编者一起经过反复修改,12月9日,小说最后定稿,1961年底交中国青年出版社出版。

《红岩》的主题鲜明,旨在表彰先烈,揭露敌人,打击美蒋。出版后在读者中引起强烈反响。国内媒体纷纷报道评论,掀起了一场读《红岩》向英雄人物先烈学习的热潮。文学评论家罗荪称《红岩》是"黎明时刻的一首悲壮史诗""一部用无数烈士的鲜血和生命写成的书""震撼人心的共产主义教科书"。在国外十几个国家的读者也给予很高评价,有的国家并翻译出版。以《红岩》为内容移植改编为电影、话剧、京剧以及说唱、快板等多种艺术形式进行广泛宣传。小说至2007年,已先后印刷68次,印数超过1000万余册,创新中国文艺作品发行新高。

《红岩》的成功出版为如何创作优秀作品和如何进行编辑加工提供了许多有益经验。

一是发挥作者和编者自身优势,相互尊重,紧密合作,反复打磨,才能促使一部作品完美成功。《红岩》的作者坐过"中美合作所"的监狱,有着地下工作和监狱生活的经历,对狱中的斗争生活和人物比较熟悉;作为编辑的张羽有过当年在上海地下斗争工作

---

① 张羽:《我与〈红岩〉》,《新文学史料》1987年第4期。

的亲身经历和当年曾到苏区访问革命英雄人物的真切感受,能把自己种种经历的生活和平时积累的知识,融到作品中去,可以充实完善作品中写作的不足,更有把握地对作品进行修改删节。艺无止境,一部优秀作品的产生需要经过作者和编辑长期打磨,才能成功。张羽在接到罗广斌、刘益言《禁锢的世界》之后,先后给他们三次写信,对作品中的人物形象、历史背景、题材主题、结构提出了许多修改意见,原稿300万字,后改写为100万字,中间返工三次,历经五次大改,以后作者和编者又共同反复修改打磨,作品中有的部分甚至是重写,最后定稿为40万字。真正做到了"语不惊人死不休,书出新意才出手",这种磨稿精神是值得当今提倡的。

二是既要发挥尊重责任编辑的劳动,又要调动编辑群体智慧的紧密配合。一部大型的有影响的作品,在成书过程中决非一个人所能承担的。作为《红岩》责任编辑的张羽,自始至终参与《红岩》一书编辑工作的全过程,渗入了大量心血,可谓呕心沥血,功不可没。但作为中青社的一个编辑群体中的一些成员也在编辑出版中做出了各自的贡献。就社的领导说,朱语今、边春光都十分关心支持这一选题,并亲自过问出书中的一些问题,并提出了宝贵意见。边春光"主持全社工作以后,立即批准把长篇小说《红岩》列为全社的重点项目,并把作者罗广斌、杨益言请到出版社来,和编辑部一起研究修改方案……最后由他终审发稿。在他的全力支持下,当时出版社对《红岩》的处理,真正做到了不惜工本、不惜人力。编辑部包括总编辑、编辑室主任和编辑在内前后七个人参加书稿的编辑工作,集体讨论达15次,未定稿先后排印3次,从编辑工作到出版发行一路开绿灯"[①]。王维玲回忆《红岩》的诞生时说,边春光要求:"除了严格执行三审制外,还可以采取责任编辑与集体讨

[①] 阙道隆、蔡云:《为出版的一生——回忆边春光同志》,《出版工作》1990年第2期。

论相结合的办法,多人参加审读,共同讨论,发挥集体智慧。罗广斌、杨益言写的长篇小说《红岩》就是在这样的指导思想下进行的。编辑部参加这部书稿编辑工作的,先后有七人(包括两任社长、总编辑,两任编辑室主任,三位编辑),编辑部内部讨论了七八次,同作者一起讨论了十多次,经过讨论修改,先后两次重排,三次部分重排,这在中青社出版的长篇小说中也是没有先例的。"① 王维玲在《红岩》成书的早期和作者联系,帮助作者请创作假,联系参观访问考察等作了大量工作。"在《红岩》三年的创作过程中,罗、杨给我的信有 30 多封,这些信,包括他们的创作构想和创作过程,创作中的困难和问题,遇到的诸多情况和他们的打算,等等内容"②。王与作者广泛交换意见,在后期定稿讨论中他都作出了应有的努力。《红岩》的作者之一杨益言也说过:"1961 年 3 月,我们到北京后,青年出版社确定阙道隆、王维玲、张羽等三同志为这部小说的责任编辑。他们和我们一道议论修改计划。到 7 月,全稿全部排出,出版社又为我们排印了一部征求意见稿。"③ 杨益言还在另一篇回忆文章中写道:"1961 年春,北京的冰雪还没有化尽的日子,我们刚住进青年出版社那栋古老的王府大院,社领导告诉我们:文学编辑室将有三位同志和我们经常联系。从此以后的几个月,几乎每一周我们和他们便有一次例行的讨论会。我们谈将要动笔的章节的构想和前后设想,他们就讲他们听后的感受和意见。这时候,我们才深切知道,他们不仅看了我们写的这一稿,认真听了我们新的构想,可以随口讲出书稿或构思中的每一个细节和人物关系,我们发现他们还详细看过我们早已先写过,但已废弃不用的稿件,而且还替我们设想,能否从那里面挑选出一些用有之材……如

---

① 王维玲:《怀念胸中荡大气的边春光》,方厚枢:《编辑之歌》,首都师范大学出版社 2010 年版,第 254 页。
② 王维玲:《话说〈红岩〉》,花山文艺出版社 2000 年版,第 98 页。
③ 杨益言:《关于小说〈红岩〉的写作》,《新文学史料》1980 年第 2 期。

果没有中国青年出版社的同志的深入工作和帮助,这部书稿能否在那时问世是很难设想的。"①这再一次说明,一部优秀作品的出世,首先是作者的主观努力,还要听取编辑的意见,是作者和编者融为一体的结晶。当今,再争论谁是《红岩》的唯一责任编辑已没有什么实际意义了。客观地说,它是在特定环境下,中国青年出版社一个编辑群体,凝聚了集体智慧和心血,与作者共同打造的一部成功之作。

编辑工作的楷模

张羽是我党在新中国成立前后培养起来的第一代杰出编辑家。在几十年的编辑生涯中,他热爱编辑出版工作,在编辑工作中他善于发现作者,并把自己的生命融入编辑工作之中,他乐于奉献,淡泊名利,经他手编辑加工了许多成名之作,特别是在编辑出版传记文学作品方面作出了突出贡献。他是广大编辑工作者的楷模,从他身上我们可以学到许多有益的东西,得到有益的启示。

一、作为一个优秀的编辑要有丰富的生活知识、文化知识。编辑工作是一项复杂的创造性的精神劳动,是一项文化积累工作,必须有丰富的多方面知识。

张羽青年时代曾参加过上海的地下革命斗争,广泛接触革命先烈的有关生平事迹,并深入生活进行广泛的社会调查,写作过恽代英、萧楚女、林育南、李求实等烈士革命活动的有关传记,有丰富的历史知识、生活知识和斗争实践,因而在编辑加工整理书稿时,具备书稿涉及的有关的知识,使编辑工作得心应手。

二、编辑要有高尚的职业道德。张羽提出:"作家是人类灵魂

---

① 阙道隆:《编辑研究文集》,中国青年出版社2003年版,第286—287页。

的工程师。编辑则应是加工并制作精神食粮的精神工程师。因此,编辑是崇高的职业,编辑必须有高尚的职业道德……灵魂肮脏的人不能当作家。同样,灵魂卑污的人也不可能当好编辑。编辑这个职业本身,要求把自己的专业融化到别人的事业中去,甘心做文化走廊中一颗铺路石子。醉心于个人名利的人老惦记着自己,是当不好编辑的。"①正是他有这样的认识,当有人问及他对《红岩》做的贡献时,他淡然地说:我为《红岩》到底写了多少字,我是不是《红岩》唯一的责任编辑,这对我并不重要,但我们必须为读者负责,为下一代负责,以作者和编者的忠诚给中国的文学史留下真实的记录。

三、编辑要淡泊名利,乐于奉献。张羽回忆,20世纪60年代到内蒙古帮助作者加工整理《王若飞在狱中》时,作者杨植霖见他住的是两人房间,怕工作不方便,给换了个单人住房,回来后单位不予报销。后来图书发行300多万册,社里赚了钱,而我却赔了住房钱,事后出版社要我把扣掉了的工资补回来,我说,我们家乡有句俗话,"割过的肉不疼",我拒绝去领这笔钱。当张羽在内蒙古住了28天,帮助杨植霖完成书稿修改时,作者在写的"前言"中这样说:"这本书的写成,中国青年出版社的张羽同志出力不少,他亲自前来呼和浩特,和我们研究章节的安排,帮助我整理、修润、增补、节录,以至于成书。"可是在发稿时,张羽却把这段话全部删去。张羽认为:作为一个责任编辑,这些都是自己职责范围内的事。"在编辑中,哪怕为贫血的作品输过'血',植过'皮',也不便多讲,怕影响作者声誉"②。杨植霖为补偿张羽的住房费,特意给张羽寄来150元稿费,可张羽毅然拒收。

四、编辑要慧眼识珠,见识高远。作为一个优秀编辑要有一

---

① 《张羽文存》(下),中国青年出版社2007年版,第806页。
② 《张羽文存》(下),中国青年出版社2007年版,第783页。

双慧眼,善于发现有才能有潜能的作品,张羽在这方面有特殊的贡献。20世纪50年代初,梁斌在中国作协文学讲习所担任党支部书记,利用业余时间写了长篇小说《红旗谱》,没引起人们重视,后来消息传到中青社,张羽和萧也牧一道去看望梁斌时,就抱回这部书稿。张羽阅读后,肯定了这部书稿,并写了审读报告,建议出版社出版。后由萧也牧任责任编辑,出版后受到好评,梁斌从此跨入文坛。张羽把自己当作一支蜡烛,真正做到了燃烧了自己,照亮了别人。他从事编辑工作奉行的宗旨是:"把鲜花送给读者,把荆棘留给自己,植完皮肤,注尽血液,只留下一架铮铮铁骨。"①

1963年4月,张羽曾向安徽作家陈登科约稿,陈将写的《寻父记》交张羽审阅,张羽认为题材重大,内容充实,情节生动,引人深思。他建议中青社出版,后由江晓天担任责任编辑,历时八个月修改定稿,书名改为《风雷》出版,出版后引起广泛好评。从上述作品的出版,可以看出张羽作为编辑家既乐于为作家铺路,又具备远大眼光、准确的判断力以及编辑的组织才能。

---

① 姚继忠:《只求奉献 不求索取的人——访著名编辑张羽》,《三门峡报》1989年5月6日。

筚路蓝缕启山林　　创榛辟莽开先路
——戴文葆先生对编辑出版专业建设的重大贡献

1984年7月25日,我国杰出的马克思主义理论家、著名编辑出版家胡乔木致函教育部,倡议在一些高等院校试办编辑出版专业并研究编辑学。根据这一倡议,教育部1984年9月最先批准在北京大学、南开大学、复旦大学建立编辑专业并开始招生。胡乔木这一大胆有远见的创举,很快在教育界、出版界引起强烈反响。其后,陆续在其他高等院校也相继创办了一些编辑出版专业。与此同时,在教

戴文葆(1922—2008)

育界、出版界兴起了有关编辑学研究和编辑出版专业建设的规模浩大、参与广泛的大讨论。

二十多年过去了,随着我国教育事业和出版事业的迅速发展,为了适应新的形势,目前我国已有四十多所院校设有编辑出版专业,编辑学作为一门学问的研究也越来越深入。一个新兴的,有中国社会主义特色的编辑出版学科已屹立于中华大地,并发展壮大。追思既往,回忆在编辑出版专业建设的历程中,前进的道路是不平坦的。不少教育界、出版界的仁人志士,奔走呼吁,把编辑出版专业的建设和编辑学的研究,看作自己分内的神圣事业,在其探索过

程中做出了艰辛的努力,倾注了大量的心血,做出了重大贡献。著名编辑出版家戴文葆先生就是其中一位杰出的代表。

2007年春节,中共中央政治局常委李长春看望戴文葆先生(本照片选自《光辉曲折的编辑生涯——戴文葆先生90诞辰纪念文集》,人民出版社2012出版)

热心研究编辑学的先行者

我国是一个具有五千年悠久历史的文明大国。在漫长的历史发展中,人类众多的优秀文化典籍得以传承是和编辑的创造性劳动密不可分的。中国文化的持续发展,是编辑工作重要性的有力证明。尽管我国编辑出版事业有着漫长的历史,但编辑作为一门独立的学问却长期没有得到普遍的认可,编辑出版专业教育在高等教育史上却是一个空白。

解决建立编辑出版专业问题,其前提是要首先解决编辑是否有学的问题。由于历史的原因和传统观念的影响,一段时间在教育界、出版界少部分同志对编辑是否有学,建立编辑出版专业是否必要还存在争议和不同看法。有的同志认为编辑工作是一项技术性简单的重复劳动,说不上什么学问;有的认为过去著名的编辑出版家哪个学过编辑专业,不是照样编出好书了吗?还有的认为,在西方编辑这个活都是高中生干的,哪有必要在大学开办编辑出版专业?甚至有的同志认为编辑没有必要评什么学术职称,即使评编辑系列的高级职称也不能与高校教师的高级职称同等看待等。总之,"编辑无学"的影响还在一些人头脑中根深蒂固。面对这一不小的阻力,一场围绕编辑有学与无学、编辑出版专业的建立展开了大讨论。不少教育界、出版界的同志,结合编辑发展的历史与编辑工作的实践经验和新时期出版事业对高层次人才的需求发表了许多有创意的见识。

人民出版社资深编审、著名编辑家、出版家、中国编辑学会顾问、首届"韬奋出版奖"获得者、编辑学研究的先行者,2008年9月7日去世的戴文葆先生,积多年的编辑工作经验,对上述问题进行了缜密的研究,提出了许多有价值的真知灼见。

早在1985年,戴先生就在《出版工作》上连续撰写了30多万字的《历代编辑列传》,从总结编辑历史经验的角度,分别为孔子到章学诚等30多位著名编辑家立传,肯定了他们在中国文化史、编辑史上的地位、作用及其局限性。他在撰写的许多文章中,提出有书籍就有编辑,有编辑才有编辑思想和编辑事业。作为一门学问,编辑学早于目录学、校勘学。

20世纪90年代中期,随着我国编辑出版事业的发展,一批青年人走上编辑工作岗位,如何在政治思想、文化素质、编辑业务等方面通过培训提高这些同志的水平是一项紧迫任务。1986年戴先生等受中国版协委托,就编辑工作各项重要业务问题,由他任主编，组织一部分资深编辑，历时三年多编写的一部可供教学用的专著——《编辑工作基础教程》于1990年出版。"这本书总结了新中国近半个世纪的社会主义编辑出版工作经验，是在编辑出版理论研究取得初步成果的背景下完成的。作者都是富有经验的老编辑，内容兼顾文理编辑，而文葆先生在该书体例安排、标题设置、内容剪裁等方面做了尤富特色的策划、安排，使该书成为一部通体均衡的编辑基础教程"①。这部书可视为我国改革开放以来较早的富有理论与实践特色又具较高权威的编辑出版专业教科书。

戴先生是《中国大百科全书·新闻出版》卷出版学编委会副主任兼编辑学分支副主编。他1988年秋应《出版卷》主编许力以同志之约，撰写了"编辑"与"编辑学"12000多字的两个词条。在"编辑学"这一词条中，他提出编辑学是"研究编辑基础理论、编辑活动规律及编辑实践管理的综合性学科，属于人文科学范畴"；"编辑学的文献和素材，编辑工作的体制和实况，都是历史久远的存在"；"因为编辑工作是一门专业，将此项工作积累的经验、方法加以总结、概括，提升到理论高度，揭示它的基本规律，使之条理化、系统化、规范化，即是编辑学"；"编辑学是一门具有学术意义、原则性、理论性、思想性的学问，不是日常种种编辑工作办事细则的大全，是和其他学科，如文学、历史学类等的一门学问"。② 这是我国较早的对编辑学这一学科内涵做出的较准确而全面的界定。他从中外编辑历史的发展比较中揭示了编辑学的性质、特征及其地位作用，对人们认识什么是编辑学具有深刻的启示。

戴先生对编辑学的研究有两个突出特点：一是善于从历史与现实的结合上对编辑学进行探讨。他强调编辑是一个历史发展的

---

① 吴道弘：《在韬奋精神鼓舞下前进——记编辑家戴文葆》，《中国编辑》2008年第1期。
② 《中国大百科全书·新闻出版》卷，中国大百科全书出版社1990年版，第39页。

概念,应该从编辑工作发展的历史过程中总结历史经验,从纵的方面对有关资料进行梳理,廓清编辑工作发展的轨迹历程;又要从总结现实编辑工作的具体经验入手,进行横向比较分析,上升为系统理论。这种以历史与现实相结合的研究方法更能揭示编辑工作的基本规律。二是具有鲜明的针对性。他在几篇文章中针对编辑是"简单的重复劳动",认定"编辑是人类文化的保存和记录者,也是整理和创造者"。"每一次推动历史前进的社会政治运动,都有编辑出版来作先行"。"编辑是一种脑力劳动者,传播知识,弘扬真理,探索未来,积累文化,是他神圣的职责……他一生都为人作嫁衣裳,也许到卧床不起,还不能为自己缝制一件'寿衣'。编辑一生都在寻觅、追求、鉴别和盼望"。① 从历史进步文化发展的高度,充分肯定了编辑工作的职责与劳动价值。

身体力行的实践家

戴先生不仅在理论上对编辑学、编辑出版专业建设进行研究探索,而且还身先士卒,以实际行动支持编辑出版专业学科建设。

俗话说,头三脚难踢,万事开头难。我国的编辑出版专业建立是从无到有,面临的现实是,既无专业教师,又无教材,甚至连这个专业发展的轮廓也难以设想出来。编辑专业招生之后怎么办,是摆在专业建设者面前的一个紧迫问题。唯一的出路是在干中学,在摸索中前进。作为办学单位之一的南开大学,当时的专业建设负责人赵航同志,带领几位同志走南闯北,多方寻求,到出版部门求援,投师问路,向出版界的有实践经验的老编辑进行调查,虚心听取他们的意见。出版部门的许多专家对编辑专业建设表示极大的兴趣与热情,给予有力的支持,具体帮助筹划课程设置,撰写教

---

① 戴文葆:《"简单的重复劳动者"的咏叹调》,《随笔》1986年第6期。

材,并表示愿意在教学上担任授课教师。出版部门的专家学者的支持,为这个专业的创建与发展,提供了坚实的基础与有力的支撑。北京大学、南开大学,先后聘请人民出版社、中华书局戴先生、刘叶秋、吴泽炎等几位老专家作为编辑专业的兼职教授,为该专业开设专业课。戴先生是一位有责任心、事业心的热心人。他曾向学校表示,服从安排,随叫随到。经过一段时间的准备,他写出了《中国编辑出版史讲义》,一门《中国编辑出版史》专业课就这样开起来了。

戴先生是推动编辑学建立的热心人。他和一些专家参加中国高校教育事业的全面规划,制定教学大纲,确立教学目标,为编辑专业的创立设计蓝图,为这一专业的生存发展,走遍大半个中国而奔走呼吁!

戴先生一贯治学严谨,博学多识,学贯中西,对中国编辑出版史有较深入研究。由于他熟悉编辑发展的历史,积累深厚,有深刻洞察力,加之长期从事高难度编辑工作的实践经验,讲起课来,得心应手,不经意的一句话也暗藏着深刻哲理,很受学生欢迎。特别令人感动的是,他是在编辑工作、社会活动极端繁忙的情况下,从事教学工作的。为了上好课,他兼任北京大学、南开大学两校兼职教授,经常奔波于京津之间,不怕辛苦、不讲条件、不计报酬。据赵航回忆,当时南开大学招待所条件较差。"四人一室的房间,只有一套办公用的桌椅,一盏 15 瓦的昏灯,卫生间就更谈不上了。当我们把一位一位专家迎到这样的房间里时,自己都觉得很不自在,甚至连洗洗脚的条件都没有!无论是多么高级的领导和多么有名望的专家,只能在这样的条件下,委屈一夜,第二天精神抖擞地出现在课堂上。而报酬呢?当时学校死抠教育部的规定,按教授讲一课时最高也才给五元钱!……他们毫无怨言,没有任何要求,总是全力以赴调动一生丰富的知识积累,手把手地教给我们和学生"①。据时任南开大学编辑专业教师崔胜洪回忆:"在南开大学创办编辑专业之初,他(指戴)首先开授《中国编辑出版史》一课,每个月挤出时间来天津讲两天的课。他的课为编辑专业开创了一个很高的起点。他很关心这个专业,每次见到我都关切地询问学校及学生的情况。"②当他得知南开大学的编辑专业在学校领导及有关部门支持下取得成绩时,他很欣慰地说:"赵航在学校领导热忱公正的支持下,奋力投身编辑专业的教学工作,团结同事,悉心经办,一度同时开了三门课。在全校几十个系和专业共报一百多项目中,编辑专业取得了校优秀教学成果一等奖。随后又获知得到天津市高等学校教学成果一等奖,其项目题为《编辑专业的创建和教学改革》,并荐报国家级二等奖。天津市主管当局慧眼识才,高瞻远瞩,肯定编辑专业对于出版核心人才的培养,与国民经济总体格局中的'朝阳产业'密切相关,可使出版业将成为可持续发展的现代化的强项产业。"③从南开大学编辑专业教育取得的成绩中,我们欣慰地看到戴先生是付出了巨大心血,他也为此而高兴。

长期的编辑实践,加之编辑出版专业的身体力行的教学实践,戴先生联系到国外出版业的发展,为了扩张文化产品的世界市场而重视开办编辑专业,注意高层核心人才的培养,他很赞赏胡乔木不同于某些知识浅陋,鼠目寸光人员的地方。认为"他的见识远大,表现在他的眼光能够投射到还很落后的中国以外的世界"④。相形之下,他对时下一些人对编辑专业这一新事物,"竟然视而不

---

① 赵航:《啊,我的编辑老师们》,《编辑之友》2003年第3期。
② 崔胜洪:《做戴师那样的人》,《编辑之友》1993年第1期。
③ 戴文葆:《选题策划是创造性思维活动——赵航著〈选题论〉读后》,陕西人民教育出版社、陕西出版集团2010年版。
④ 戴文葆:《选题策划是创造性思维活动——赵航著〈选题论〉读后》,陕西人民教育出版社、陕西出版集团2010年版。

见,几个设施还不完善、经费很不充足的编辑专业,却成为某些人的眼中钉,习惯于自我封闭、自我扼杀的劣根性不改,看不见国家发展现代化产业的迫切性需要"的现象表示不满。他联系到"中外古今,有许多重要书籍,并不是原作者生前编成问世的,却是由后人编辑整理而成的。更无需指出,老一辈革命家中,不少人是干过编辑出版工作的了。从远古的档案文献保管整理者,一直到今天的电子音像编辑,对于各类知识的传播,学术文化的发展,他们对人类社会文明进步所作的贡献,还用得着再作申论吗?"①

奖掖后学的好老师

在长达20多年的编辑学研究和编辑出版专业创建过程中,作为一位老一代著名编辑家,戴先生对后学者可以说是孜孜不倦的教诲,耐心诚恳地帮助指点。尤其对那些后学者,既热心扶植爱护,又严格要求批评。他好像一位热情的"拉手",当年轻人刚成长,崭露头角需要外力支持之时,他能及时伸出援助之手拉一把;当有的有所成就需借助一个舞台扩大影响时,他又是一个躲在背后的"推手",为你助力呐喊。他无论是对后辈、同辈可以说做到了有求必应,有问必答,有信必回,详而释疑,而且耐心认真,从不敷衍,尽管他很忙也在所不辞。崔胜洪曾回忆说:"1988年元旦,我写信给他,告诉他我准备开设一门新课《三联书店研究》,马上得到他的支持。他率先在我的信上批写了意见转给三联其他有关同志,三联为我开设这门选修课提供了大量帮助。戴师大力提携后进,对于众多慕名而来的年轻人,他都热情接待并给予帮助。他每天在大量的社会活动中为促进中外的文化交流,促进学术、出版事

---

① 戴文葆:《选题策划是创造性思维活动——赵航著〈选题论〉读后》,陕西人民教育出版社、陕西出版集团2010年版。

业的发展默默地做着自己的奉献。他为促成每一件有意义的事情而奔波忙碌,从不计个人得失。"①

戴先生把编辑学的研究和编辑出版专业的建设寄希望于年轻人,着眼于未来。1992年,在中国编辑学会成立大会上作为学会顾问的他作了热情洋溢的发言。他高兴地说:"看到多年辛勤为人作嫁的许多老同志,虽被风霜染白了鬓发,仍然精神矍铄的前来与会。同时,我又多么盼望后继有人,愿见更多的乌亮黑发的红颜绿鬓的中青年同志,踊跃参加学会的科研工作。着眼于未来,中国出版物的质量将经由年轻编辑之手决定,热望他们眼高笔健,在编辑实践和研究中取得优秀成绩。他们,只有他们,才是编辑学研究竞技场上全队的中锋。"②他是这样说的,也正是这样做的。

戴文葆(中)1993年6月在《龙世辉的编辑生涯》座谈会上讲话

---

① 崔胜洪:《做戴师那样的人》,《编辑之友》1993年第1期。
② 戴文葆:《着眼于未来》,《新闻出版报》1992年12月2日。

编辑学著作和教材的编写出版是丰富编辑出版专业教学内容,为专业建设提供理论的支撑。1992年10月,河南大学出版社出版了青年学者李频撰写的我国第一部文学编辑家评传——《龙世辉的编辑生涯——从〈林海雪原〉到〈芙蓉镇〉的编审历程》。本书比较全面集中地描写了生前曾在人民文学出版社、作家出版社平凡的编辑岗位上辛勤耕耘近40年的龙世辉,经他组稿、编辑或提过意见出版的文学作品近200部(集),其中包括著名长篇小说《林海雪原》《三家巷》《苦斗》《将军吟》《芙蓉镇》等。该书出版后,引起了广泛的社会反响。为了更好地宣传龙世辉默默无闻、甘于奉献的编辑业绩,肯定编辑学研究的新成果,1993年6月25日,河南大学出版社邀请首都部分曾与龙世辉生前共同工作过的老编辑家、出版家、文艺界人士,对该书进行座谈。戴先生应邀到会,事先写了5页的发言稿。在发言中,他首先肯定河南大学在研究编辑学方面取得的成绩。"历史新时期以来,河南大学是国内著名的研究编辑学的理论基地之一。河大最早招收了编辑学研究生,学报常常发表编辑学论文。河大的老师们在切实进行研究,河南大学出版社不断出版他们的研究成果,引起各方面的注意,在编辑学研究方面真正做出了成绩。这几年,大学里的编辑专业遭遇很大困难,有的已停止招生;有的来信说:'丝尽蚕僵,还得干。'河南的同志,在教学、研究和出版等方面,仍在艰苦奋斗,不说空话,做出实绩,怎不令人钦佩呢?"其次,他对《龙世辉的编辑生涯》这本书及其作者李频作出了中肯评价。他说:"这本书,对我们编辑工作者有教育和鞭策作用。感谢作者李频同志,他选择一个编辑的一生做写作研究的题目,要知道,编辑这一行在看重身份的情势下是微不足道的。李频同志辛勤搜集资料,调查访问,分析评估,却写出一本厚厚的十八万字的书来,河南大学出版社又肯替他出版,目下很少人愿干这种傻事了!全书十二章,十一章讲的都是编辑工作的理论与实践。书名上虽无'学'字,实在是一本编辑学著作。我多年盼望,严谨的作者对编辑学问题作些个案研讨,发表案例汇编(Case book)之类专题撰述。李频同志不声不响地提出成果,令人感谢!尤其是龙世辉同志,他的严肃认真的工作态度,读稿只注意质量,不光看作者姓名……龙世辉同志坚持质量要求,是编辑工作者的学术良心的体现,是我们这些编辑至今还应奉为'最高指示'的。"①戴先生的发言联系实际,语重心长,对与会者富有启迪。

近20年来,我结合编辑专业的教学,开始关注研究中国编辑出版史,在这个阶段,我经常不断地得到戴先生的帮助与指教,其亲聆论见,种种情景,历历在目。

1959年,在全国人民喜迎新中国诞生10周年之时,著名出版史家张静庐先生辑注的《中国现代出版史料》(丁编)出版。至此,一套回顾近代以来100多年中国出版状况的大型资料图书8册,历时7年终于出齐。出自出版界老前辈之手,张先生这部著作可谓出版史料丛书的开山之作,发凡起例之功不可磨灭,至今仍是研究我国近现代编辑出版史难得的佳作。但新中国建立后,全面展示新中国(1949—1999年)50年来出版事业发展辉煌成就的文献资料还未见有。鉴于此,我与袁喜生、刘小敏同志于1993年起以历史发展的眼光,从尘封已久、浩如烟海的图书报刊中收集大量的有价值的出版史料,试图编一套《中国当代出版史料》,这一课题后被列入"八五"国家社科规划项目。在编纂过程中不断得到戴先生的指教与帮助。他对编纂本书的指导思想、资料的取舍与鉴别都提出了具体明确的意见。他在一次来信中指出,当代出版史料还不为人关注,"您首先想到这个题目很好"。历时近7年,1999年9月,这部320万字的《史料》出版后,他曾在《出版发行研究》撰文,对我们坚持数年该书终于出版表示祝贺。认为这部书"在这近50

---

① 《〈龙世辉的编辑生涯〉座谈会纪要》,《河南大学学报》1993年第5期。

年中是尚属少见的出版研究的新成果、新贡献","可为我国的研究文化史、学术史、教育史及社会史的一种重要参照"。① 戴先生是一位心直口快、性格直爽的人,对人对事实事求是,坚持原则,在肯定该书价值的同时,并提出一些善意的批评。1999年12月27日来信中说:"关于您的《史料》,您虽费心多年,但您有个限制,您在外省,不太清楚某些人和事的实况,为友之道,应该直言。《史料》有二缺陷:一、重复多一点,二、有的文章不值得收……"我们认为这个批评是符合实际而中肯的。

20世纪的中国,历经外敌入侵,政权更迭,运动频仍,在沧桑的世界和飘摇的风雨里,中国出版界的优秀编辑出版家为传播优秀文化和提高民族素质做出了杰出贡献。一部20世纪的中国出版史,实质上就是一大批有胆识、敢创新、肯吃苦、讲实效的出版人的奉献奋斗史。为了总结历史,表彰先贤,昭示未来,20世纪末,我们萌生了以编纂20世纪杰出编辑出版人物为主题的大型出版史料集——《20世纪中国著名编辑出版家研究资料汇集》一书的设想。本书从策划到出版历时七年,其规模400多万字,在编辑出版过程中得到了戴先生的鼎力支持。我和袁喜生、刘小敏曾先后四五次去拜访他,书信来往七八次。由于20世纪这段时间出版人物众多,人物入选如何取舍是个难题。戴先生提出要根据事实区别对待。2002年9月7日他给我们的信中说:"我近况已好转,仍想到您编编辑家事。我想到巴金、王统照、郑振铎等先生,既是文艺家,又兼做编辑工作,有人甚至终其一生未离开编辑工作……这方面的人物不少,恐怕取舍较难。如何区分对待,是个问题。这分别对待还不尽取舍问题,而可考虑简略或较详处置之。您不但要熟悉全局,而且一定会考虑在编书时体例上作点区别的。"当我们把本书收入的编辑家名单送他审

---

① 戴文葆:《推动出版事业发展的新贡献——谈〈中国当代出版史料〉》,《出版发行研究》1999年第12期。

阅时,得到他的首肯,"主题好,以 20 世纪划一个阶段,比较方便处理"。他提议增加几个人物,增加几篇回忆文章,并把新增加人物的照片、回忆文章寄来。当书稿内容基本确定后,我们将详细目录寄送戴先生并恳请为书作序时,他于 2005 年 3 月 5 日来信说:"您费七年之心力,终于有成。这个题目看似一般,其实很不好做。虽是编集,实际是创作,编这种书,没有思想基础编不成的,编成了就是思想的凝聚,思想的形成与胜利。"对于写序言之事他婉言谢绝。后经再三恳求,他终应允。

戴先生治学严谨,一丝不苟,由于工作繁忙,身体不适,一篇序文他断断续续写了近两个月。2005 年 8 月 28 日来信说:"小序写好!序言是 8 月 27 日上午 10 时发挂号的原稿,大概 7 页(每页 300 字不到)。我不能另抄,又从不愿改的'花里胡哨',不得已用浆糊贴几个字吧!"当我们将序文排出后,寄他审定,他又在校样上改了两个字。这两千多字的序言经过他反复推敲,言简意赅,无甚浮词,凝聚了他的一番心血,也表现了他对编辑学著作出版支持的一片热心。

戴文葆部分著作

由于工作的关系,我与戴先生相识 16 年来,在编辑工作和编辑出版专业教学工作中遇到好多问题,经常向他求教。平时书信来往不断,电话联系频繁,有时登门求教。在他 60 多年的编辑生涯中,他那对编辑事业的执着追求、甘于奉献、博学多才、见解深邃、治学严谨、办事认真、对人热诚亲和、乐于助人的精神给我留下深刻印象。戴先生虽然去世了,但他的崇高的思想却永远留在人间。我决心以他为榜样,努力做好编辑出版专业的教学工作,以优异成绩来告慰戴先生。

原载《中国编辑》2008年第6期

编辑业绩卓著　风范永存人间

——读《光辉曲折的编辑生涯——戴文葆先生90诞辰纪念文集》

在中国当代出版界,提起戴文葆先生,无不众口一词称赞他是一位杰出的编辑家、出版家和著作家。先生于2008年9月7日去世后,回忆悼念他的文章频频见于报端。为全面缅怀记述展示他一生的编辑业绩,适值2012年10月当他90诞辰之际,人民出版社编辑出版了《光辉曲折的编辑生涯——戴文葆先生90诞辰纪念文集》一书。(以下简称《纪念文集》)

本书汇集了包括戴先生的家属亲属、生前同事好友以及后学者51位作者的回忆文章共35万字,从多角度、多侧面、全方位地展示了作为杰出编辑家、出版家、著作家戴文葆先生的光辉形象。它使我们触摸到一个开宗师、导风潮、站在文化发展的高度引领出版导向的大师级的编辑人物。

《纪念文集》的出版有深刻的历史与现实意义。

一、真实地再现了编辑大师戴文葆先生卓著的编辑业绩

判断评定一个编辑家,首先看其在编辑出版活动中是否编辑出版了对文化积累、传播,推动文化建设前进具有重大意义的

标志性的传世之作。戴先生被公认的是善于处理有关国际问题、政治和文史领域范围广、高难度的书稿。他在人民出版社、三联书店、中华书局和文物出版社期间,陆续编选了《宋庆龄文集》《宋庆龄书信集》,协助范长江编辑了《韬奋文集》(三卷本),主编和编辑了《胡愈之译文集》及《胡愈之出版文集》,帮助吴晗整理了300万字的《朝鲜李朝实录中的中国史料》,改编校勘了《谭嗣同全集》,编辑了《严复文集》,编校了王芸生的《六十年来中国与日本》并新编其中第8集,参与编辑了《蒋介石言论集》等难度大有重大影响的图书。他对编辑工作极为认真。正如曾彦修所说:"他一生凡事认真到底,决不拖泥带水,决不留下滥尾巴,叫别人去收拾,因此,凡是经过老戴之手发出去的东西,一般均叫人比较放心。"他在从事编辑工作之余,还勤于写作。先后出版有《国际形势读本》《新颖的课题》《月是故乡明》《号角与火种》《寻觅与审视》《射水纪闻》等。

  彰显一个编辑大师功德的另一个标志是,不仅善于编辑出版标志性的杰作,还要在编辑出版理论上有独特的建树。戴先生是一位实干的编辑家,又是一位思想者,具有学者型、研究型完美相结合的特点。他16岁涉入编辑领域,从事编辑出版工作60多年。他阅历丰富,见多识广,博古通今,学贯中西,加之勤奋好学,学识渊博,号称"活字典";他编辑经验丰富,善于思考,富于创新,敢为人先。他对编辑思想、编辑理论、编辑出版史有很深的研究。他是我国编辑学研究的倡导者和先行者。他身体力行,为编辑专业和编辑培训班的学员讲课。改革开放以来,他不同凡俗撰写的研究编辑学的文章有30多篇,为编辑学的建立发展做出了重要贡献。

  作为编辑家的戴先生的另一贡献是奖掖后学,乐于助人,热心扶持青年。许多青年编辑向他求教,他总是循循善诱,有问必答。他希望青年同志要多读书、爱交游、勤动笔,成为青年人的座右铭;

众多青年学子出书请他作序,他有求必应,一丝不苟,认真去写。他常通过书信同青年切磋,交流编辑经验。他的无私奉献精神很受青年爱戴与尊重。

二、拨乱反正,还原一个真实的戴文葆

由于历史的原因,戴先生一生坎坷,历经磨难,屡遭厄运。他高中毕业后,在国民党的一个县政府情报室工作半年之久,后感到那是一个很坏的机构,不愿同流合污,就给堂兄写信逃脱出走。这本来是他一生中的一段"一般经历",但在历次政治运动中被抓住不放。1955年在肃反中被怀疑为"特务""历史反革命"。以后的灾难一个接着一个,1957年被错划为右派。从此走上了6年劳改、两年编外人员和"文革"时期流放家乡十年的苦难人生。他虽饱经磨难,但对党忠贞不贰,在困难面前不甘沉沦,精神不倒。对戴先生的20年经历,局内人清楚,局外人似乎不十分了解。《纪念文集》曾彦修撰写的《"戴文葆事件"真相》、殷国秀撰写的《沉冤终于昭雪——记我参加查证戴文葆同志两段经历》以及所附的《戴文葆1940年给堂兄戴沐华的信》,作者以当年戴文葆专案组见证人的身份,向世人昭示,20世纪50年代困扰戴文葆的所谓历史问题得以彻底澄清。这就还原了一个真实的戴文葆,也消除了人们对戴先生历史问题的疑虑。

三、提供了值得重视的有价值的文献史料

《纪念文集》用相当大的篇幅介绍评析了戴文葆先生身处逆境,在极端困难条件下,十年流放家乡江苏阜宁撰写的反映家乡政治、经济、文化、历史等的《射水纪闻》一书。这"是一部有特殊意义

的近现代历史著作,需要给予重视与研究";"戴文葆能够在那劫难随时而至的特殊岁月平安度过,为今人和后人留下一部有历史价值和现实意义的《射水纪闻》是值得庆幸的"(宋木文语)。从《射水纪闻》中,不仅看出了戴文葆先生的人品学品,为人的高尚风范,和中国知识分子的优秀品德,也为研究如何撰写地方志和研究编辑家戴文葆的一生提供了有益参照。

原载《中国出版》2013年第20期

集编书著书评书于一身的编辑出版家徐柏容

"我的一生,除了读书之外,还是离不开书——既撰文著书,也编书出书。学习,工作,都是与书为伴"。这是徐柏容先生对自己一生从事编辑出版工作的简洁概括和真实写照。他从事编辑出版工作七十余年,是一位为编辑出版事业而生,为编辑出版事业而死的一位大师级的编辑出版家,是中国当代出版史上集编书著书评书于一身的编辑出版家。他对编辑出版事业的贡献是多方面的,他所积累的编辑出版经验是丰富宝贵的。从他身上,我们

徐柏容(1922—2014)

看到了老一辈编辑出版家所具有的崇高品质,感受到了他热切关注出版事业发展的满腔热情。

徐柏容(1922—2014),江西省吉水人,1944年大学毕业,获法学士学位。中共党员,编审,中国作家协会会员。早在20世纪30年代末40年代初,就从事报刊编辑工作。50年代初由《新华日报》调至天津做出版工作,先后负责过天津通俗出版社、天津人民出版社、天津百花文艺出版社的书刊编辑工作,曾任百花文艺出版社副社长。此间,与别人一起创议、构思"百花散文书系"和《散文》

《小说月报》选刊。这是他编辑出版工作的巅峰之时。1988年离休后全力投入编辑学、书评学研究,先后出版文艺作品和编辑理论著作20多部。1991年享受国务院颁发的政府特殊津贴,1995年获"韬奋出版奖"。

执着编辑书刊　终生献身出版

早在1938年,徐先生在上高中之时就先后担任学校出版的一份宣传抗日救国的刊物——《抗敌》半月刊的社长、主编,稍后又编辑宣传抗日的综合性月刊《四友》。上大学之时编过《诗歌与木刻》月刊,后来又主编过《诗时代》《文艺阵地》等。20世纪50年代初,在天津人民出版社和百花文艺出版社从事书刊编辑工作。这个时期他和其他同志一起倡议、构思创办《散文》《小说月报》选刊取得的成就尤其突出。

办起一个刊物就是举起一面旗帜,弘扬一种精神,宣传一种思想,倡导一种社会风尚,造就一批新人。为办好刊物,编者要有明确的办刊宗旨,要有一个如何办好刊物的规划。百花文艺出版社"文革"前就以出版"小开本散文丛书"和散文而被读者称为国内"散文一枝独秀"和"散文出版重镇"。"文革"结束后,根据读者的强烈要求,恳望出版社尽早恢复繁荣散文出版。作为当时"复社筹备小组"重要成员之一的徐先生,在广泛听取各方面意见的基础上,起草了一份《散文》月刊的编辑计划。这个计划包含了编辑目的、编辑方针、读者对象、编辑原则、栏目设计、刊物特色等。其中突出提到创刊《散文》月刊的根本目的是振兴散文,繁荣散文创作;其读者对象为散文爱好者,其中以高中文化程度的散文爱好者为主要读者对象;在编辑工作中处理好百花齐放与刊物特色风格矛盾统一、多样化与主潮矛盾的统一;在刊物特色上做到高格调、高品质,又百花齐放。为了显示刊物的风格,封面白底,除刊名期号外,只用浅色轮换印上梅、兰、竹、菊的水墨画;文内题头图等用线条白描画,封二每期都刊用速写画,封三每期都用版画,封四则是新书刊信息。透出一股清秀活泼、秀而有骨、丰而有肉,出自性情而贴近生活的气息。

徐先生不愧是一位办刊的行家。经他草拟的《散文》出版"计划"在编辑实践中取得了巨大成功。功夫不负有心人。"《散文》是1980年1月创刊的。一出版就受到读者的热烈欢迎,几万册很快脱销。以后每期飚升,不几月后就发行到两位数,还不足供应,在各地形成高价出售的黑市。第一年的期发行数最高达到二十多万份"①。真正实现了繁荣散文出版与书刊互补共济的目的。由于《散文》重视发表老中青作家不同特色风格的散文作品,受到作家的广泛赞誉。著名作家茹志鹃曾对《散文》的编者说:"我虽然不一定能马上给你们稿子,但我祝愿《散文》一定办得好的。要办就要办出高品位,办出自己的风格来。只要真正有品格,有良好的风格,就会立得住,就不愁没读者喜欢。"②实践证明了这一预言。

在徐先生的引导下,百花社以散文出版为特色,延伸拓展了散文系列丛书。"在推出《百花散文书系》后,还有《外国名家散文丛

---

① 徐柏容:《〈散文〉月刊的创意与编辑构思》,《出版史料》2013年第1期。
② 石英:《忆及〈散文〉创刊时》,《传媒》2001年第3期。

书》《台湾散文丛书》《中国杂文大观》等等……百花社的散文出版基本上囊括了古今中外的散文名家、名作,形成了整体化、系列化的优势。几代人长达数十年的孜孜以求,终于奠定了百花社在出版界的'散文盟主'地位,'看散文找百花'成为许许多多文艺青年的共识"①。

作为编辑出版家的徐先生,凭借自己丰富的文化知识和长期的编辑实践,善于标新立异,常发奇想,在编辑出版工作中永不重复自己而走别人的老路。他勇于走新路,敢为天下先,注意扬长避短,独辟蹊径闯新路。经他倡议创办的《小说月报》取得的极大成功是他编辑思想的具体表现。

新时期以来,全国各地恢复和新办了许多影响大的文艺刊物,百花社也在考虑创办文学刊物。究竟办个什么样的文学刊物。徐先生根据自己年轻时就常读《文摘》和《文选》之类书刊的感受,运用《文摘》杂志和"文选"书二者相结合的思维方法,创办以前未曾有过的文选性期刊《小说月报》。根据这一创意,确定了《小说月报》选刊的办刊宗旨和目的,决心办成一份能反映当代中短篇小说创作成就,富有可读性的能供读者阅读欣赏外,还要把它办成当代中短篇小说创作成就的活的历史册页,使其积累当代中短篇小说创作具有代表性的完整史料、素材,成为当代中短篇小说史上具有概括性、代表性的文库、成为一部新的当代中短篇小说史。从这点看,《小说月报》选刊的价值远远超出了一般文艺期刊的作用。

作为一种选刊的《小说月报》,并不是简单地把别的刊物上发表的中短篇小说拿来凑合在一起。为了使读者省时、省事、省钱,并能读到精品小说,编者还创造性的使其选入的小说作品在原有的基础上再增值,即对所选定二次刊出的作品进行认真的必要的再度编辑加工,包括纠正原作中的错别字、不当词语等失误的改

---

① 顾传菁:《缅怀徐柏容先生》,《中国编辑》2014年第6期。

正;重新补加新绘制的优秀插图,赋予作品新的意义,增加读者阅读兴趣;编者还按系统结构原则,使一期杂志成为一个子系统,一年杂志成为一个中系统,历年杂志成为一个大系统,实现诸作品效益之和大于原刊杂志效益之和而增值。

为了给读者研究者提供方便,《小说月报》还特意增设了"报刊小说选目"栏目,刊载近期比较优秀而《小说月报》未能选载的其他报刊上的长短篇小说的篇目、作者、发表报刊等信息,以备读者选读"这个不大的栏目,却能起到拓展视野、延伸内涵,发挥以点带面,增加《小说月报》系统效应的作用,这也成为《小说月报》的一个亮点"①。《小说月报》1979年12月出版,当即受到读者好评。原中国作家协会副主席、《文艺报》主编冯牧赞誉它"是个很有特点,独一无二的刊物……这是个代表中国当代文学水平的刊物"。作家浩然评价说:"让读者和研究者花少许的钱,用少许的精力和时间,就能看到出现在全国各地报刊上出类拔萃的好小说;让作者创作的好小说,能有机会与更多的读者和研究家见面,这真是一桩功德无量的事!"②《小说月报》出版四期之后,就收到来自全国各地读者来信两千封,大多都是对刊物出版表示欢迎

---

① 徐柏容:《回眸〈小说月报〉的创刊》,《中国编辑》2006年第5期。
② 李子干:《红杏出墙赖春风——〈小说月报〉漫议》,《编辑之友》1992年第2期。

的。山东淄博二中图书馆在给编者的来信中说:"我校图书馆是《小说月报》的长期订户。我们全校师生很喜欢《小说月报》,每当新的一期《小说月报》到来,人们都争先恐后先睹为快、爱不释手。特此谢谢编辑部的同志们。"①守卫在浙江海岛上的一位边防战士在给编辑部的来信中说:"很希望在这远离大陆的小岛上也能订上一份受人欢迎的《月报》……如果你们出于对子弟兵的关怀,想方设法实现一个海防战士日夜盼望的梦想,我是万分感激的。"②有的读者因在邮局订不到《小说月报》,不惜以高价在黑市上去买这份刊物。

《小说月报》创办的成功,一方面坚持为人民服务、为社会主义服务和"双百"方针,同时也与创办者独特的新的办刊思想及瞄准读者和市场需要有直接关系。这当中蕴含着编者特别是徐先生的心血。

编研有机结合　　成果卓著喜人

在我国现当代出版史上,曾涌现了一批像茅盾、叶圣陶、赵家璧、韦君宜、秦兆阳等既是杰出的编辑出版家,又是专业功底深厚、文艺素养高、学识渊博的著作等身的专家学者。徐先生编辑出版工作时间之长,成果卓著,同时又是一位文艺创作和出版理论研究有机结合,取得重大成就的著名著作家。

编辑的主要任务是编好书,但在作好编辑工作的同时,还要不断地读书学习,开展学术研究,一来可以增长知识,了解信息、开拓视野,以研促编;二来可以体验创作者的甘苦,以利编辑工作。徐

---

① 李子干:《红杏出墙赖春风——〈小说月报〉漫议》,《编辑之友》1992年第2期。
② 徐柏容:《回眸〈小说月报〉的创办》,《中国编辑》2006年第5期。

先生在繁忙的编辑工作之余,一直坚持勤奋写作,几十年如一日,正如编辑家钟叔河所说的:好编辑是编出来的,也是写出来的,好的编辑要有两支笔,蓝笔自娱,红笔编文。徐先生用好两支笔,做到编辑创作双丰收。他的著作大体上可分为文艺创作主要是散文、诗歌;学术著作主要是编辑学研究。

徐先生爱好文艺,酷爱文艺创作。早在20世纪30年代上高中之时就给多家文艺刊物投稿。1939年就出版了他的小说集《原野之流》和报告文学《通讯剪集》。1940年出版了抗战题材的小说《新婚之夜》,1984年出版了散文诗《阳光的踪迹》,1995年出版了随笔集《伊甸园的禁果》,1996年出版了散文集《南国红豆寄情思》等。在众多文艺作品中,他的散文成就尤为突出,其特点是清新文雅,语言顺畅,蕴含深刻哲理,把古代文论中的道理融入作品之中,读后给人留下了回味无穷的印象。由于他抗日战争时期创作成就突出,在纪念抗日战争50周年之时,被中国作协批准为337名"参加抗日战争老作家"之一。

20世纪80年代初,徐先生离休后,把主要精力投入编辑学的研究,先后出版了《杂志编辑学》《期刊编辑学概论》《期刊:长流的江河》等。在图书编辑方面出版有《书籍编辑学》《论编辑规律与编辑出版》《编辑创意论》《现代书评》等十几种,500多万字。他是编辑学发展的推动者与倡导者。在编辑学研究领域里,他是著述最多的专家。

徐先生编辑学著作显著的特点,是把编辑工作放在文化与时代背景下,多角度、多侧面论述编辑学的理论,理论联系实际,富于创新,成一家之言。仅就以下几书略加叙述。

《期刊编辑学概论》。全书分为22章,从期刊的起源、功能、期刊工作的方针与任务、总体编辑构思、期刊的审稿等都作了详尽的论述。有的专家评论认为本书"在理论与实践的结合上达到较高水平。理论部分不止于大道理的论述,既有根本的理论价值,又有现实的针对性。应用部分亦不只是局限于实际操作,而且触及事物的本质规律,不仅使人知其然,而且知其所以然。他不仅可供大学选用,对于在职自学,无疑也是一本理想的读物"①。另有专家评论说:"以个人丰富实践经验和大量理论概括为基础,作了全面、详尽的阐述。并且不回避可能引起的不同意见(如期刊编辑学性质等),提出明确的观点。在理论与材料结合的深度和广度方面,在总结期刊编辑史的优良传统和成功经验方面,也作出了新的努力。全书具有鲜明的我国社会主义特色,可以说在很大程度上反映了目前期刊编辑学的研究水平,标志着期刊编辑工作从无学到有学的一个新阶段。"②

徐先生除了出版几部期刊编辑学方面的著作之外,还出版了图书编辑学系列丛书,即《编辑创意论》《编辑选择论》《编辑结构论》《编辑优化论》及《书籍编辑学概论》等,其中以《编辑创意论》最引人关注。

徐先生的整个编辑出版活动和理论研究都具有一种"采玉上山巅,探珠入深海"求深求新的精神。《编辑创意论》一书突破了以选题、组稿、审稿、加工……微观编辑工作流程的一些陈套,强调"编辑工作从本质上说是创意、选择、结构、优化工作,它们都是贯穿于编辑工作全过程的。所以,本书的体系不按照传统的做法分选题、组稿、审稿、加工等环节对书刊编辑过程作线性的论述,而是抓住编辑本质之一的编辑创意进行面的探讨,以通论为本,分论为辅。从体系的建构到书名的拟定都使读者感到耳目一新。过去曾读过一些涉及出版物创意的文章,但以编辑创意为中心并把它作为一种理论体系的重要组成部分来论述的书,这是我看到的第一

---

① 孙五川:《一本有鲜明特色的好书——读徐柏容的〈期刊编辑学概论〉有感》,《编辑学刊》1997年第1期。
② 吴道弘:《评徐柏容著〈期刊编辑学概论〉》,《出版科学》1996年第4期。

本,也是唯一的一本"①。作为编辑如何做好创意工作,作者认为要有健康的心理;对事物的敏感;丰富的学识;多方面的技能,而这些只能靠学习,实践,具备才、学、识去实现了。

此外本书还有诸多亮点。如书中作者提出编辑三规律:求同、求异、求和与求同和互济规律;质量与效益同步规律;主体、客体矛盾统一规律。要把握这些规律,作者认为编辑应具有求异思维、联想思维、组合思维、换位思维、迂回思维、综合思维等,都是前人所未发的新见。

新时期以来,在我国从事编辑学研究的学者当中,徐先生可以说是勤奋著书取得成果最多的一位。他晚年把全部心血都用在编辑学研究上,他的有关编辑学著作,几乎一年出一本。他曾表示:"当只要一息尚存,就不会放下手之笔。"2003年8月间他在给友人的一封信中说:"这些年来,每年是在挥汗如雨的炎夏中写完一本书的,比'秋收'略早。但今年却无有收获了……因此我想到,思想上一放松,大好时光就流失,堪为鉴戒。"②这种一息尚存,惜时如今,活到老,学到老,写作到老的精神是多么可贵呀!

开展图书评论　促进出版繁荣

图书评论(书评)在我国有悠久的历史。新中国建立后,党和政府一直大力提倡开展书评活动,在20世纪50年代曾一度出现繁荣。"文化大革命"中图书评论受到严重破坏。新时期以来,伴随着出版事业的繁荣,图书评论又发展起来。一方面为书评开辟

---

① 林穗芳:《编辑学研究深化的可喜成果——读徐柏容先生的近著〈编辑创意论〉》,《出版科学》2000年第4期。
② 毛鹏:《徐柏容关于编辑、书评的信》(八封),《出版史料》2010年第2期。

了发表的园地,另一方面也涌现出了一支热心书评事业的专家学者,他们把书评当作一门学问加以研究,这当中出现了伍杰、吴道弘、徐柏容、徐召勋等一批有成就的书评家。其中的徐先生是一位有多部专门论著成就突出的一位书评家。

徐先生的书评活动起始于20世纪40年代,当时就有书评文章发表。他评的图书内容广泛,有对古代图书评论,也有对现当代图书的评论。到了上世纪80—90年代,他的书评实践和积累逐渐厚重。从1986年开始他就考虑致力写书评的研究,1989年开始动手写作有关书评学的专文,1990年陆续在《出版发行研究》上刊出《书评学六论》,经过一段思考,将5万字的《六论》扩充为25万字的《书评学》,于1993年由黑龙江教育出版社出版。到了2004年,他又经过认真思考,修订出版了《现代书评学》。

《书评学》一书可以说是多角度、多侧面、立体式的讲述书评问题的一本教科书。此书共18章。前十章系统讲书评的一般原理,即书评的内部关系;后八章讲书评的具体操作即如何写书评,前者首先回答了书评是什么?作者以简明语言回答书评就是对书籍进行价值判断,包括正面、负面的价值判断;什么是书评学?作者认为书评学就是研究书评的一门学问;书评有什么作用,作者认为它在文化发展中有概括、引导、净化作用;书评还有扶持、端正出版方向,对出版工作的其他环节如编辑、印刷、发行具有补充、共济意义。作者将书评的功能归结为认识功能、学术功能、教育功能。具体一本书以什么标准去评价,作者联系古今中外图书出版实际,提出了六项标准:政治性标准、道德伦理性标准、学术性标准、科学性标准、艺术性标准、编辑出版质量标准等。

书的后半部分,重点讲书评的写作。作者重点讲了书评的主体即编辑人,应责无旁贷的热心书评的写作。作者把书评和编辑形象地比喻为孪生兄弟。因为编辑和作者共同参与了书稿的"制造"。"编辑都是书籍的第一个读者"。因此"编辑写书评有许多其他人可能不具备的优越条件"。编辑可以"比其他书评对此书有更深刻更广泛的了解……这些都是其他书评者、读者难以具有的"。加之编辑"对出版界、对图书出版情况的了解,都较诸他人更多、更方便。编辑所具备的这种优越条件,使他仿佛是天然的书评者"①。徐先生借助这些优势,带头写书评。为了写好书评,作者强调书评作者应有优良的品质、渊博的学识、专业修养(包括书评学的、编辑出版学的、语言文字修养),为此,书评者要为选好书、评好书而读书。书评者在专业方面不一定高于作者,而在文化素养方面要高于作者,才能真正对书作出准确的价值判断。最后作者还对书评的具体写作方法作了阐述。

《书评学》既有理论的深度,又有实际的可操作性。"在诸多书评学理论中,徐先生的《书评学》是最新的、最系统的一种""这是百花园中一朵新花,是书评理论阵地上的一朵灿烂的新花"②。"他的书评学是来自实践,从实践中体会,一点一滴地总结积累,逐步地层层提升,绝不是独坐幽篁的空想。这就形成了他书评学的独特风格和特色;理论和实践、宏观和微观融为一体,层次清楚,实际、实用、易懂,可操作性强"③。

徐先生的一生是奉献社会的一生,他以自己的实际行动,实现了自己的人生价值。我们从他身上可以学到许多宝贵的东西。

一、徐先生生于乱世,从青年时代就投身编辑出版工作,直到他去世达70余年,跨越两个世纪,其中工作岗位屡经多变,但他坚守编辑出版岗位一直未变,真正到了狂风雨打心不动,摧残折磨志不移。他能安下身,静下心,心无旁骛,把出书当作一生的事业,专

---

① 徐柏容:《书评学》,黑龙江教育出版社1993年版,第149—151页。
② 伍杰:《徐柏容〈书评学〉序》,黑龙江教育出版社1993年版。
③ 伍杰:《中国书评60年》,《百年书评史散论》,河南大学出版社2010年版,第251页。

心致志地做好出版工作,他把一生奉献出版事业的精神是我们学习的榜样。

二、徐先生对编辑出版工作中的各个环节,都能一丝不苟、认真负责,严把质量关。"我一进入出版社除短期担任责编、二审外,长期都担任三审,但是,我不论是担任二审或担任三审任务时,对稿件也都是通读而不是抽读,更不是不读,不但读,而且和责编一样,写具体修改加工意见……绝大多数经过责编加工后待发的稿件,我也不仅又通读全稿,同时也再做必要的加工""待到清样出来,许多重要稿件或排校过程长的,为避免因客观形势或政策的变化而造成失误,往往我还要通读一遍……几十年日积月累下来,已难以计算编过多少书了。当然,这样做付出的也不知要多多少,十分辛苦。不过也锻炼了自己,能够获得更多的经验、教训,精益求精的责任感使自己只能如此做"①。这才使他责尽心安。他之所以这样做是因为他把质量看作是出版物的灵魂,这种对图书高度负责的精神是我们今天编辑人学习的榜样。

三、徐先生在编辑工作繁忙的情况下,他从不休闲,长期坚持读书、编书、著书、评书,笔耕不止,硕果累累。他对自己的众多成果不断追求、着意创新,受到出版界同行的赞誉。最难能可贵的是他的一些成果是在极其艰苦困难条件之下完成的。在"文革"期间,徐先生被关进"牛棚",一些人把他当做"黑点子"最多的"黑店老板"残酷批斗;和他风雨同舟的老伴以莫须有的罪名,遭到诬陷后难以忍受而含冤自尽。之后在长 20 多年里徐先生过着孤独生活。正是在他晚年最艰难之时,倾尽全部心血,用到编辑理论研究之中,这种积极向上,刻意求新的精神实在令人敬佩。

---

① 徐柏容:《麝墨犹湿古香溢——我与书的因缘》,《出版史料》2009 年第 3 期。

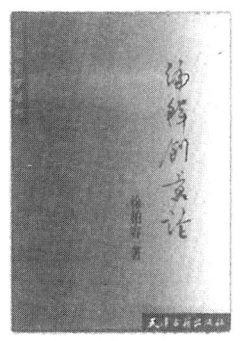 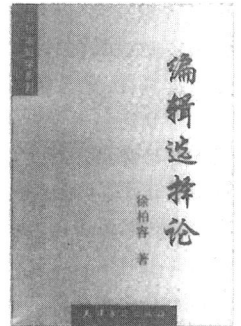 

徐柏容所著图书编辑系列书影

徐柏容所著期刊编辑系列书影

原载《出版史料》2016年第2期

献身出版五十年　业绩卓著世人赞
——记有胆识有远见重实干的出版家宋原放

宋原放（1923－2005）

柳斌杰在为《中国出版界社长总编辑回忆录丛书》所写序中说："在我国出版事业改革发展中，涌现出一大批优秀的出版社，这些优秀出版社的社长总编辑作为领军人物，在推动出版事业改革发展中呕心沥血、开拓并进、敢于担当、辛勤耕耘，作出了卓越的贡献。总结传播他们的出版实践、发展理念和工作经验，也是从一个侧面，鲜活地反映中国当代出版业的发展进程，为后来者留下一份精神遗产。"①原上海人民出版社社长兼总编辑宋原放正是这样一位当之无愧的出版社的领军人物。著名出版家陈原曾饱含深情地这样描述宋原放："我深深体会到一个有志的知识分子'迷'上他的事业时，是如何的意气风发，如何的锲而不舍，如何的刻苦钻研。后来，九十年代了，我在香港对一群总编辑们讲出版工作时，我讲要做好这一行工作首先得变成'书迷'；我讲话时泛出的形象是老宋（宋原放）：他不止是书迷，而是实实在在的'出版迷'。他做编辑，做编辑

---

① 柳斌杰：《当代职业出版家的风采》，《中国新闻出版广电报》2015年8月10日。

主任,做总编辑;做出版行政工作,管书,管人,管出书出人,还管'关系'。当他退出第一线以后,他仍然继续前进,他全身心扑到出版的理论研究和出版史的研究上。他办杂志,积累出版史料,培养编辑人才。他甚至要建立一门新的学科:出版学,编辑学,或者说,我们这个时代的出版学和编辑学,带有中国特色的社会主义出版学和编辑学。他以他的文章和研究成果,教育了新的一代出版工作者,同时也激励了老一辈的出版工作者。"①(以下引文凡未注明出处者均引自宋原放著《出版纵横》一书,上海人民出版社1998年版)。陈原这段话高度概括了宋原放在50多年的出版工作生涯中,热爱党的出版事业,忠于职守,刻苦学习钻研出版理论,务实肯干,全身心投入出版工作而取得卓越成就的出版家的丰功伟绩。实践验证了陈原的这一真实的评价。

宋原放(1923—2005),江苏扬州人,1941年参加革命,1942年加入中国共产党。1944年起,先后在苏中《前哨报》、《苏中报》、新华社苏中分社、苏中出版社、华中新华书店编辑部等担任编辑和记者。1949年5月后,曾任华东新华书店编辑副主任和华东出版委员会编审室副主任,华东人民出版社和上海人民出版社副社长兼总编辑,上海人民出版社社长兼总编辑。1980年后任上海出版局局长,1983年至1985年任上海出版局党委书记,1986年离休。他曾是中国出版协会第一届理事、第二届副主席,中国版协老出版工作者工作委员会副主任,上海版协第一届副主席、第二届主席,上海市编辑学会会长。1996年获中国版协授予的"伯乐奖",2003年获第八届"中国韬奋出版奖",他是新中国60年百名优秀出版人物。其主要著作有《出版纵横》《中国出版史》(与别人合著)《上海出版志》(与别人合编),任《简明社会科学辞典》主编,十卷本《中国出版史料》主编等。

---

① 陈原:《〈出版纵横〉序二》,上海人民出版社1998年版。

荣获第八届"中国韬奋出版奖"的宋原放与中国出版工作者协会名誉主席宋木文(左一)、主席于友先(右一)在颁奖大会上合影(照片选自方厚枢《编辑之歌》一书,首都师范大学出版社2010版)。

倾心尽力出好书

作为上海人民出版社和上海出版界的领导人,宋原放对如何发挥上海的出版优势,搞好上海的出版工作,提出并制定一系列行之有效的计划和设想。

在出版史上,凡是一家优秀的出版社,都是由于出好书、精品书而闻名于世的。好书是一个社生存的生命线。只有好书、精品书才能最大限度地满足读者的文化需求,才能发挥图书在文化建设和经济建设中的作用。出好书、精品书的传世之作是出版人的终生追求。对一个出版社来说,出好书是一个综合系统工程。需要调动全社各方面齐心协力才能完成。这当中编辑的作用、作为出版社的领军人物社长总编辑的作用尤为重要。

要出好书,出版社就要造就一支政治思想好、业务精、素质高的编辑队伍。但兵在将领,更需要有一个政治理论水平高,热爱出版事业,懂得熟悉出版工作,了解图书市场,善于经营管理的社长总编辑。一个出版社的社长总编辑是一个社的掌门人,是引领全社工作的决策者和总设计师。一个出版社的兴衰存亡在很大程度上取决于掌门人的总体智慧、才能与领导艺术。事实上掌门人的思想学识,品德修养都会在出版物上或隐或明显现出来。从这个角度讲,掌门人就是出版社的影子和一张名片。

宋原放青年时代就投身新四军革命大熔炉,经受过严酷的革命战争的考验和革命理论的熏陶,使他具有坚定的马克思主义的信仰,献身共产主义事业的崇高理想。他在革命活动中做过报刊图书编辑工作,比较熟悉出版工作,加之他爱学习,工作泼辣大胆又讲究实效,这当然是一个比较理想的出版社的掌门人。由于他在领导出版工作中方向明确、思路清晰、措施得力,使上海人民出版社成为全国有重大影响的出版社。

方向明确。方向明,决心大,是事业成功的保证。早在改革开放之初,宋原放就明确出书的指导思想。"出书的指导思想,总的来说,要面向我国社会主义现代化建设,适应它的需要,积极为它服务……出版工作是建设精神文明的重要条件,我们要按照社会主义精神文明建设的需要,切实制定规划,组织图书出版……我们的出版物要为两个文明的建设服务,要紧密结合我国社会主义现代化建设各种需要,首先是当前的需要,注意加强可以直接应用的部分,把精神文明和物质文明联结起来,更好地推进我国社会主义现代化的建设"。这一明确的出版方向和指导思想,贯穿在他的全部出版活动当中,并取得成效。大批宣传马克思主义、毛泽东思想,宣传党的方针政策普及文化科学知识的图书陆续出版。

思路清晰。为了贯彻这一正确出版指导思想,在出版活动中他提出了要有自己的清晰思路,做到胸中有全局,步步有着落。为此,要妥善处理好几个关系。

第一,数量和质量的关系。他提出"在出书的数量和质量上,要坚持质量第一的原则。一本书要顶一本用,不要浪费读者的金钱和光阴。数量要以保证质量为前提"。"一本书无论是思想内容、装帧设计、印刷装订,都要精益求精。上海在编辑力量、印刷技术等方面有较好的基础和条件,要充分加以运用,多搞些大部头、高质量的东西,有计划有重点地出版一些内容丰富、印刷精美、能代表一定水平的成套图书、文库、大型工具书等"。这些意见是对当时在社会上流行的一时只顾数量不顾质量大量平庸书盛行的情况下提出的尖锐批评。它对保证上海人民出版社重质量多出好书起了重要警示作用。

第二,经济效益与社会效益的关系。出版社作为企业,当然要考虑营利,注意经济效益。经济实力强大是办好出版社的物质基础,有利扩大再生产,也有实力支撑出好书。但作为文化产业的出版工作决不能只强调经济效益而忽视社会效益。宋原放明确提出"经济效果要服从社会效果""从出书来说,应该首先考虑社会效果,如果经济效果和社会效果发生矛盾,前者必须服从后者,决不能一切以营利为目的""有价值的书,即使印数少而亏本,也应出版"。一家出版单位,不顾社会效益,一味追逐经济利益就会迷失方向。习近平总书记2015年10月在文艺工作座谈会上的讲话时强调:"一部好的作品,应该是经得起人民评价、专家评价、市场检验的作品,应该是把社会效益放在首位,同时也应该是社会效益和经济效益相统一的作品。在发展社会市场经济条件下,许多文艺产品要通过市场实现价值,当然不能完全不考虑经济效益。然而,同社会效益相比,经济效益是第二位的,当两个效益、两种价值发生矛盾时,经济效益要服从社会效益,市场价值要服从社会价值。文艺不能当市场的奴隶,不要沾满了铜臭气。"[①]这一论述对我们

---

① 习近平:《在文艺工作座谈会上的讲话》,《光明日报》2015年10月15日。

在出版工作中如何处理经济效益和社会效益指明了方向。实践证明,在出版工作中文化是目的,经济是手段。经济利益的获取,要服从文化这一目的。出版人应把出版具有文化积累传承意义的传世之作作为自己的神圣职责。"一个出版单位,如果拿不出经得起读者检验的确有文化价值的出版物,如果拿不出立得起来、传得下去的出版物,就算赚钱很多又能怎样?当代中国的出版产业,如果拿不出足以代表我们的国家和我们的时代,能够传播四方并且传之后世的出版物,怎样向历史交账?许多庸俗无聊却可以大发其财的出版物,热闹一时;待到时过境迁,烟消云散,除了成堆废纸,在文化上还能留下什么?"①此话值得我们出版人深思。

第三,提高与普及的关系。上海人民出版社多年来,高度重视出版高层次有重大影响的学术著作。宋原放认为在改革深化,开创社会主义新局面过程中,加强学术著作的出版是一个应该特别重视的问题。"妥善解决这个问题,不断提高图书质量和学术水平,正是出版界应该承担的社会责任。这个问题如果不加注意,就可能出现'经济发达,文化衰退'严重不协调现象"。他为什么如此重视学术著作的出版,是因为"真正的学术著作是高质量书籍的同义语,代表国家、民族、时代的文化精华,是社会精神文明的重要组成部分。这些书籍的出版应该是我们国家首先是出版界的重要任务之一"。这些意见和看法显示了宋原放的博大气魄和远见。在这一思想指导下,上海人民出版一直坚持出版一大批在学术界有重大影响的能代表国家水平的学术著作。

出版重大的学术著作需要出版人有眼光、有胆识。1978年刚粉碎"四人帮"不久,宋原放重新出任上海人民出版社长兼总编辑。他除了抓领导班子建设外,一个重要工作就是抓学术著作特别是

---

① 刘杲:《出版:文化是目的 经济是手段——两位出版人的一次对话》,《出版笔记》,河北教育出版社2006年版,第125页。

有影响的重大选题。"白寿彝教授倡议主编一部多卷本的《中国通史》的宏伟计划,我立即同意列入重点选题,指定专人联系"①。当时白先生已是70岁的老人,他把撰写中国通史作为历史和时代赋予的神圣使命。经过20年的磨砺打造,到1999年第一部大型的12卷22册1400万字的《中国通史》终于在上海人民出版社出版。出版后引起强烈反响,也受到国家领导人重视。江泽民专门向白寿彝发去贺信。著名史学家戴逸认为:"这是一部空前的巨著,是20世纪中国史学界的压轴之作。这是白老心血所萃,是对学术界的重大贡献,是他献给本世纪的珍贵礼物。"②据当时负责和白寿彝联系出版工作的王界云回忆:"可以说,没有宋原放同志当年历史性的'一锤定音',很难想像会有1999年上海出版史的这辉煌一页。"③上海人民出版社早在1954年就出版了李亚农的《西周和东周》《中国奴隶制社会》,1957年又出版了周谷城的《中国通史》。在后来一段相当长时间陆续出版了杨宽的《战国史》《春秋史》《西周史》,吕思勉的《读史札记》,漆侠的《宋代经济史》,冯契的《中国古代哲学的逻辑发展》。另外还出了"中国近代史资料丛刊","盛宣怀档案资料选辑"等。这些图书都产生了重大影响。

另外重视出版宣传马克思主义、毛泽东思想和党的方针政策的政治理论读物,以满足广大群众需要。"在政治理论读物方面,印数在100万册以上的达40余种,如《婚姻法图解通俗本》印行1800万册,《政治经济学教材》1980年已印1492万册(现已近1900万册),《做一个合格的共产党员》印了700万册,《马克思主义哲学基本原理》印了668万册,《中国共产党历史讲义》印548万

---

① 宋原放:《重新回到上海人民出版社以后》,《我与上海出版》,学林出版社1999年版,第271页。
② 曹小文:《白寿彝的通史情缘》,《光明日报》2016年11月17日。
③ 王界云:《胸怀博大的出版家——怀念宋原放同志》,《出版史料》2005年第3期。

册……在20世纪50—60年代编辑出版的"思想修养丛书","党的基本知识丛书",每本印数大多在200万册左右"。① 老出版家对宋原放领导的上海人民出版社所取得的成绩给予高度赞扬。"上海出版事业从建国以来以迄于今,在社会主义出版工作中的创建与贡献方面,由于历史因素与主观努力,有着积极的建树与成就。而这一切,与您的领导与擘画是分不开的。上海出版的图书,不少是具有全国意义的,其丰富多样,更有其特色"②。

为了解决图书出版周期长,较快满足读者需求,扩大出版社的影响力,1979年4月,"上海人民出版社的老社长宋原放同志,政治嗅觉特别灵敏,事业心又强。他对我们说:'解放思想,拨乱反正,实事求是,从政治上、思想上引导青年,现在有许多工作要抓紧做。我们的出版社主要是出书,组稿过程长,出书慢,难以跟上形势的发展。为打破出版的出书传统,我们可以尝试出版一种期刊,先叫"丛刊",每季出一本,以后发展为双月刊。'"③这本期刊后来起名就叫《青年一代》。刊物一创刊,一炮打响。创刊号印40万份全部售完。《青年一代》所以受到广大青年欢迎,是因为在大变革时代,顺应了时代需要。刊物定位准确,方向正确,真实地反映青年生活,探讨人生,引导青年了解社会,积极向上。所以创刊4年到1984年均期发行量527万份,名列全国将近4000种期刊发行量之首,以1988年币值计算,为出版社创利润近5000万元。《青年一代》的成功,从一个侧面显示了宋原放的远见卓识。

措施得力。有了明确的方向和思路,还要有得力的措施。宋原放工作大胆,又讲究实干。为了实现上海的出版繁荣,走在全国的前面,在他带领下采取了一系列的得力措施,以保证顺利完成出

---

① 宋存:《卓越的编辑出版家宋原放》,《中国编辑》2006年第2期。
② 《张玫、王善初致宋原放》,《出版史料》2011年第2期。
③ 何公心:《〈青年一代〉的创刊》,《出版博物馆》2009年第4期。

版任务。本着"精品取胜,力争一流"的精神,他要求在编辑工作中坚持三审制,编辑访问报告制度,书稿档案管理规则,稿件登记、定期催办并告作者等制度。为了保证质量消灭差错,各个编辑室还配备一名技术编辑,准备发排的书稿按齐、清、定要求,进行最后检查整理,切实有效保证了出书质量。

上海的印刷业和设备是比较先进的,但随着时代的飞速发展,印刷设备陈旧,印制力量不足,为此,他提出在印刷方面要调动各方面力量,成倍提高印刷生产能力,逐步向照排、胶印、联动方向发展。为解决上述诸多问题,为把上海办成具有业界先进水平的出版基地,力争用外汇购买电脑排字,更新印刷设备。

重视人才培养　善用有识之才

编辑工作是整个出版工作的中心环节。编辑是出版社的中坚力量和宝贵的资源。出版社具有一支政治思想好,文化底蕴厚,业务素质高,富于创新,了解读者,熟悉市场的编辑队伍,就能占领市场,占据出版工作的制高点。著名的出版家都十分重视对编辑队伍的培养教育,并根据新的形势变化,不断地对在职编辑人员的培训提高。宋原放在这方面具有远见并富于创新。早在20世纪50年代他就提出重视人才的培养工作,在全国率先提出"既出书,又出人",把出版社办成一个大学校的构想。为了实现这一宏伟目标,他领导社内员工坚持"每周一个半天学习政治理论,组织科室以上干部"业余时间进马克思主义夜大学学习政治经济学,自己带头参加学习。为了了解基层读者的需求,社里"组织编辑每周一天下厂下店下基层,或者连续下去几个月,接触工农,接触生产第一线。那时我常去南京东路新华书店当营业员"。为了提高编辑的业务水平,宋原放不惜工本,为社里建立一个拥有20万册图书的资料室,并办了一个内部刊物《出版业务》,给编辑提供一个总结经验,推动业务建设的平台。行胜于言。他还亲自带领资料室同志到书店选购图书。此外,为了提高编辑的实际能力,社里还采取派出去请进来的办法,邀请知名专家、出版家到社里开办业务讲座,向编辑面对面的传授出版理论知识,鼓励编辑参加学术活动并进行学术研究。对新进社的人员,不是匆忙上阵,而是先到资料室或校对科半年,以熟悉有关出版业务。由于措施具体得力,真抓实干,收到明显效果。经过几年的努力,社里一批具有较高政治和业务水平的编辑队伍迅速成长起来,还向外地输送了一些业务骨干和高级编审人员。上海人民出版社对编辑的培养教育给我们提供了有益的启示:一是对编辑的培养教育要常抓不懈常态化。因为随着形势的变化,新的事物层出不穷,要适应新的形势,编辑必须不断地学习。否则会出现知识老化,思维僵化,能力退化的问题。当今,高度信息化时代,面对数字出版向传统出版挑战,出版数字化,阅读网络化向出版人提出了新的要求。编辑人员不加强学习掌握新的技能就不能适应形势需要。二是随着出版事业的扩大发展,出版社经常会有新人进入出版单位,对这些新人必须一开始就加强培训,使其早入门,早上路,培养其工匠精神,践行出版使命,为以后顺利工作奠定一个好的基础。遗憾的是当今有些出版单位对新进社的出版人员,一开始就匆忙上岗,由于准备不足,在编辑工作中常出现这样那样的问题,这和没有经过认真培训有直接关系。

宋原放不但重视人才,下力气培养人才,还善于使用有识之才。根据邓小平尊重知识、尊重人才,"放手地用人才"的指示,本着"敢于使用有争议的专家和干部"的精神,在使用人才问题上他坚持德才兼备,重在表现,大胆使用有专业特长的有识之才。

在现代出版史上有远见卓识的出版家敢于启用因历史的原因,被错划为"右派分子",被视为"反动学术权威"的人,而他们当中有些人确有真才实学。20世纪50年代,主持中华书局工作的金灿然同志,本着为出版事业负责的精神,提出"人弃我取,乘时进用"的用人方针,吸收一批有这样那样问题而确有真才实学的人进入中华书局,开展古籍整理的研究与出版工作,取得了显著成就。在新的形势下,宋原放敢于重用古代科技史、上海史专家胡道静就是一个典型事例。

1968年,胡先生在中华书局上海编辑所被"四人帮"打成反革命,被判刑10年,1976年从上海监狱提前特赦。年已六十的他回到家中,仅靠妻子在街道加工厂的十余元和长子给家中的30元过日子。于是他向有关部门提出要求安排工作。开始给他安排的工作是在四川北路底的甜爱路上打扫马路,每月工资20元。据胡道静儿子胡小静回忆:"1979年的某一天,我接到先父的家书,说他已被借到上海人民出版社搞有关上海历史研究的读物,工资近百元。后来得知,时任上海人民出版社社长、总编的宋原放同志刚刚恢复职务不久,他了解到胡道静先生系上海史研究方面的专家……便决定与有关部门商议借用。其时党的十一届三中全会开过不久,宋原放同志能在'四人帮'活动猖獗的重灾区——上海如此大胆地启用胡道静先生,确实在出版界乃至文化学术界引起了不小的震动。胡道静先生完全是又一次获得解放的感受,实实在在这一感受是从宋原放同志领会和执行党的改革的言行中得到的。他则本着中国士人的知遇之恩,兢兢业业地投入工作。"胡小静在本文中还提到另外一事。"由于先父毕生研究宋代沈括的《梦溪笔谈》,引起了英国科学史家李约瑟的兴趣和重视。李约瑟的巨著《中国科学技术史》改变了西方学界对中国古代科技的偏见。出以对李约瑟的友谊,胡道静想编一本《中国科技史探索》,以表对李约瑟的敬意。时任上海新闻出版局局长宋原放得知这一情况后,很快组织领衔主编,为胡担任执行编辑书稿提供一切方便。正当《中国科学史探索》即将定稿时,突然传来一种论调:'中国出版界不为自己的科学家出书祝寿,却为外国人出书祝寿,成何体统?'闻知此言,先父忧心忡忡……宋原放同志得知道静先生为此而寝食难安时,不仅多次看望道静先生,还诚恳地对他说:'你放心去编,一切由我来担当!'"李约瑟是中国人民的好朋友,他为中国文化作出了这么大的贡献,已具有了世界影响,难道我们能无动于衷吗?'"①。通过上述事例,我们真为宋原放在用人上敢于担当,敢担风险,从大局出发,从国家利益出发的胆识而感佩不已。

宋原放同志尊重人才,爱护人才,大胆使用人才被后人长期铭记。2012年正值胡道静先生百年诞辰,《胡道静文集》七卷本出版之时,中国版协、上海出版局、上海人民出版社组织召开了出版座谈会,缅怀这位专家对出版事业的贡献,同时也怀念当年宋原放对胡先生的关心支持。中国近现代新闻出版博物馆的专家林丽成动情地说:"在今天这个具有纪念意义的会上,我想必须提及一位不可能在场、却对胡道静先生的命运起到关键作用的老出版人,那就是人民社的老社长、我们局的老局长宋原放先生。如今知名度很高的虹桥口甜爱路,曾是道静先生的辛酸路,那里曾有过他佝偻着身躯,与枯叶、扫把为伴的身影,是宋原放先生顶着压力、排除阻力、上下奔波,才使道静先生放下扫把、重拾笔杆,才使他在生命的最后阶段成就了治学理想,才会有今天结集出版的皇皇巨章。"②

率先创办《出版史料》

上海是近代一座对外开放较早有重大国际影响力的大城市,也是重要的科学文化中心和出版基地,在上世纪初拥有大批的新型文化人4000多人。陈昕曾说:"上海是中国近代出版的发祥地,

---

① 胡小静:《源自理想与信念的人格魅力——追记生父胡道静谈宋原放同志》,《出版史料》2005年第3期。
② 《博学于文　行已有耻——〈胡道静文集〉出版座谈会发言节选》,《出版博物馆》2012年第1期。

商务、中华、大东、世界、开明五大出版机构均诞生于此,隆盛一时。这里的编辑、出版文化土壤十分丰厚,孕育了一大批出版家、名编辑,形成了自己的品格和传统。"①"上海在百年时间里出现了近千家出版机构,书籍的出版量几有垄断全国之势,1936年仅商务印书馆、中华书局和世界书局三家,就占全国当年出书总量的71%,杂志的数量上海也占全国的半壁江山"②。如何将上海的丰富的出版资源加以发掘、整理、物化、出版,进一步积累出版文化资料,为社会主义文化建设和经济建设服务,是出版工作者的一项光荣任务。1981年初,上海市出版协会成立,宋原放担任副主席。版协成立之后,为发挥上海的优势,将收集、整理并组织出版史料作为版协的重要任务之一。经过一年的酝酿筹备,由宋原放、赵家璧担任主编的《出版史料》于1982年12月在上海创刊出版。这是研究编辑出版史及收集整理出版史料的最早的一份刊物。赵家璧在为该刊写的代发刊辞中开宗明义地说:"出版工作是一个国家文化积累的展现,也是建设我国精神文明的基石,而出版史料更是文化思想工作的历史反映。这里是一个未经深入发掘的地下宝库,出版史料的价值,不仅有关出版业本身,更重要的意义在乎它涉及到近代、现代史、文学史、艺术史、科学史等许多学科的研究工作。出版史料的搜集范围,决不限于作为中心地点的上海,而应遍及全国各地,特别是各个革命根据地。"③

《出版史料》创刊后,由于编辑人员的努力,作者的大力支持,发表了许多资料翔实、内容广泛、理论联系实际的好作品。它的栏

---

① 《博学于文　行已有耻——〈胡道静文集〉出版座谈会发言节选》,《出版博物馆》2012年第1期。

② 章宏伟:《上海开埠与中国出版新格局的确立》,《中国出版史研究》2016年第2期。

③ 赵家璧:《共同努力办好〈出版史料〉——代发刊辞》,《出版史料》1982年第1期。

目众多,涉及近代上海乃至全国各地有关史料的好文章,其栏目涉及内容:马列著作出版、出版发行研究、出版机构、出版人物、法律、法规、文献档案、大事记等近 40 个栏目。据不完全统计,创刊 10 年共出 32 期,发表不同内容、不同类型的文章 1100 余篇,800 多万字。

十年功夫不寻常,辉煌成绩世人赞。《出版史料》取得的成就受到广大读者专家的赞许。原国家出版局代局长陈翰伯认为《出版史料》"是一个难得的内容丰富的刊物……许多历史经验对于今天出版工作者还是有用的"。1992 年当《出版史料》创刊 10 周年之际。一些出版家从不同的角度总结肯定了这份刊物在收集整理出版史料,推动出版研究活动中的贡献。"它为出版工作积累了大量资料,可供出版界广大从业人员汲取营养,开拓视野,温故知新,在探索出版规律时有所借鉴"①。"它为研究中国出版史以及文化史、文学史、艺术史、科技史、思想史提供了重要的历史文献资料,裨益于多种学科研究的开展……《出版史料》以史料的真实性为特色,它刊载了许多文献、文物、档案、书信、日记以及回忆录第一手资料,得到学术界的重视"②。它"为编辑出版工作研究开拓了基地,直接或间接为编辑学、出版学的创立与发展至少是助了一臂之力"③。

《出版史料》刚过了十年刊庆,由于经济原因和其他原因,到 1993 年第 1 期就停刊了。它暂时停刊了,但宋原放对《出版史料》的深厚情缘割舍不断,他坚信这样的刊物终久会得到有关方面领导的重视与支持获得再生。他虽然年事已高,但不顾疲劳,多方奔

---

① 罗竹风:《祝贺〈出版史料〉创刊十周年》,《出版史料》1992 年第 4 期。
② 丁景唐:《十年辛苦非寻常——〈出版史料〉创刊十周年随感》,《出版史料》1992 年第 4 期。
③ 徐柏容:《创造　开拓　改革——纪念〈出版史料〉创刊十周年》,《出版史料》1992 年第 4 期。

走呼吁使其复刊。人有恒心事自成。后来在老出版家王益、王仿子的齐心努力下,2001年7月,《出版史料》在中国民主促进会所属的开明出版社以丛刊的形式出版了第一辑,以后陆续出版。2002年12月新闻出版总署批复同意《出版史料》新刊出版。在新的《出版史料》筹办中,有关人员一致推荐王仿子、宋原放为编审委员会主任。宋原放就刊物的编辑方针、栏目设置,读者对象等提出了意见。他指出,"刊物的内容应以近代及现当代出版史料为主要内容,古代的也可以介绍,但不为全刊的重点;要兼顾对中国出版业较有影响的一些国外文章及相关史料……此外,在内容上,反映史料要解放思想、客观公正,要有兼容的胸怀,如可介绍一些教会出版史料,香港、澳门及台湾地区的出版史料。选材要雅俗共赏,尽管所选史料以原始资料为第一位……"①。这些可以说为新创刊的《出版史料》描绘出了蓝图。宋原放长期从事出版工作,是一位学识渊博、业务精通、经验丰富的专家型领导干部。他为创办《出版史料》及出版事业发展殚精竭虑,作出了突出贡献,堪称出版界的楷模。如今《出版史料》正以宋原放生前所期望的那样越办越好。

---

① 黄炯相:《宋原放和他的〈出版史料〉情怀》,《出版史料》2008年第1期。

开展出版理论研究　倡议建立出版学

出版社的领导人要领导好一家出版社,在抓好图书出版经营管理之时,还要重视出版理论的研究,成为出版的真正行家。著名作家二月河从作者的角度说:"当个好的社长能够对出版规律进行总结,对自己的工作进行反思,才会让自己的工作做得顺风顺水,锦上添花。"①上海市在20世纪80年代初就成立了编辑学研究会和出版工作者协会,作为这些组织的负责人宋原放,带头开展编辑理论研究。一是自身工作的需要,二是对别人有带动示范作用。

1983年6月,中共中央、国务院《关于加强出版工作的决定》指出,为了进一步加强提高出版工作,"要建立出版发行研究所……加强出版、印刷、发行的科研工作"。这一决定,鼓舞启示广大出版工作者开展出版研究工作的热情和积极性。1983年11月13—19日,中国版协在广西召开出版研究会年会,主要内容是开展理论研究,总结实践经验,推动出版改革深入发展。宋原放在会上的发言中旗帜鲜明地提出:"为了发展出版事业,要进一步总结我们的经验,提高对我们出版事业发展的规律性的认识……为了从理论上和实践上解决这些问题,就需要建立社会主义出版学。这个历史任务应该由我们来完成,我认为现在是时候了。"这是在全国较早提出建立出版学的倡议。这一倡议在全国出版界引起强烈反响,在专家和出版界进行了两三年的热烈讨论。在1986年,他又在《编辑学刊》创刊号上发表了《关于出版学的对象和任务》中强调:"社会主义出版学是一门以社会主义出版工作及其发展规律为研究对象的社会科学。"宋原放还对出版学研究对象和任务提出

---

① 二月河:《一个作者对编辑的祝福》,《中华读书报》2015年2月11日。

了自己的看法。他认为"社会主义出版学是一门以社会主义出版工作及其发展规律为研究对象的社会科学"。"研究编辑、印刷、发行三个环节及它们之间的相互关系,研究出版事业的管理体制和发展战略,找出其中带有规律性的东西"。另外他提出出版学作为一个理论体系有三个层次即"基础理论和基本出版知识、应用理论和部门出版知识、应用出版业务和技术知识"。了解了这些东西,有助于增强出版工作者的光荣感、责任感和事业心,避免工作中的盲目性,提高执行党的方针的自觉性。

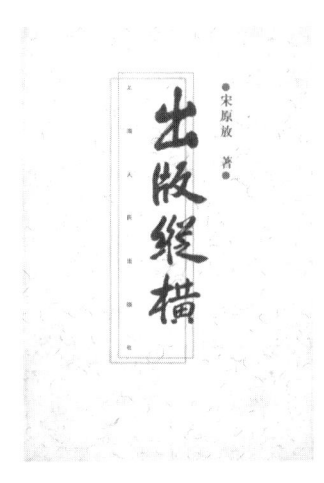

这些问题的提出是他长期从事出版理论研究的必然结果。出版家王益同志曾这样说:"原放同志如此热心于社会主义出版学的建立,不是偶然的。这与他长期从事编辑出版工作并重视培养干部有关……他在工作中深切感到在总结经验和调查研究的基础上建立一门专门学科的需要,因此在适当的气候土壤的条件下,他的倡议就明确提出来了。"刘杲同志在读了《出版纵横》一书后赞扬宋原放:"你'离而不休'。《出版纵横》是你'日夜为出版理论研究摇旗呐喊'的一项宝贵成果。出版理论研究能有今天的局面,与你的积极倡导和身体力行是分不开的。"

宋原放在出版理论研究中关于中国出版史的研究占重要地位。为什么研究出版史,是因为"人们学习出版史是为了更好地总结历史,从而更好地指导今天的出版工作……总结经验,指导当前,教育后代"。对于出版史研究的指导思想,他认为"应该以辩证唯物主义和历史唯物主义为指导,掌握出版业走过的历程的丰富资料,指明它的历史经验和规律。我们还应该借助国外的一些科学的新观点新方法,至于史料的鉴别,当然少不了考证的方法"。

宋原放是一个中国出版史研究的热心人。早在20世纪80年代,任上海大学兼职教授的他,结合编辑专业的教学,与已准备讲中国出版史的李白坚一起研究中国出版史,经过四五年的努力,由他和李白坚主编的《中国出版史》于1989年由中国书籍出版社出版。该书以文化发展为背景,对中国出版史作宏观考察,勾勒出从先秦至辛亥革命两千多年出版业发展的轮廓,为后人详细写中国出版史提供了重要借鉴。本书后还附有中国出版史大事年表(从公元前14世纪前后至1911年),为研究者提供了方便。有专家认为《中国出版史》"以出版事业的发展规律作为主要研究内容,对出版事业的各个环节加以综合论述……按出版事业本身的发展状况分有五章,从篇章结构上更突出了'出版'的特色","材料的剪裁,论述的繁简,都能注意突出重点,避免枝蔓","文字夹叙夹议,资料和论点融合一体,读来有滋有味"。①

宋原放离而不休,晚年愈热心于出版史和出版资料的收集整理,他和孙颙主编的《上海出版志》是他的另一重大贡献。

《上海出版志》记录了从出版业兴起之始,直到1988年上海近千年出版业的历史发展轨迹。全书收入出版人物300多人。宋原放本人从大量的资料中爬梳整理,撰写了"近现代上海出版家百人名录",8万多字。从上千万字的史料中整理近200万字出版志全书,分十二编,54章,198节,资料丰富,内容详实,堪称上海出版业的一部百科全书。日本出版专家吉田公彦2001年在写给宋原放的信中说:"《上海出版志》真是一部优秀的巨著。书中很好的收录着国际大城市中各位先生的共作轨迹,无论翻阅哪一页都感到津津有味。这是一部学习、了解中国近代出版的历史和现状的综合

---

① 《倪子明致宋原放》,《出版史料》2011年第2期。

性指导书,您让她问世,我真感谢您。"①

年龄愈增,精力愈盛。在完成《上海出版志》之后,1999年4月,宋原放和北京的吴道弘多次商议新编一套出版通史性质的《中国出版史料》10卷本。本书由他任主编,古代2卷2册由他和王有朋辑注,近代卷3册由汪家熔辑注,现代卷5册,分别由陈江、吴道弘、方厚枢辑注。这部时间跨度2800余年,近500万字的大型资料丛书,经过几年的努力分别由山东教育出版社、湖北教育出版社2001年、2004年出版。它不仅规模宏大,内容丰富,资料详实,折射出了前人出版活动的各个方面,一册在手,可以略窥中国出版历史的概貌。胡道静为该书写的序中称:"框架结构完善,收录有条有理,故名'史料',实际成为一部可阅读的信史。"

结 语

宋原放为党的出版事业辛勤耕耘了50多年。他热爱出版事业,把出版事业融入自己的生命。他虽然在前进道路上遇到过挫折甚至受到过打击迫害,但他不改初心。他长期坚守在出版第一线,在领导上海人民出版社乃至上海市出版工作期间,倾心尽力,成绩卓著,上海人民出版社成为全国瞩目有重大影响的出版社,把上海办成了具有世界先进水平的出版基地。他为出版事业的奉献精神铭记我们心中;他心底无私,胸怀博大,为了党的出版事业,他爱才识才,敢用有争议别人不敢用而有真才实学的人才,虽然冒这样那样的风险,但他勇于担当,显示了他的大无畏精神;他思想敏锐,善于创新。他较早提出"出版社既要出书,又要出人"的创举;为保证图书书量,他早就提出编辑部要设立技术编辑;为提高编辑队伍素质,他不惜工本专门建立藏书丰富的资料室供编辑学习之

---

① 《吉田公彦致宋原放》,《出版史料》2011年第2期。

宋原放、吴道弘等主持编纂的 8 卷 10 册的 400 万字的《中国出版史料》

用。他建立一整套行之有效的培训提高编辑队伍的得力措施,具有前导性;他率先创办出版《出版史料》《青年一代》等,都具有开拓创新精神;他为了工作,孜孜不倦地开展出版理论研究,取得了丰硕成果。为了适应新形势的需要,他刻苦读书学习,不断充实自己。他曾说:"书籍成了我的第二生命。几十年间,不分昼夜,工作再忙,总要抓紧时间认真读书,或者向人请教。"这种认真学习的精神,使他的领导工作一步一步向前跨越。

宋原放同志离开我们 12 年了。他有胆识有远见重实干的出版家的形象永远铭刻在我们心中,激励我们前进。

原载《出版史料》2017 年第 1 期

可喜的丰硕成果　造福世人的佳作

——读宋原放等主编的《中国出版史料》

我国历史悠久,文化昌盛,典籍浩繁丰富。作为积累、传播文化的出版活动也源远流长。大量的特别是早期的出版活动文献资料散见于古代典籍和图书之中。由于历史的原因,过去很少有人进行系统地收集、整理、编纂,有些尘封已久的珍贵资料已经散失,十分可惜。

新中国成立之后,由于党和政府的重视,曾出版了一些有关中国出版史的著作。出版史家张静庐曾辑注了一套《中国近现代出版史料》共8册,至今仍然是研究中国近现代出版史的重要参考书。然而,相当长时间,却少有这类著作出版。改革开放以来,伴随着出版事业的繁荣,出版理论的研究也出现了活跃喜人的局面。但相比之下出版史的研究仍较冷落。一是研究力量薄弱,二是研究难度大,三是出版难。即使这样,出版界的有识之士,出于对后人对出版事业的关心,不畏艰难险阻,潜心于这个领域里的持久研究。以老出版家宋原放、吴道弘等担任主编、副主编所编纂的一套大型图书——《中国出版史料》,经过几年的艰苦努力,分别于2001年和2004年,由山东教育出版社、湖北教育出版社出版,这是一项可喜的造福世人的重大成果和力作,它的出版必将在推动加快我国出版史的研究中产生积极深远的影响。

通览这部书,感到有几个突出特点。

一是内容丰富。全书按历史时段构建,共8卷10册。古代部分2卷,收录的资料时间从春秋时期(公元前770年)至20世纪初。近代部分为3卷,起止时间为1815年至1919年。现代部分3卷5册,起止时间为1919年至1999年。全书时间跨度2000多年,总共400万字,书前和书中配有230多幅珍贵照片和书影,可谓规模宏大。从内容看,涵盖了各个历史时期的图书、期刊、音像制品的编辑、出版、发行;重要的出版机构;杰出出版家的出版活动;标志性的出版物内容介绍;有关的出版政策法规及重要的统计资料等。它虽不是一部中国出版通史,但它却用丰富的事实、翔实的资料,折射出了出版活动的方方面面,真有一套书在手,略窥中国出版历史概貌之感。在某种意义上它是研究中国出版史的工具书,同时也为研究撰写中国出版史提供了一个较完备的参照。

二是重点突出。史料的整理编纂,当然要考虑出版活动的各个方面,但绝不是不分轻重、主次,不加选择平均录用,必须注意点面结合,突出重点,显示特色。以近代部分为例,这个时期是中国由旧式出版业向新式出版业过渡转折时期,中国出版界的同仁志士,在艰难的环境中,创建了中国新式的出版机构,其代表者是商务印书馆。有关商务印书馆出版活动的史料在书中得到了充分反映,给读者以强烈印象。同样对出版人物的有关出版活动的资料编纂选择也体现了突出重点。在中国近现代出版史上是一个群星灿烂的时代。书中编者重点突出张元济、梁启超、邹韬奋、胡愈之、茅盾等著名出版家的出版活动及业绩,这是符合历史事实的,他们在作为出版主体地位的出版人物中具有相当的代表性,当中有的不愧为中国近现代先进文化的代表。我国在抗日战争时期的出版活动,本书编者突出了我党领导的抗日根据地和解放区的出版活动。新中国建立后,我国的出版活动发生了历史性的变化,这个时期的出版活动内容十分广泛丰富,编者有意突出了马列主义经典著作的出版活动,突出了新时期出版工作的巨大成绩。由于重点突出，使读者便于把握各个时期有关出版活动的发展趋势，从中了解出版规律。

三是辑注翔实。不少史料，由于年代久远，所涉及的时代背景、人物事件，会使今天的读者感到陌生，颇有隔世之感。本书编者充分考虑读者的需要，在有关史料后面针对一些难点，作了详尽的注释。如19世纪初，西方传教士在中国的出版活动，对促进中西文化交流曾产生了积极作用，这部分内容占了不少篇幅，史料中涉及的出版人物、事件较多，对今天的读者了解当时的出版情况有诸多困难。本书对这部分史料的有关辑注特别详尽，这既解决了读者阅读的困难，也扩大了读者视野，丰富了读者的历史文化知识。

本书的优点还可列举不少。但从更挑剔的角度看，本书的编纂还存在一些不足。我国古代的有关出版史料，大都散见于各种重要文化典籍，有的散见于图书的序、跋和出版说明中，这些史料往往体现了当时出版人的出版思想，应选择有代表性的史料加以收录。可惜在本书古代部分中所选的60多篇史料和文章中，大部分是当代人写的有关研究内容，原始文献太少，读后感到不甚满足。另外，在近现代部分中，所介绍的有关出版人物中，由于历史的原因，在历史上对出版事业曾在某些方面有过贡献但又长期遭到贬损的人物，今天也应客观地、历史地加以介绍评价。本书在这方面似乎有所忽视。

值得提出的是，本书的编纂出版的成功取决于两个条件。一是各卷主编、副主编都是长期在出版战线上从事出版工作，富有文化眼光的资深出版家，其中的辑注者汪家熔、方厚枢、陈江等同志都是长期从事出版史研究、学识功底深厚、占有大量史料的专家，这在很大程度上保证了本书编纂质量。二是在学术著作特别是出版史类著作出版难的条件下，湖北教育出版社、山东教育出版社、乐于斥巨资接受出版,使本书得以问世。有位出版家曾这样说:出版社没有钱固然出不了好书,但有了钱没有文化眼光照样出不了好书。我想本书的出版正显示了两家出版社的胆识与文化眼光,这种精神令出版界钦佩。

原载《中国出版》2005 年第 10 期

毕生献身出版事业的出版家喻建章

喻建章(1925—2014)

我是于1977年11月,参加中国编辑学会、中国出版工作者协会、中国出版科学研究所在厦门召开的全国出版理论研讨会上认识喻建章同志的。他当时已是72岁。刚见到他时,高高的个头,白白的面庞,面容俊秀,两眼炯炯有神,体态健壮。他在会上宣读自己的论文时,操着浓重的江西口音。会下,我俩又进行了交谈,他给我留下的第一个印象,是一生酷爱出版事业的"老出版"。

2009年,为了迎接新中国成立60周年,我和刘小敏同志合编了一本《亲历新中国出版六十年》,向喻建章同志约稿,他热情应允,过了一段时间,他将撰写的《亲历江西出版六十年》寄来。成书后,我们将样书寄他。他热情回信,并谈了对当时出版工作的一些想法。不久,他又将他写的《我的七十年出版生涯》一书寄我。之后还时有书信来往。不幸的是2014年8月,他因病突发与世长

辞。回忆与他几次交往,拜读了他的《我的七十年出版生涯》,往事萌发,终日萦绕脑海,辗转深思,不得不把对他的思念写出来。

自学成才的出版家

喻建章,江西南昌人,幼小丧父,家境贫寒,少年时代只读过三年私塾,上过四年小学。1937年12岁时,考入中华书局南昌分局当练习生,从此踏上了出版的漫长之路,终生从事出版工作七十余年。其间,当过书店营销员,管过书库,做过图书监印员,此后又当过书刊编辑,担任过江西人民出版社副社长、副总编辑,晚年又担任过江西省新闻出版局出版科研组长等。他一生从事出版始于新中国之前,后续于新中国成立后,亲历新中国传统出版业与新中国改革开放后出版事业欣欣向荣的双重过程。

喻建章一生勤奋,在做好出版工作的同时,热心出版科研。著有《十年春暖百花开》、《南国书苑六十春》,主编有《编辑工作与编辑研究》《江西出版科研论文选》(1-8卷)等,发表论文40余篇。

书是打开知识宝库的钥匙。读书增长才干,知识改变命运。喻建章进入出版业之始,他深知自己文化低、底子薄,要做好文化内涵丰富、对学养要求很高的出版工作,使自己在这个行业有立足之地,只能是从小到老,边学边干,以勤补拙。他在工作之余,刻苦读书,学习文化知识。他从小阅读了大量古今中外名著,涉猎各种有关出版的图书资料和理论文章,充实自己。即使在抗战时局动荡之时,他在书店工作,工作地点屡屡搬迁,每当图书公司发来一箱箱他喜爱的新书,他总是先读为快。1953年他利用在北京参加图书公司业务干部培训的机会自学了《实践论》《矛盾论》。到出版社工作后,他坦言:"编辑部是知识分子扎堆的地方,大学学历比比皆是,我仅仅是小学的学历,没有真功夫就难以服人。所以我审稿子特别仔细,特别是疑难稿子比别人多看一遍,手头分类笔记本有好多本,遇有不懂或疑问字句,即笔录下来,查阅字典,弄个明白……凡是有生字、生词,我必翻查字典、词典、《辞海》,《现代汉语词典》是我案头必备之物……它使我避免了许多尴尬和错误。我铭记一句座右铭:'我不怕别人无情,就怕自己有错!'刻苦学习是我的老师,长期的工作实践是我人生的大学。"①靠自学成才不可能一蹴而就,必须是长期坚持、积累,久久为功。正是他刻苦自学,为以后从事出版工作打下了牢固的文化根基。多少年后他回忆道:"回顾我的青少年主要时期(12—27岁)是在中华书局度过的,特别是在抗战八年,我随中华书局在战乱中频繁转移,为读者服务。中华书局成了我的生命之舟,以一个刚启蒙的孩子在那里'半工半读',它又成了我的'先生'和'学校',让我后来有机遇到出版社承担书稿审阅和社长工作。"②长期的出版工作实践,使他认识到出版工作尤其是图书,具有精神文明的内涵和长久的生命力。这使他回忆抗日战争中最艰苦的年代,"我亲见大批青少年学子在向大后方逃难途中,一肩背个衣包,另一肩挎个书包,顽强行进。此情此景,七十年过去了,我记忆犹新。还有当时湘赣边区的农民,挑着两个竹篓,翻越罗霄山脉,跨过崇山峻岭来到遂川县替子女买课本回去,不使文化教育中断""真善美的出版物,犹如经过高

---

① 喻建章:《我的七十年出版生涯》,江西出版集团、江西教育出版社2008年版,第224—225页。
② 喻建章:《我在中华书局十六年》(1937—1953),《出版史料》2011年第4期。

温制造的砖块,具有较长久性的存在价值"。鉴于这样的认识,在编辑工作中,他坚持自己的出版理念是"宁缺毋滥"。在精的前提下,求多而精。"没有质量的东西,是走不远、飞不高、活不长的。一本高文化含量的书,其内容散发出去,所影响的不仅是一个人,而是一个群体,由这些人又可能影响到其他一些人"①。

由于他学习刻苦、文化积淀深厚,在编辑岗位三十多年,曾编辑、复审、终审的出版物约一千四百多种,计九千余万字,成为靠自学成才名副其实的一位出版家。

勇于创新的开拓者

喻建章 30 年代至 50 年代初,着重做图书管理和发行工作,50 年代到 60 年代初,主要从事新闻出版的行政管理。1964 年到江西人民出版社主要从事图书编辑工作。"文化大革命"中,江西人民出版社于 1968 年撤销并入江西省新华书店,成为一个编辑组,编辑出版工作困难重重。但在处境十分困难的情况下,作为一个出版人的喻建章敢于担当,以饱满的工作热情,勤勉的工作态度,发扬勇于创新创业的精神,做出了许多开创性的工作。他干事有一个特点,凡是经过思考,明确了的事情,自己看清看准的就敢于大胆地去干,想一事,干一事,成一事。"文革"期间,在极端困难之时,他重点抓好重大选题并取得成功就是一个证明。

"文革"期间,旧的出版物被批判为"封、资、修",读者无书可读,他认为出版社应想法编辑出版一些满足读者需要的图书。当他得知省文联下放干部杨佩瑾曾想写有关朝鲜战争为题材的长篇小说的打算,就把这个选题上报有关部门,但却遭到拒绝,他据理

---

① 喻建章:《我的七十年出版生涯》,江西出版集团、江西教育出版社 2008 年版,第 248—249 页。

力争,终获通过。后来作者以《剑》为名写出了长篇小说,1973年出版后第1版10万册很快售完,加印10万册又售完,后列为"农村通俗读物",又印了80万册,还被译为英、日文出版,作者从此一举成名,80年代被选为江西省文联主席。

江西是老革命根据地,这方面的出版资源十分丰富。作为当时编辑组的负责人喻建章,善于汇群智,聚众力,发挥编辑的创造性,深入基层调查研究。他认为"编辑工作最可贵的品质,就在于把那些分散的、隐性的、粗糙原始的文化资源,经过耐心寻找,去粗取精,去伪存真,提炼而成为精品,使之传之久远"①。为此,他决定组织革命史料的出版工作。1977年,是创建井冈山革命根据地、南昌起义、秋收起义五十年,三个纪念日集中在一起,编辑组同志经过研究列出有关题材的图书三四十种。他们白天调查、组稿,夜晚编稿审稿,经过三个多月的紧张工作,四十来种图书如期出版。其中,《革命历史资源丛书》,系统反映了土地革命的历史进程,挖掘了大量珍贵史料,受到中央宣传部、国家出版局和专家的好评。

喻建章长期在出版战线工作,是一位出版工作的热心人,凡对出版事业发展有利的事,他总是挺身而出,热心去做,即使在工作中遇到阻力,也力排众议,多方沟通,直至办好为止。江西人民出版社1968年撤销后并入省新华书店为一个编辑组,给编辑出版工作带来许多困难,编辑人员被拆散,组稿困难,与书店之间关系不协调,加上领导忙于其他工作,恢复出版社的问题长期得不到解决。出于工作考虑,喻建章一方面向省委起草关于恢复江西人民出版社建制的报告,另一方面亲自出面找主管文教的省委书记,陈述恢复人民出版社的意义和种种理由,经过多方努力,江西人民出

---

① 喻建章:《咬定主业不放松——江西美术出版社社长兼总编辑陈慧荪》,《中国出版年鉴》2003年。

版社终于在撤销11年后,于1979年恢复,为江西省提高出版物质量,争取进入全国出版业先进行列创造了条件,短时之后,被业界称赞为江西这几年出版工作很有起色,进步很快。

江西人民出版社恢复后,仍遇到一系列困难,资金短缺,没有办公场地。喻建章又不辞劳苦,迎难而上,不屈不挠,寻求解决。出版社由于原址被占,特别是为了寻求一个有发展前景的良好环境,在无经济积累的困境下,他千方百计,攻克重重难关,终于在短短几年时间内,征购了一块27亩的土地,新建了一万多平方米的出版办公楼、宿舍、仓库、食堂和图书资料楼,克服了多年来一再被迫搬迁、居无定所的被动局面。出版社从此有了一个较安定的工作平台、生活环境,全社职工干劲倍增,由此深得社内同志们的交口称赞。出版社恢复后,在上级主管部门领导支持下,喻建章作为该社的副社长、副总编辑,团结带领全社职工,齐心协力,策划出版了许多好书,开创了江西人民出版社工作的新局面。

扶植新人的好园丁

在长期的编辑出版实践活动中,喻建章深感,要做好出版工作,必须依靠一支政治强、业务精、素质高、懂出版的编辑队伍。他识才、爱才、荐才,把优秀的编辑人才视作发展出版事业的推动力,把发现、培养优秀人才作为领导者的头等大事。他通过调查,发现有用之才就想尽办法调入出版社当编辑。桂晓风原在某县工作,专业不对口,要求到出版社当编辑。喻建章专程到基层寻访,前后联系三年,将其调入出版社当编辑。熊向东原在南昌教育部门工作,因曾在人民教育出版社当过编辑,要求到江西人民出版社工作。喻建章欣然接受将其调入当编辑。桂晓风后调任新闻出版署副署长,熊向东后升任江西省新闻出版局长。他二人后来的发展有多种因素,但进入江西人民出版社则是一个不可忽视的起点"①。再如一个名叫丘玮的美术编辑,原为一个县的插队知青,自学绘画。喻建章发现他画技高超,有培养前途,就设法调他到出版社,为其提供条件,让其搞美术创作,使其绘画水平得以提高。为解决他的后顾之忧,喻建章还亲自到上级领导机关设法为他办理破格录用手续,后提升为江西美术出版社画册编辑室主任。

  无私才能无畏。喻建章对在"文化大革命"中受到错误批判的有才之士,能客观、历史地全面看待,本着"人弃我用"的原则大胆启用。画家丁世弼1968年被批判为黑线画家和现行反革命被下放改造。喻建章敢于冒政治风险,于1972年把他调入江西人民出版社从事美术研究与创作。丁世弼在写的《远见卓识,知人善用的喻建章同志》一文中回忆说:"当时我还是编外人员,没有正式收入,妻子又处重病中,亟需住医院手术治疗,真是困难重重。就在喻建章同志的同情关心和鼎力帮助下,竟都得到了全面妥善解决。无论从行政和财务制度上讲,这在当时都是很难办到的事,感激之下,使我这个早已心灰意懒的人,从内心又有了对生活的光明感并决心以自己一技之长来报效社会。"在以后的创作中,丁世弼遇到了很多困难和阻力、压力。"喻建章同志以他远见卓识,知人善用,全面而客观地待人待事,热情地帮助我提高认识,放下思想包袱和顾虑,并以鲜明的态度表明了对我的信任"。后来,在喻建章同志的支持下,丁世弼到山东沿海深入生活,创作了《渔岛怒潮》连环画册,出版后受到读者欢迎,发行量300万册。丁世弼在文章最后说:"只要在领导干部中,多一些像喻建章同志这样的人,不说空话,多干实事,具有卓见和胆识,有公正和爱才心,能全面衡量一个人的价值观,如此,就能调动一切积极因素,为国家建设,特别是今

---

① 宋木文:《其文有用　其人可敬——'我的七十年出版生涯'代序》。

天改革开放的社会,更多更广的积聚财富。"①

为了发挥这些编辑人员的积极性,喻建章对这些人才政治上充分信任、工作上大胆依靠、生活上关心照顾,多为他们办实事、做好事、解难事;有的同志患病,他去医院探望;生活上有困难,他总是送去补助费;他甚至因一些编辑人员为领导分扰而受打击,他本人敢于挺身而出为遭受打击迫害的人申诉而在所不惜。他的这些行动产生了强大凝聚力,编辑们为之所感动而发奋工作。

在编辑出版活动中,作者是出版者赖以依靠的对象,没有作者提供稿源,就无所谓出版。喻建章在编辑出版工作中高度重视发现作者、扶植作者并依靠作者、善对作者、爱护作者,这样的事例屡屡可见。

以抗美援朝为题材的长篇小说《剑》,作者是应喻建章之约为江西人民出版社所写的。作者杨佩瑾动手写作不久,当时驻社的军代表就表示不同意写这类作品,说什么"现在尼克松都到中国来了,中美建交,还写什么抗美援朝,写这样的书与中央步调不一致"。喻建章据理力争,认为这类题材政治方向没错,让作者打消顾虑,并表示敢于承担政治风险,才使作者写下去。"小说定稿后,那些反'文艺黑线'的斗士们又控告不少我的罪名,力图阻挠此书出版。又是喻建章同志组织人力进行调查研究,作了有力的驳斥和澄清,这才使书得以出版"。出版后,"又引起了包括上海在内的'文革'斗士们的痛恨,他们写信给省'革委会'文化组,批判这是'文艺黑线回潮的典型'。又是喻建章同志向省有关负责人据理力驳,才未掀起大风浪……回想此书出版的坎坷过程,我始终感念喻建章同志不畏风险、不惧权势、有胆有识、敢于为作者撑腰,敢于为党的文学事业和出版事业'铁肩担道义'的精神。"②

---

① 喻建章:《我的七十年出版生涯》,江西出版集团、江西教育出版社2008年版,第291—294页。
② 喻建章:《我的七十年出版生涯》,江西出版集团、江西教育出版社2008年版,第255—257页。

喻建章特别重视关心自学成才的青年作者,只要发现有才能的青年作者,他就竭力关怀扶植。著名作家萧乾的儿子萧铁柱,原是从北京下放到江西一个县的农村知青,其父当时尚未落实政策,萧铁柱一人在农村,过着孤苦伶仃的困难生活。喻建章发现他喜欢写诗,就主动关照他,鼓励他写些反映苏区红军斗争生活的诗歌。后来他深入生活,收集素材,写出了长篇叙事诗《罗桃莲歌传》,由江西人民出版社出版。这部作品助推这位青年走上文学之路,并由此进入高校,继续深造,后成为一名高校教师。喻建章如此重视发现新人,被好多作者称为识千里马的伯乐。

出版科研的带头人

开展出版科学研究,对扩大编辑视野、捕捉出版信息、提高编辑素质、搞好出版工作都具有强大的推动作用。喻建章在工作岗位期间,就担任社里出版科研组长。为了搞好科研活动,推动出版工作,他自己带头写出版科研论文,凡有关全国出版科研研讨会,他都积极赴会并带论文出席。他撰写的《出版发展战略问题管见》曾获1992年首届全国出版科学研究优秀论文奖。他不但自己带头写论文,还组织出版社的编辑人员结合工作实践,写出不少有水平的优秀论文。经过几年的努力,使原来曾处于落后的江西省的出版科研活动,赶上了全国的先进省份。由于积极开展出版科研活动,既出了科研成果,又锻炼提高了出版队伍。

为了活跃学术风气,促进江西省的出版科研活动,喻建章还和有关部门协作,承办了多次全国性出版专业会议,如1989年协助文化部在庐山召开的省、市文化局长会议;1978年国家出版局在庐山召开的全国少儿读物座谈会。在这些会议上喻建章带领出版社的有关人员承担会务工作,同时也在会议期间学到了不少外地出版部门的先进经验,对本省的出版科研和出版工作起了推动任用,真正起到了"以外促内"的作用。

喻建章退而不休。他从领导岗位退下之后,受出版局委托,担任出版局出版科研组长。为了推动全省的出版科研活动,他组织出版社的一些老同志,吸收一部分热心出版科研的青年同志,定期召开小型的专业性的研讨会,一年召开一次研讨会,形成制度。从1991年开始到2004年全省共召开了十三届年会,入选论文906篇,出版论文集8集240万字,每届年会论文集均由喻建章自己负责主编。

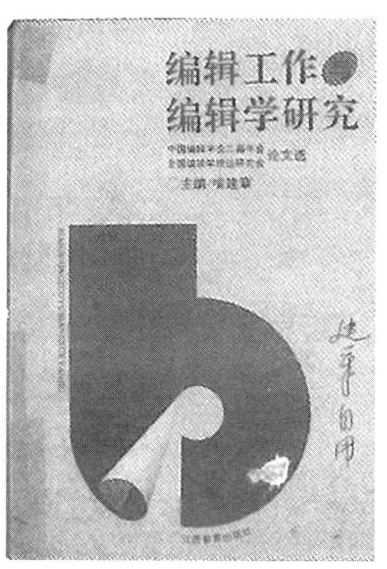

喻建章主编的《编辑工作与编辑学研究》

老出版家王仿子在给喻建章的信中称赞他的成绩时说:"这是阁下多年努力的结果,全国很少有你处那样有那么多的科研成果。你至今没有脱离实际,这是十分可贵的。"①

喻建章同志从青少年时代起,即具有强烈的出版情愫。自他走入出版之始,七十余年矢志不移,始终在出版战线坚守前进。他在工作中认真负责,务真求实,勇于担当,大胆开拓创新;他善于发现扶植使用新人;尤其可贵的是他崇尚实干,不谋虚衔,不计名、不图利、不求官。他一生有多次机会可以到别的单位当个什么官,但他都婉谢了领导的好意弃之不去。他认为出版就是出书的一种文化工作,并无所谓"黄金屋""颜如玉"那些官本位追求者的幻想。

---

① 喻建章:《我的七十年出版生涯》,江西出版集团、江西教育出版社2008年版,第323页。

新闻出版总署署长柳斌杰 2002 年 9 月 19 日给喻建章同志的信（本书信选自《我的七十年出版生涯》一书）

如果计较官阶，就不可能心平气和地去做好出版工作了。基于这样的信念，他把毕生的精力献给了出版事业。他的光辉业绩和高尚品格值得后人永远铭记。正如一位编辑人所说："作为一个在出版界谋食的后来者，每当自己为职业忙忙碌碌而内心无处安顿的时候，遥想当年老出版人为志业而追求的画面，我常常许久都无法平静下来，长使前辈留遗风，这是千真万确的：在历史的接力中，精神是最为不朽的，是最有力量后来者的。"①愿当今的出版人，继承老一代出版人的遗志，为开创出版业的新局面做出更大努力。

原载《中国编辑》2016 年第 5 期

---

① 张国功：《是回忆录，更是启示录——喻建章的〈我的七十年出版生涯〉编余札记》，《中国编辑》2010 年第 3 期。

历尽艰辛终有成　殚精竭虑铸华章
——记出版史专家方厚枢先生

一般说来,从事学术研究的人,自幼就受到系统正规教育,从上小学、中学到大学毕业,先具备相当的专业基础知识,再经过自身的长期努力,在某一学术领域才卓有成就。然而,也有另外的情况,由于种种原因,一些人从小无缘接受正规教育,但通过自学的艰辛努力,干中学习,走入学术研究的殿堂,同样取得了令人可喜的

方厚枢(1927—2014)

成就。原中国出版科学研究所副所长、《中国出版年鉴》副主编、被国务院表彰为新闻出版事业做出突出贡献、享受政府特殊津贴的资深编审方厚枢先生,就是其中一位杰出的代表。

知识改变命运　勤奋赢得成功

方厚枢先生,1927年4月8日生,安徽省巢湖市人。少年时代,因家境贫寒,初中只念了两年便辍学在家。1943年4月,刚满16岁的他,经人介绍到商务印书馆南京分馆当练习生,后转为职

员。在这期间,曾先后在门市部、仓库做营业员和图书宣传推广工作。他认为自己文化水平低,底子薄,要让社会承认自己,就要用行动证实自己的价值,取得走向社会的通行证。因而对学习文化知识他有一种强烈的愿望和追求。进入分馆,为他进一步学习文化知识提供了一个难得的机遇和优越的环境。分馆开业后,商务上海总处陆续发来大批图书,他就充分利用早晚和节假日的业余时间早起晚睡,如饥似渴地在门市部的书林中寻觅知识。"花了两年多的时间,先熟悉近万种图书书名、作者,阅读各书的内容提要和前言、后记。还认真阅读总馆编印的有内容提要的书目和新书汇报等宣传品,以便提高为读者服务的本领;同时有重点地阅读了一大批文史类图书,并借助于馆中丰富的辞典、工具书,自学了高中、大学的文史类教科书和辅导读物,等于上了一所'没有围墙的大学'"①。

方先生经过两年的苦读,从书的海洋中获取了丰富的文化知识,增强与充实了自己的文化底气,为以后施展才能奠定了扎实的基础。

在人生的征途上会遇到种种机遇,然而机遇的大门总是向那些勤奋学习有事业心的人敞开着。解放后,方先生在南京新华书店分店工作。1951年4月,中图公司总处编印的店刊《发行工作》创刊后,他成为该刊通讯员,经常写些报道南京图书发行情况的稿件。当时他负责商务分馆的宣传推广工作,中图公司总处驻沪办事处服务科编印的《新书快报》是他经常阅读的一份图书宣传小报。他读了五期之后,本着对报纸和读者负责的愿望,将这五期中发现的50多处差错和自己的六点改进意见,写了一篇《我对〈新书快报〉的一点意见》,投寄《发行工作》编辑部。"这篇近4000字的文章很快在《发行工作》上和《快报》编者写的《关于第一期〈新书快

---

① 方厚枢:《六十书缘未了情》,《出版史料》2005年第1期。

报〉的再检讨》同时发表,文后并加有'编者按','提出这样的批评和自我批评精神是应该予以充分发扬的',不久,中图公司总处调我到北京总处工作,担任《发行工作》的编辑、出版工作"①。没想到一篇文章在人生转折点上改变了他的命运,这是他始料不及的。这可视为方先生从一个练习生走上编辑出版工作的新契机,也是他在人生道路上迈出的第一步。

随着情况的不断变化,机遇接踵而至。方先生在担任《发行工作》编辑工作后,十分珍惜这一难得机遇,下决心办好这个刊物。他对刊物的思想内容质量高度重视,严格把关。对编辑工作中的具体琐事认真处理。从来稿登记、跑印刷厂送稿、取样乃至包装邮寄,所有杂事均乐于承担,在工作的实践中逐步熟悉了编辑应具备的基础知识,为以后从事图书的宣传和编辑工作打下了坚实基础。1954年1月,中图公司总处和新华书店华北总分店的业务部门合并,成立了新华书店北京发行所,1956年他被任命为该店宣传科科长。为了及时向读者提供新书出版信息,向读者推荐好书,满足读者要求,扩大图书发行,推动群众性读书活动,经过一段对当时多种书籍宣传品的调查研究,在有关部门支持下,1958年~1959年间,由他编辑了一本《多读好书》的宣传小册子,内容除选收报刊上的书评外,还直接向有关作家或通过出版社组稿,向读者推荐名著和宣传名人刻苦读书的故事。由于这项工作适应了当时大力倡导在青年中多读反映现实优秀作品和加强青年思想教育工作的需要,很受读者欢迎和各方面的支持。1959年6月26日全国人大常委会朱德委员长曾为小册子题词"认真读书";郭沫若先后两次为《多读好书》题名;茅盾先后为《多读好书》写了"推荐好书还须好文章"的题词。著名作家臧克家还为小册子写了《读好书像交了益友》的诗篇;时任湖南省副省长的周世钊应约为小册子写了《毛泽

---

① 方厚枢:《六十书缘未了情》,《出版史料》2005年第1期。

东同志青年时期刻苦学习的二三事》的长文在小册子第二辑刊出后,很快被《光明日报》等报刊转载。《多读好书》这本宣传书籍的小册子在读者中的影响越来越大。当时小册子的发行仅收少量成本费,出版后供不应求。第1辑出版后报回订数24万册,因纸张限制,初版仅印12万册。小册子连出4辑,共印47.3万册,均在较短时间内售缺。这本小册子编辑工作的成功,标志着方先生在编辑生涯中迈出了坚实的第二步。他的名声和影响也随之扩大。

方先生在从事报刊编辑工作的同时,还关心出版界动态,注视出版事业发展的进程,结合编辑工作,勤于写作,坚持编研互动,撰写了许多联系出版实际的文章。"1962年文化部副部长胡愈之提议搞建国十年的保留书目,正在出版局为落实这一任务物色人选时,方厚枢在《光明日报》上发表了《从目录学入手》的文章,得到了出版局领导的赏识,他随即被调到出版局专司其事,经过2年的辛勤劳动,编成了《全国图书简目》3册,收录1949～1960年全国出版社精选的保留图书5232种"[1]。方先生于1962年8月由新华书店北京发行所调入文化部出版局做图书审读工作,为他日后成为出版专家迈上了关键的一个阶梯,也可以说是他在编辑工作生涯中迈出的第三步。

从1943年书店的练习生,到新华书店书刊的普通编辑,直至1962年逐步走到国家出版管理工作的上层机构,20年之内,方先生在事业的征程上迈出了三大步。但他在以后学习工作的日子里,以此为起点,毫不懈怠,把做好出版工作和出版研究作为自己的终身追求。他刻苦学习,坚持理论与实践结合,读书与写作结合,大量地阅读,不停顿地写作。在以后的日子里,不管是"文革"时期,还是改革开放时期,随着时代的发展,学习和研究的兴趣愈加浓厚。聪明在于学习,天才在于积累。依靠他自身孜孜不倦地

---

[1] 章宏伟:《丹青难写是精神》,《新闻与出版》1992年第3期。

学习,平时留心对知识的积累,为他后来的研究奠定了坚实基础。他后来的研究成果越来越多,影响越来越大。据不完全统计,自1940年至2007年,他主编的图书、报刊共27种,4391万字;从1951年至2008年,57年间在图书报刊上发表有关编辑出版的长短篇文章479篇,270余万字,出版专著及辑注图书多部,在出版界产生了较广泛的影响。从几十年来他的自学成才辉煌的人生经历中,可以看出他身上有着对事业痴迷执着的热劲、自强不息的韧劲、持之以恒的"牛"劲。

安于清苦寂寞　朝着冷门开掘

方先生对出版工作的研究涉及各个领域,但20个世纪60年代后,他把主要兴趣和精力放在对中国出版史的研究上。一个人的精力有限,涉猎太广,泛滥无边,难以有成。所以他认定一个方向,就锲而不舍,终身为之,从不见异思迁。促使他对出版史研究有两个原因。一是1962年他由新华书店北京发行所调文化部出版事业管理局工作,看到了出版史家张静庐花费近20年时间收集、整理、辑注了一套中国近现代出版史料,在学习之后,萌发了收集研究我国当代出版史的强烈愿望。二是1967年5月,中央"文革"宣传组在京成立"毛主席著作出版办公室",当时作为原出版局工作人员的方先生被调到这个办公室工作。他充分利用这个特殊的机构所具有的有利条件,能直接看到原出版署、文化部和"文革"时期的有关出版工作的历史资料和现行的出版文件及内部资料,这种得天独厚的条件,为他以后从事出版史的研究奠定了许多有利条件。

我国是一个具有悠久出版历史的国家,但对作为文化史组成部分的出版史研究却起步较晚,基础薄弱。由于历史的原因,此项研究没有受到应有的重视。出版史的研究是一项"冷清的艰难的工作"。《贞观政要·任贤》曰"以铜为镜,可以正衣冠;以古为镜,可以知兴替;以人为镜,可以明得失"。出版史的研究对于总结历史经验,借鉴过去,指导当今,教育后人,对发展、繁荣当今的出版文化事业具有重大的借鉴启示作用。基于这样的认识,方先生结合平时工作,注意留心从多方面收集有保存价值的出版史料,40多年来,他安于清苦寂寞,把它当作一项事业,虽是冷门,却乐此不疲。

出版史料的收集整理是一项艰苦细致琐碎的工作。既要有浓厚的兴趣和热心,又要有坐冷板凳的耐心,还要有自强不息、耕耘不止的恒心。靠手勤、腿勤、脑勤,一个个字手抄资料、跑书店、图书馆查找,甚至从废纸堆里多方遍找记录下来,哪怕是片言只字也不轻易放过,他有一种像磁铁吸铁和海绵吸水一样的精神,寻找资料。这些资料日积月累,充实丰富,经过吸收消化,最后才写出一些有一定水平的出版史料文章。他收集资料,事事留心,做到随时录取,广为收集,抓住一切可利用的机会。史料是研究历史的基础,没有史料,出版史的研究无从进行。出版史的研究要靠出版史料说话。鉴于此,出版史料的收集、整理、研究必须遵循科学态度,坚持"求实存真、求新"的原则。在史料收集整理中要突出"亲历、亲见、亲闻"的特色,才能发挥"存史、资政、团结、育人"的社会功能,从政治、经济、文化等方面全方位地展示中国出版史。方先生在出版史的研究中特别是"文革"时期出版史的研究中是始终坚持这一原则的。

我国已出版的出版史著作很少,写一部较系统而又有一定新意的中国出版史是久存方先生内心的一个夙愿。1980年7月,他调出版局研究室之后,有机会接触到更多的出版史料。这个时期是他读书最多、在知识上丰收的时期。经过一段时间的准备,试写了一部《中国出版简史》(初稿),先在当时的《出版工作》上连载,在广泛听取意见的基础上,进行多次修改、补充,历时十多年,于

1996年以《中国出版史话》为书名由东方出版社出版。在这部近30万字的著作中,作者吸收了前人的研究成果,注重介绍学术界的不同意见和自己的新观点。《史话》有几个鲜明特点:一是时间跨度长,介绍了我国出版业的起源、发生知发展历程,从先秦到新中国成立40周年止。二是论述全面、系统、简明,除介绍出版活动外,还介绍了历代重要典籍和作者情况。三是介绍了新的学术观点。如简册最早何时在我国应用,许多书中举《尚书》中有"惟殷先人,有册有典"为例,认为商代已使用,书中则同时介绍了"商代无简册只有甲骨"的论点;又如造纸术和雕版印刷术的发明时间,针对有争议的问题,介绍了专门家的不同意见;再如不少史书引用

《汉语大词典》首席学术顾问吕叔湘(右二)、学术顾问陈原(左一)、主编罗竹风(左二)、副主编陈落(后排左一)、工作委员会委员方厚枢(右一),1980年11月摄于杭州六和塔前

《史记·孔子世家》中说孔子晚年喜《易》,"韦编三绝",认为"韦"指"熟牛皮绳"。方先生从国家出版局收到香港寄来的一本《大公报在港复刊三十周年纪念文集》中看到古文字家商承祚写的文章中

认为"韦"为"纬"的初字,"韦编"指竹简上的"横编",说成是熟牛皮绳是误解。上述见解后被有关研究者在文章中多次引用,被称为是"提出的新观点"。

值得一提的是在《史话》书后还附有方先生收集整理近现代已出版的395种《中国出版史书录》,对出版史的初学者研究出版史很有参考价值。另附的《从出版统计数字看中国的图书出版》一文,集古今官私出版统计数字为一体,从中可以看出几千年来我国图书出版发展的概貌,对研究者也富有参考价值。附录文字不长,但资料难寻而琐细,可以想像他所倾注的心血是如何巨大啊!

2000年11月24日,新闻出版署、中宣部出版局、中国出版工作者协会新老领导、年鉴界专家等40余人出席《中国出版年鉴》创刊20周年座谈会。(右起)倪子明、王仿子、陈为江、石峰、宋木文、许力以、邬书林、卢玉忆。方厚枢(左一)在会上介绍了《中国出版年鉴》的20年历程。

新时期以来,随着我国出版事业的发展,出版史的研究也呈活跃之势。在这段时期,方先生对出版史的研究把目光更多的投入当代出版史的研究。鉴于他长期在出版领导部门做出版工作,有机会接触出版界高层领导,并亲自参与了出版工作中的重大工程,如《辞海》《辞源》《汉语大字典》《汉语大词典》等的筹划出版工作,加之他曾创办参与编辑《中国出版年鉴》长达20年之久,使他从宏观与微观对新中国建立以来的出版情况有较准确的把握,他这方面积累、占有的资料最全,这为他研究当代中国出版史这一项目提供了有利条件。但当代出版史的研究难度相对较大,一是现实性强,敏感问题多;二是时局变化急速,经过历史事变的一些人有些先后作古,少数健在者也因年代过久,有些史料单靠个人回忆,时有错漏。由于历史、社会政治的原因,或者由于记录者、编纂者的偏见或疏忽,有些历史资料包括档案资料也有疏漏和谬误之处。因此,研究者、整理者必须对原有的资料进行科学分析考证和甄别,去伪存真,去粗取精。切忌根据个人好恶,以主观的、政治的需要去随意歪曲历史事实。2000年9月,方先生受辽海出版社之约,与北京大学肖东发教授共同承担了主编高校编辑出版专业教材《中国编辑出版史》下册(当代部分)的任务,方先生负责1949年10月至1978年12月各章的撰稿。由当代人写当代史是项艰巨任务。因为书中涉及许多新时期和当代人物的话题。为了表述准确,对人对事评价适当,他根据平时所掌握的第一手资料,反复修改,定稿后,出版社送有关专家审读,清样打出后报请新闻出版总署图书司审批。时任图书司司长的阎晓宏(后任新闻出版总署副署长)审读后于2002年12月13日给出版社写信说:"方老的书稿已拜读,阅后感到很有收获,很受启发。现在我们抓的许多问题,以前的老一辈出版人早已讲过,如:质量问题、书价问题、少儿读物问题等等,了解这一段历史,对做好出版工作是必须的,愿早日出版。"方先生对书稿质量认真的态度受到出版界的赞扬。

耄耋笔耕不辍　功德昭示后人

积沙足以成塔,堆金叠玉方可构筑金碧辉煌的大厦。光阴荏苒,转瞬之间,方先生已进入耄耋之年。他在职时,坚持干什么学什么,边干边研究,舍得花笨工夫。出版史的研究已是硕果累累。当他进入耄耋之年,仍老骥伏枥,志在千里,兴趣和精力不减当年,在精力许可情况下,在出版史的研究方面仍笔耕不辍,成果比以前更多。1993年退休之后,仍然承担了许多出版史料的编辑和辑注任务。主要有:(一)参与王子野同志任主任的《当代中国的出版事业》编委会委员、负责该书第一编"中华人民共和国出版事业概况"(1949—1989年)撰稿任务。(二)1988年4月担任《中国出版人名词典》编委会副主任兼执行主编。这部词典共收录全国出版名人10954人,以当代人物为主,适当选收部分近现代人物。(三)2000年参与宋原放主编的十卷本《中国出版史料》中的"现代部分"和"补卷"的编辑和辑注任务。(四)担任《中国大百科全书·新闻出版》卷出版部分和《中国出版百科全书》两书的编委暨"中国出版史"分支学科主编。(五)担任由中国出版科学研究所、中央档案馆编的《中华人民共和国出版史料》的副主编,现已出版1949～1961年11卷,其中七年任执行主编。这套建国以来的出版史料收录了许多我党重要的出版文献,对研究新中国出版事业具有重要的参考价值。(六)担任高校编辑出版专业教材《中国编辑出版史》下册(当代部分)主编之一,负责1949～1979年的撰稿工作。(七)编写了《中国出版大事记》,从公元前770年到公元2005年。(八)从2001年起,担任了国家社会科学基金重点资助项目《中国出版通史·中华人民共和国》卷主笔,负责1949～1979年的撰稿任务。经过五年多的努力,20余万字书稿已交出版社审读。(九)2007年以80岁高龄应约主编了一部《编辑之歌——怀念远去的英才》,这是一部记录我国现、当代在出版事业上做出突出贡献的20位著名编辑家的一部纪实文学传集,也业已交稿出版。

　　历业垂千秋,功德留后人。出版史料的搜集、整理、研究,从根本上说在于为了事业,为了后人。方先生这些年总有一种愿望,就是自己年纪大了,精力有限,热盼有一部分年轻同志从事出版史这一领域的研究工作。准备将自己几十年积累的大量出版资料和在书、报刊上发表的出版史料的文章作了清理之后,选出有长期保存价值的出版文件、资料、照片等105件,捐献给上海市新闻出版局正在筹建的"出版博物馆筹建组"收藏。其中有的具有重要的历史文献价值。如黄洛峰同志1942年12月4日在重庆亲手装订,在封面题了字,并有他的重庆市"书店印刷店管理规则",还有国民党政府审查图书、杂志,查禁进步书刊的文件、批件(原件),1945年7月重庆"出版业为文化危机向国民参政会紧急呼吁"的手抄副本等;还有"文革"初期中宣部、文化部、外文局与部分出版、发行单位"造反"组织编印的《十七年出版工作两条路线斗争大事纪》等"大批判"小册子;上海出版系统"造反"组织揭批"三十年代黑店"(生活书店)的打算和调查计划等等。这些材料都是方先生于1969年从进驻文化部的军宣队将原出版总署、文化部旧存的大批资料送造纸厂化浆的纸堆中以及"文革"初期被"造反派"扔弃的废纸堆中抢救出来的;此外还有他历年收存的中央华北局宣传部编印的《出版工作文件汇编》(1948年12月至1949年10月)、中央人民政府政务院文委及出版总署、文化部发布的重要文件或副本,以及赵家璧同志1988、1989年写给方先生的五封信手迹复印件(原件已由中国现代文学馆收藏)。出版博物馆(筹)派专人到方先生家将105件文件、资料一一点收,并开具出版博物馆藏品征集凭证,注明这些物品"今后由国家统一处理"。在此前他还将有关出版史研究的参考书刊127种捐赠给设在北京印刷学院内的"中国编辑研究资料中心"。这批书刊中有张静庐辑注的《中国近代现代出版史料》一套,中国共产党晋察冀边区出版史及出版史料选编、生活书店史稿,许多省、市、地区的出版史料集,出版、印刷、发行工作的专著、史料等,以及《新民主主义革命时期新文化运动回忆录索引》等工具书。"资料中心"收到后给他发来感谢信,并在每一本书刊上粘贴了"方厚枢先生捐献"的标签。方先生说:我将这批出版资料和出版史研究书刊捐献出去,找到了最合适的地方,今后可以让它们继续为有志于我国出版史研究的同志们服务,更好地发挥作用。

  人的生存是为后人开辟前进道路的。写到此处,我们深深为一位长期战斗在出版战线的、一生醉心于出版史研究的老专家那种公而忘私,处处为发展繁荣出版事业的崇高精神所敬佩感动。我们期望方先生学术研究青春常驻,健康长寿。我们也相信会有更多的年轻同志发扬方先生在研究学问上自己恪守的"目标明确,坚持不懈,刻意求新,勇于探索"的精神,为出版史的研究,为繁荣我国的出版事业做出更大贡献。

选自《宋应离文丛》,河南大学出版社2013年版,内容有改动

方厚枢与中国出版史研究

我是怀着沉痛的心情写这篇文章的。2014年9月上旬,本文的初稿写出后寄方厚枢先生,想听听他的意见。他当时因病住在北京丰台区一家医院接受治疗。重病之时他审阅了文稿,于当年9月20日寄回,并随文写了一封短信说:"我在医院中读了你的大作,凭记忆作了一些修改,凡有出入处均作了改动,供你参考。"万万没有想到过了半个多月,即2014年10月15日,他就与世长辞了。噩耗传来,悲痛难过之情涌上心头。他生前那种勤奋、踏实、坚韧、严谨,特别是他甘于寂寞自寻乐、醉心中国出版史的研究精神,引起了我无限的怀念与回忆。

出版史是以历史上的出版活动为研究对象的一门学科。我国出版事业虽有悠久的历史,但长期以来出版史的研究却十分薄弱。出版史研究经常被人们视为一件冷清而艰难的工作,往往为实际工作者所忽视。因为"做这件事情图不了名也图不了利。不仅如此,还要克服许多困难,甚至还要遭受一些误解"①。然而出版史的研究可以"总结过去,指导当今,教育后人",具有"鉴前世之兴衰,考当今之得失"的作用,它对促进出版繁荣,建设出版强国又是十分需要的。人民需要的事情即使是冷清的、艰难的,总会有一些先行者、热心人自觉地投入这一工作。在当代出版界,方厚枢先生就是热心研究出版史的一位卓有成就的代表人物。

---

① 刘杲:《出版笔记》,河北教育出版社2006年版,第323页。

方厚枢,1927年生,安徽巢湖人。中共党员,编审。1943年进商务印书馆南京分馆当练习生,后任职员。新中国成立后,曾在新华书店北京发行所、文化部出版事业管理局等出版发行单位工作。1980年后,历任国家出版局研究室副主任、中国出版科学研究所副所长、《中国出版年鉴》主编等。1991年,获首批国务院颁发的政府特殊津贴。主要著作有《中国出版史话》《中国出版史话新编》《中国当代出版史料文丛》等。

我和方先生相识近二十年,他几十年如一日,痴心出版史研究;他治学严谨、求真务实、一丝不苟的科学态度令我深受感动,我也为他在出版史研究中取得的成果而高兴。

起步早 成果多

方先生在出版界是一位有重大影响的资深编辑,又是辞书研究和编纂年鉴的专家,尤其是研究中国出版史起步较早、成就卓著的出版史研究专家。早在1962年他在文化部出版局工作,看到了出版史家张静庐耗时20年辑注的大型《中国近现代出版史料》之时,便萌发了收集研究我国当代出版史的心愿,从此,与出版史研究结缘。在长达五十多年的时间里,利用大部分时间专心致志投入研究出版史的韧劲从无中断。

20世纪80年代初,他在做好编辑工作的同时,在着手搜集整理出版史料的基础上开始试写《中国出版简史》,先以单篇文章在《出版工作》月刊上连载,后经修改补充。十年磨一剑,1996年一部近三十万字的《中国出版史话》终于出版。此书时间上限起自先秦,止于中华人民共和国成立40周年,大致勾画了我国出版事业三千多年发展的一个轮廓。熟知方先生的吴道弘在为本书所写序中说:"厚枢同志从事编辑出版工作长达半个世纪,是当代较早研究我国出版史并有影响的少数研究者之一……由于他长期在国家出版领导机关工作,曾有机会接触大量的具有权威性的出版资料,其中关于'文化大革命'时期的出版史料,尤为难得。这就使本书有可能从古代一直写到1989年,成为迄今第一部下限至建国40周年的通史性质的出版史。"北京大学肖东发教授认为作者"有机会接触大量具有权威性的出版资料,又勤于收集和整理,故对现当代出版史研究较深入。尤其是'文化大革命'时期的出版史实,多为独家所有,甚至亲身经历。"①

《中国出版史话》出版后,不仅在国内引起较大反响,也引起了国外人士的重视。1999年10月,有位自费到我国成都参加围棋比赛的日本人前野昭吉途经北京,专门到方先生家拜访,说他是日本一家出版社的老编辑,自学了中文,了解到一些中国出版的历史,认为中国出版历史悠久,却未见有日译本中国出版史的出版。1996年年底,他在日本东京出售中文书籍的东方书店中找到了《中国出版史话》,想译为日文出版,特来征求方先生的意见。方先生说:"我问他中国出版史已出版了好几种为什么会选我这一本?他说主要是这本书反映的历史时间长(从古代写到1989年),内容比较简明、有知识性,书中同时介绍了学术界对一些问题的不同论点,附录的资料多。我很高兴他能够将这本《史话》译为日文。2002年底,我从人民出版社拿到日本新曜社寄来刚出版的《中国出版史话》日译本样书,译者在书中加进了大量的注释,他在《译后记》中谈到翻译这本书的理由时称:本书内容涉及从殷商到现代中国约三千年的历史,书中为读者列出必要的文献,出版统计、年表完备,对于我们外国人来说,是非常好的入门书。"②这是我国自1946年以来第一本被译为外文介绍到国外的出版史专著,对促进

---

① 肖东发:《中国图书出版印刷史论》,北京大学出版社2001年版,第12页。
② 方厚枢:《中国当代出版史料文丛》,中国书籍出版社2007年版,第596页。

中外文化交流起到了很好的作用。

前进路上不歇脚,勤奋催人出成果。方先生在完成几部出版史专著的同时,还参与担当其他出版史方面的写作任务。他先后参与了中国出版科学研究所和中央档案馆编、袁亮任主编的《中华人民共和国出版史料》的编纂工作,任副主编。在1949－1966年间,担任其中11年的执行主编;参与王子野主编的《当代中国的出版事业》其中的第一编《中华人民共和国出版事业概况》的撰稿任务;担任许力以任主任的《中国大百科全书·新闻出版卷》和《中国出版百科全书》"中国出版史"分支主编;参与宋原放主编的10卷本《中国出版史料》"现代部分"和"补卷"中的当代出版部分辑注;担任《中国编辑出版史》下册(国家教委"八五"规划教材)主编之一,负责1949－1979年各章撰稿任务;担任国家社科基金重点资助项目《中国出版通史》中的《中华人民共和国卷》编委,负责本卷中的绪论和1949－1979年各章写作和《中华人民共和国出版社大事记》的撰稿等十多项任务。据统计,他从1951年到2013年,在报刊上发表的长短文章和资料,总字数520余万字,在这些文章中有关出版史的文章近160余万字,这是他辛勤劳动的结晶。

静下心 苦搜索

学术研究需要有扎实的专业知识作基础,还要广泛收集积累占有丰富的资料。方先生少年时代,因家境贫寒,初中只读了两年就辍学了。刚满16岁的他,经人介绍到商务印书馆南京分馆当练习生、职员,先后在门市部当营业员,做图书宣传和推广工作。工作中遇到不懂的就靠自学。精神的力量是巨大的,它是事业成功的驱动力。工作后,他自知文化底子薄,但又不甘落后,比别人加倍努力寻求知识。分馆开业后,职工宿舍和门市部仅一墙之隔,"我每天身处'书林'之中,早晚和假日可随心所欲地看书学习,汲取知识。我曾花了两年多的业余时间,将门市部陈列的近万种图书浏览了一遍,主要了解每本书的书名、作者、目录、和'前言'、'后记',并熟悉总馆编印的有内容提要的书目和业务资料,借助于馆中的丰富的辞典、工具书当老师,重点阅读了一大批图书,等于上了一所没有围墙的学校"①。知识改变命运,阅读照亮人生。功夫不负有心人,功到成处喜自来。这段学习积累为他以后从事出版史研究奠定了扎实的文化根基。

资料是学术研究的基础和起点。要崇尚实学,言必有据,力戒浮词,否则如做无米之炊。古人云:"合抱之木,生于毫末;九层之台,起于垒土。"学术大师梁启超也强调:史料为史之组织细胞,史料不具或不确,则无复史之可言。研究出版史没有捷径可走,必须耐下心,尽力收集资料。"有的人不愿意钻研那些看似乏味枯燥的史料,却勇于抛出一些标新立异的理论,这样的人走不远。倒不如沉下心来,在对浩繁史料的研读中,努力弄清事实是怎么回事,得出站得住的结论"②。方先生对收集史料有很浓厚的兴趣和安下身、静下心的一种耐劲。做学问有时候笨办法更可靠。他的研究特点,一是瞄准主攻目标,"要像钻木取火一样,集中一点,苦下工夫,深入下去,终久会迸出火花,获得成果;还要有滴水穿石的精神,刻苦钻研,务求有成……在确定了主攻目标后,我先从收集资料入手,多方寻觅涉及这一专题的各种资料,哪怕是片言只字也不轻易放过。形象地说,凡是对我有用的资料,就要像磁铁吸铁一样,随时吸收过来,又要像海绵吸水一样,立即渗透到自己的研究课题中去"③。二是边干边看边学,舍得花时间。他强调研究工作"起点要低",研究的课题要从自己的实际出发,不贪多图快,好高

---

① 方厚枢:《中国出版史话新编》,河南大学出版社2010年版,第395页。
② 户华为、金冲及:《乐在学途未知老》,《光明日报》2014年6月30日。
③ 方厚枢:《中国出版史话新编》,河南大学出版社2010年版,第392—393页。

骛远。但"标准要高",就是研究的成果要向高标准看齐,永不满足,努力走自己的路,争取创造新的特色。三是有一种不畏艰苦,锲而不舍,金石可镂,穷心探索的钻劲。有一种丹心不改天天学,天天做的毅力。收集资料是一项琐细艰苦的工作。方先生开始研究出版史之时,是在一无复印机复印资料,二无上网查询资料的情况下进行的。他全靠手抄,一个字一个字记录下来。"为了搜集有关出版史研究的书刊信息,他经常利用工作余暇和假日到图书馆、书店穷搜博采,在书架前一站就是几个小时,选择浏览新书内容,摘抄版本信息和内容提要……这是一种'上穷碧落下黄泉,动手动脚找东西'(傅斯年语)的工作方法。这些辛苦搜集到的资料整理发表后,为其他研究者提供了方便,曾被出版史学者宋原放称赞为'做了一件功德无量的好事'。"这是吴道弘为方先生的《中国当代出版史料文丛》所写序中作出的评价。

为了给出版史研究者提供方便,方先生还用了很大气力编写了附在《中国出版史话》书后的《中国出版大事记》(公元前770—1989年),《从统计数字看中国的图书出版》等约五万字。另外,他在《中国出版史话新编》书后附录的《中华人民共和国出版大事记》(1949年至2007年)、《中华人民共和国出版统计》(1949年10月至2008年12月)都是极为珍贵的历史文献。特别是他在《中国当代出版史料文丛》附录的《中国出版史研究书刊题录》,将新中国成立以来可供参考的出版史类的书分别列出出版史350种、图书史205种、新闻报刊史116种,印刷史56种,总共727种,并对其中的每类书的内容和出版情况作了概括介绍。上述资料都是在浩如烟海的古今典籍文献中经过精心筛选加以编排的,这中间方先生耗费的时间与艰辛是难以想象的。

方先生在史料收集整理中,强调务实求真。他认为要发挥"存史、资政、团结、育人"的作用,写史要遵循历史发展的辩证法,真实地写出历史过程,必须坚持实事求是的原则,不能凭灵感,凭个人想象任意杜撰。他很赞成老出版家王益提出的评价史料的标准:"史料的价值,贵在真实。真实的史料才有价值,不真实的一钱不值。真实性、准确性、可靠性是衡量史料价值的首要标准。"方先生在出版史的研究中把当代中国出版史,特别是"文革"十年出版史作为主攻的一个重点,因为这个时期距今天近,其功过得失,经验教训,对指导当前出版工作的影响更直接。但这段历史现实性强,敏感问题多,稍有不慎容易出现这样那样的问题。鉴于此,对资料的收集要务必求真,但他不怕担风险,敢于闯禁区。他自称是第一个敢吃螃蟹的人,决心要探索新的研究路子。在"文革"中,他先后在文化部出版局、"毛主席著作出版办公室"、"国务院出版口"、"国家出版局"等单位工作,这一特殊的身份和经历,使他有机会收集了"文革"中有关出版工作的资料。这些资料有的来自出版领导部门的档案文献史料,有的是作者参加有关出版工作的会议,是亲历、亲见、亲闻的第一手"活资料"。方先生是个有心人,他时刻抓紧有利时机,在特殊的条件下不间断地收集大量出版资料。"文革"开始,中宣部和文化部都成为"砸烂单位",全国出版工作的领导机构陷于瘫痪。"1969年进驻文化部的工、军宣队,命令各司局的工作人员交出文书档案和资料。1972年底,因为文化部大楼要腾让给外交部,将存放在后院几间房屋内的原出版总署和文化部历年积存的大量文件草稿、复制件、内部刊物等,全部拉到人民出版社食堂,准备送往纸厂化浆。这个堆放处与毛主席著作出版办公室仅一窗之隔。我发现后征得办公室军宣队领导同意,和一位原出版局的老同志赶到那里翻捡了三天,着重寻找原出版总署和文化部有关出版工作的历史文件资料,一共捡回三十多捆,第四天再去时,全部文件资料已被送往纸厂化浆。我还在被'造反派'和有关单位作废纸扔弃的纸堆中捡回不少,有保存价值的出版资料"①。正是冒着这种风险,凭着这种

---

① 方厚枢:《中国当代出版史料文丛》,中国书籍出版社2007年版,第594页。

毅力收集了大量有用的原始资料,才为他写一系列"文革"时期的有关出版史的文章打下了扎实基础。他写的《"文化大革命"初期的出版界概况》《"文革"十年毛泽东著作出版纪实》《毛泽东像出版五十年》《〈毛主席语录〉出版史话》《"文革"时期"革命样板戏"出版概况》《"文革"十年的期刊》等都具体生动再现了"文革"时期出版事业的情景,给人以身临其境的感觉。尤其是《周恩来总理"文革"时期对出版工作的关怀》,记述了在特殊年代,在特别困难的条件下,周恩来同志为扭转出版工作的困难局面,痛斥"四人帮"破坏出版工作的罪行,纠正极"左"思潮所采取的种种措施,如召开全国出版工作会议,恢复一些出版单位等,充分表现了周恩来同志对出版工作的关心支持而费尽心血。《邓小平主持全面整顿时期对出版工作的关注》,概述了在"文革"期间邓小平关于整顿恢复出版工作所采取的措施,如在文化出版部门正确执行"双为方针"、纠正"左"倾错误,支持恢复出版各类图书、批准召开编纂出版中外语文词典会议、支持《人民文学》复刊、授意创办《思想战线》杂志等。这些都对抵制"四人帮"对出版的破坏,扭转出版工作的被动局面起了积极作用。方先生在撰写的"文革"系列文章中,由于史料翔实真切,给人一种零距离现场真实感,有很强的说服力,可信度与权威性较高。1995 年 7 月他写的《当代中国出版史上特殊的一页——"文革"期间"毛主席著作出版办公室"始末纪略》一文发表后,有关专家评论说:"'文化大革命'这段在中国历史上少有的特殊时期,虽然过去还不到 20 年,但这段时期出版历史,世人却知道得很少,有关这段'动乱'时期出版史料的发表和研究的文章几乎还是一个空白……因此了解这段历史情况的人已经是很少很少的了。《毛主席著作出版办公室始末纪略》一文的作者,可以说是现仍健在的从头到底参加这项工作的唯一的一位先生。他根据当时的笔记本、记录材料和一些历史文献撰写了这篇文章,其中许多事情都是第一手资料,都是鲜为人知的,弥足珍贵。"①该文曾获1997年第二届全国出版科学研究优秀论文奖,并被《新华文摘》1996年第1期、《当代中国出版史料》等转载。后来,经过整理,方先生将所写的"文革"时期的二十多篇文章近二十万字分别收入《中国当代出版史料文丛》和《中国出版史话新编》中,因两书中内容包括毛泽东、周恩来、邓小平多位领导同志对出版工作的论述,涉及"文革"时期的多篇出版史料,现实性强,敏感度大。《中国当代出版史料文丛》一书送出版社出版时,出版社按照规定报新闻出版总署审批,总署转报中央权威机构审阅,该机构审阅后认为"本书是一部有关出版史料的文集,汇集了作者论述新中国出版工作的各类文章38篇。文章内容包括新中国成立以来出版业在各历史阶段的发展概况,重要书籍的编写及其出版发行情况,出版行业中各门类的发展历史,还有作者对在出版事业中有过重要贡献的人物的研究。全书文章涉及新中国成立以来出版工作的方方面面,内容比较全面、丰富。由于作者长期在出版行业工作,担任过有关部门的领导职务,亲身参与或见证了出版行业中的许多重大活动、重大事件。更为难能可贵的是,作者长期以来收集了大量的出版资料进行了深入的研究,发表过一系列研究文章,从而使本书记叙史实比较准确,也留下许多珍贵的出版史料。对读者了解或研究中国的出版事业,具有重要的史料价值。本书中的文章绝大部分已经分开发表过,未发现有不当的观点和不准确的史实"②。这是对这一成果的最好评价。

方先生做人低调,学术研究求高。他在出版史的研究中从不过分自信。他恪守"疑怀不放、穷追不舍"的精神。对有疑的一个字一句话也不轻易放过,具有诗词作家"吟安一个字,捻断数茎须"

---

① 叶再生:《出版史研究(3辑)》,中国书籍出版社1995年版,第252页。
② 方厚枢:《中国出版史话新编》,河南大学出版社2010年版,第493—494页。

锤炼推敲的功夫。凡遇拿不准的问题,他能一查到底弄清为止。2000年初,他承担了宋原放主编的《中国出版史料》中"现代部分"和"补卷"中部分史料的辑注工作,当中有一篇文章,涉及个别语句的出处问题。文中有"处则充栋宇,出则汗牛马(余嘉锡先生语)"一句。他感到引文出处有疑,经查证史料后给作者写信说:"这两句话源出于唐柳宗元《柳先生集》九:'唐故给事中皇太子侍读陆文通先生中墓志'内……其书为,'处则充栋宇,出则汗牛马'。因此,是否可将'(余嘉锡先生语)'一句删去。稿中另有个别处,亦请阅后改正。"这位作者回信感谢说:"您订正之处极是,如果我们的编辑都能如您这般认真,中国图书质量一定会大大提高。"①

当代出版史研究难度相对较大。由于时局变化急速,经过历史事变的一些人已先后作古,少数健在者也因年代过久,有些史实单靠个人回忆,难免有错漏之处。由于历史社会政治的原因,或者由于作者、编纂者的偏见或疏忽,有些历史资料包括档案资料也会有缺失谬误之处。因此,研究者、整理者必须对原有的资料用历史唯物主义的观点,进行科学的分析、考证和甄别,清除前人史料中蒙蔽史料真相的迷雾,使有关的真相显露出来,以达到去伪存真,去粗取精,以防根据个人好恶,以主观的、政治的需要去随意歪曲历史事实。方先生一向治学严谨,尊重事实,重视调查研究,包括向出版界前辈陈翰伯、边春光、王子野、王益、陈原、倪子明和王仿子等虚心求教,力求弄清问题,如2005年5月他在写《历史回望:新中国出版事业的开端》一文时,涉及出版委员会的问题,发现已发表的文章中有些情况和事实有出入。他就向当时在出版委员会工作的王仿子了解真实情况,后对其中的某些事实作了辨证。对于学术界有争议尚无定论的问题他不妄下结论,如中国造纸术起

---

① 宋应离:《中国出版史话新编·序》,河南大学出版社2010年版,第3—4页。

于何时,他将古籍中的六七种说法列出,供研究者参考,其严谨认真可见一斑。出版家王益评价他:"做什么事都一丝不苟。"

活到老 写到老

方先生 1943 年参加出版工作,直至 1993 年退休的半个世纪里,从一个基层图书发行的营业员到走向国家管理出版工作的上层机构,虽工作岗位几经变动,但始终没有离开出版战线,其间担任过多种刊物图书的编辑工作,特别是他主编《中国出版年鉴》长达近 20 年,1993 年退休后,仍退而不休,从事出版工作和出版史的研究。从退休到 2006 年 14 年内,主编和参与编辑的图书报刊有 15 种,总字数 2500 余万字。

在治学的道路上,方先生有一种自强不息、默默耕耘并勤于思考的恒心。他真正做到了"无时不思,无日不写"。他虽已进入耄耋之年,身体健康欠佳,曾两次患脑血栓,但他珍惜时光,从不歇步,表现出一种惊人的耐力。他不以颐养天年为乐,反以从事研究为快事,把写作看作是一种欲望的倾诉,是一种幸福的满足,做到老有所学,老有所为,老有所献,在治学上保持持久的后续力,做到生命不息,思考不止,写作不止。他曾这样描述自己的经历:"五十年来工作岗位虽几经变化,但始终没有离开过出版业,经历了从卖书、宣传书、管理书、研究书到编书、著书的漫长过程。退休后的十多年来,我未放下手中的笔,继续为研究中国出版业的历史发挥余热,尽一个老出版工作者应尽的责任。"①

2005 年,他的新著《中国出版史话新编》交河南大学出版社出版之时,他在一次给我的电话中说,他已把过去存放的资料和图书、文件,捐献给正在筹建的上海出版博物馆,找到了最合适的地

---

① 方厚枢:《中国出版史话新编》,河南大学出版社 2010 年版,第 495 页。

方,今后可以继续为有志于我国出版史研究的同志服务,更好地发挥作用。说到今后的打算时,方先生说,这是他写的最后一本书,今后不打算再写了。话虽是这样说,他并没有真正停止研究工作。他犹如一座贮存丰富的矿藏,其中有挖不尽的宝藏。不久前他又在《中华读书报》上发表长文。听说他又有一部新作即将出版。一位熟悉方先生的老友对我说,方先生的东西是写不完的。

人的生老病死难于预测。方先生虽然永远离开了我们,但他研究中国出版史表现出来的敬业精神及其取得的丰硕成果,作为一份珍贵的遗产,永远留在我们心中。

方厚枢部分著作

原载《出版史料》2015 年第 1 期

新中国出版事业发展的历史见证
——读《中国当代出版史料文丛》

新中国建立半个多世纪以来,出版战线同其他各条战线一样,取得了举世瞩目的伟大成就,其整体面貌发生了历史性巨变。出版物的质量、数量、总体规模和影响力,都超过了历史上任何一个时期。

如何用马克思主义的历史唯物主义观点,历史地、客观地、全面地回顾总结新中国建立以来出版事业的发展,是当代出版史研究的一项刻不容缓的任务。2007年5月,由中国书籍出版社出版的方厚枢先生撰写的《中国当代出版史料文丛》(以下简称《文丛》)是研究这一段出版史的可喜成果。这段历史离我们很近,其中探讨的问题对我们有很强的现实意义和针对性。

《文丛》收录了作者多年来在报刊上发表并经过删节补充的论文38篇,近54万字,另有珍贵照片、书影、手迹46幅(件)。通读全书,感到有以下几个特点。

史料真实,可信度高。出版史料是出版史研究的基础。本书收入涉及的史料,一是来自出版领导部门档案文献史料;二是作者亲历、亲见、亲闻的第一手"活资料"。鉴于作者长期在出版领导机构和特殊部门("文革"期间毛泽东著作出版办公室)和中国出版科学研究所工作,具有得天独厚的有利条件,这就使得作者所收集的史料具有相当高的权威性和可信度。如书中有关"文革"时期毛主席著作出版情况,作者以自己的亲见亲历,作了真实、客观地梳理与介绍,提供了许多鲜为人知有价值的研究史料。《周恩来总理"文革"时期对出版工作的关怀》,记述了在特殊年代,特别困难条件下,周恩来同志为了扭转出版工作的困难局面,纠正"四人帮"极左思潮所采取的种种措施,诸如召开全国出版工作座谈会、恢复一些出版单位、制定中外语言辞书十年出版规划等。充分表现了周恩来同志对出版工作的关心支持而费尽心血。这些真实可信的具体记述与回忆,至今读来,历历在目,感人肺腑。

内容丰富,涵盖面广。新中国半个多世纪以来,历经政治风云变幻,出版战线的重大事件迭起。出版工作受到"左"的干扰,出现了许多复杂的新情况、新问题。作者善于把握这一历史时期出版事业发展的整体态势,构建全书内容。既有对出版工作从宏观上作出全局的总体情况的概括,又能对各个历史时期的出版工作进行具体分析与评析;既有对出版成绩的充分肯定,又善于通过具体事例总结吸取教训;既有对出版政策、出版教育、出版科研历史和现状的回顾与展望,又回忆介绍了杰出编辑出版家呕心沥血、献身新中国出版事业的感人业绩。本书虽不是完整意义的新中国出版史,但作者能从多角度、多侧面勾勒出新中国出版事业发展的历史脉络与概貌,为了解新中国出版史、为编写新中国出版史提供了有益的参照。

语言生动,可读性强。本书作者由于对研究的对象和事件了解熟悉,身临其境,在行文中又饱含自己的真挚感情,能以事感人,以情动人。在语言运用上通俗易懂,形象生动,感染力强,从而调动了读者的阅读兴趣。如《深刻怀念陈翰伯》一文,真实介绍了从事50多年出版工作的陈翰伯同志,为了改变"大国家,小字典"的落后现状,不顾身体多病,带领专家学者,调查研究,制定规划,组织班子,狠抓落实,做好《汉语大词典》《汉语大字典》的编纂工作。1983年9月,他在厦门召开的《汉语大词典》第三次编委会上的讲话,其中有这样一段动情的话:"昨天,我想到陆放翁的两句诗:'王师北定中原日,家祭毋忘告乃翁。'早晚有一天,我们会得到消息,《汉语大词典》已经全部出齐。我们是无神论者,也是无鬼论者,可是在这一点上我宁可让步一下,希望得到这个消息,能够知道这书已经出版了,九泉之下也会很高兴的。"读完这段文字,真为一位老出版家的献身精神而深深感动。

方厚枢先生从20世纪60年代至今40年间,一直未间断对出版史料的收集研究。他勤奋执着、严谨认真,在困难条件下也从不间断对史料收集的韧劲与耐力,很值得我们学习。他是一位科研成果颇丰的老同志,今已80高龄,仍在笔耕不辍,其老骥伏枥的精神令人敬佩。

原载《中国出版》2008年第6期

五十春秋铸华章　离而不休续新篇
——记图书发行家郑士德

八秩霜鬓迟，孜孜求新知。
余生忙播种，指日绿满枝。

——郑士德八十自励诗

郑士德（1928—　）

由中国共产党领导和创办的新华书店于1937年4月在革命圣地延安成立。她历经抗日烽火、解放战争的硝烟直至新中国成立发展壮大至今，已走过了近80年的光辉历程。在这段漫长的岁月里，新华书店的广大职工，以宣传马列主义、毛泽东思想、中国特色社会主义理论体系，向广大人民群众传播科学文化知识为己任，为新中国的创建、为社会主义精神文明建设作出了巨大贡献。"这些默默的播种能手——新华书店的兄弟们，几十年来，在人民的这块沃土里，奉献着自己神圣的青春。用生命去播种,用生命的乳汁催发了知识之花"①。与此同时,涌现了一批忠于党的出版事业,热爱发行工作的优秀发行家和模范工作者。他们当中有徐伯昕、邵公文、王益、史育才、李文、卢鸣谷、周保昌、王璟、汪轶千、周立伟、余德槐、黄腊荣等350余人。② 现已年逾88岁仍默默无闻为图书发行事业不停息工作的原新华书店副总经理郑士德是其中的典型代表。

图书发行伴一生

郑士德,1928年生,黑龙江省宁安市人,中共党员,编审,大学本科学历。1946年参加革命工作,历任《牡丹江日报》发行科长、东北书店牡丹江分店经理,合江省分店经理,新华书店哈尔滨分店经理,新华书店东北总分店图书发行部主任。1954年调北京工作,先后任新华书店总店研究室主任、编刊室主任、副总经理、《图书发行报》总编辑、《中国图书商报》首任总编辑、中国书刊发行协会常务副会长兼秘书长等。1992年享受国务院颁发的政府特殊津贴,1999年获"中国韬奋出版奖",2009年被评为"新中国六十年百名优秀出版工作者"。1993年离休。

郑士德一生勤奋,在做好发行工作的同时,积极开展学术研究,撰写专著和主编的学术著作、培训教材三十多部,发表研究论文近百篇。

一个人对自己从事职业的热爱与执着是以对所从事的工作性质的深刻认识为前提的。郑士德自参加工作之始,就初心不改,对出版事业有一种虔诚的敬仰,把发行工作作为终生的切身事业倾

---

① 伍杰:《播种之歌》,《发行家列传·序》,中宣部出版局编,辽宁人民出版社1988年版。

② 《发行家列传》共出4集,收入发行人物350余人。

心尽力。生活的实践、特殊的经历使他终生难忘。1949年10月3日,全国新华书店出版会议在北京召开。来自全国各大行政区的70多位正式代表共聚一堂欢庆会师。作为东北新华书店的10位代之一,最年轻的代表郑士德荣幸地出席了这次大会。会议期间,毛泽东主席接见了全体代表。他清楚地记得,毛主席紧紧握着他的手亲切地笑着说:"噢!青年团员!"(当年,他已经是共产党员)这一盛况使他终生难忘。毛主席为这次会议的题词"认真作好出版工作"使他铭刻在心;陆定一部长在会议闭幕词中说:新华书店的工作人员,首先是革命家,同时又是出版工作者。这些话语成为他终生工作前进不竭的动力。此后不久,1950年11月,中共中央西南局第一书记邓小平为新华书店西南分支店会议题词:"加强政治文化粮食的出版发行工作,消灭落后和愚昧状态,乃是我们长期而严重的政治任务。"这段至理名言,成为他作好发行工作的强大动力和精神支撑。多少年后,他在一篇文章中谈到学习邓小平这一题词的感受时说:"小平同志把出版物称作政治文化粮食,科学地指出出版物具有宣传教育和普及科学文化知识的作用。它同粮食一样,人人必需,一日不可或缺。没有粮食,人们难以果腹,无法生存与健康成长;没有政治文化食粮——出版物,人们的政治觉悟难以提高,科学文化知识难以传播,无法摆脱落后与愚昧状态,无论国家还是个人,落后和愚昧就要挨打,就要受侵略、受欺压、受愚弄,无法富民强国。"[1]这就从理论的高度提升了他对图书发行工作的认识。

实践出真知,辛勤结硕果。郑士德参加图书发行工作的起点是扎根在基层。1946年只有17岁的他担任东北书店牡丹江分店经理,初期仅开办一个两间平房的小书店,连他本人只有4个职工,生活环境和工作条件极差。但他和大家一起迎难而上,艰苦创

---

[1] 郑士德:《重温小平同志的题词》,《出版参考》2004年9月上旬刊。

业。在很短时间内,书店业务发展了,办成两层楼四开间的中型书店,自己出版十多种图书。为了扩大书刊销售,他跑遍了当时的牡丹江省,在各县党政领导机关的支持下,相继建立了14个县支店,还在16个大集镇邮电局建立了书刊代销处。1948年牡丹江省建制撤销,他调到佳木斯任合江分店经理。解放后的农民经过土地改革,粮食获得大丰收,但手头缺少现金。郑士德组织合江省各县支店下乡,发行冬学课本、年画和春节文娱材料,农民可以用粮食换取书画,一碗玉米换一本书。汤原县支店经理下乡,组织农村青少年"买一本,看百本",实际上就是在农村建立小型图书室。郑士德思想敏捷,善于总结好的经验,将基层店的这一经验很快在全省各县书店推广,书画下乡搞得很活跃,受到合江省委宣传部表扬。省委宣传部长李长青批示《合江日报》,于1949年2月28日用整版篇幅发表了介绍郑士德的《东北书店合江分支店书画下乡后业务兴隆》5篇文章。① 后又批示该报用整版篇幅发表了《合江分店1948年工作总结》。

1949年4月,郑士德调任东北书店(当年7月改称新华书店)哈尔滨分店经理,他集中精力抓门市工作和农村发行,在总结经验的基础上写出了《门市工作十四条》、《农村发行二十条》等文章。由于工作富于创新,业绩突出,1950年初被评为东北全区新华书店的一等工作模范。

根据形势的发展和工作需要,郑士德屡换工作单位。

1950年12月,我国出版事业实行出版、印刷、发行专业分工,郑士德调任专营书刊发行业务的新华书店东北总分店(在沈阳)任图书发行部主任。在此期间,他在总分店经理周保昌支持下,实行了两项改革。

---

① 梁英:《上下求索40年——记致力于图书发行学研究的郑士德》,中宣部出版局编《发行家列传》(一),辽宁人民出版社1988年版。

一是垂直发运。未分工专业前,新书发运,由东北书店总店先发给各省分店,再由省分店发给本省(市)县支店。这不仅增加了流转环节和发运费用,人为拖长了新书同各县读者见面时间。垂直发运就是新书发运不再经过省分店由总分店图书发行部供应科直接发运到各市县支店。

二是目录征订。在未分工专业前,出版新书,一律由东北书店总店出版部或总经理决定印数,发行部除酌留储备外,均主动发给各省分店。实行分工专业以后,原来的东北新华书店(总店),以编辑部、出版部为基础成立了东北人民出版社,以发行部为基础成立了新华书店东北总分店。印数由出版社决定,订数则由总分店决定。过去,向分店主动分配新书,盲目性较大,各分店意见颇多,郑士德从哈尔滨分店调到总分店后,他从苏联书店的"布拉克"(目录征订)受到启发,决定向东北全区200多个分支店实行目录征订,按分支店的新书订数垂直发货。这样,有效地解决了分支店的脱销、积压问题,加快了图书周转。

发行工作的重要任务,是最大限度地满足读者需要,及时把图书送到读者手中。1951年初,中国人民志愿军副政委兼政治部主任甘泗琪将军回到沈阳,希望东北书店派人到朝鲜战地,供应适合战士阅读的图书。东北总分店派郑士德专程赴京,向新华书店总店请示汇报,建议由全国新华书店组成战地文化服务队,奔赴朝鲜前线,向志愿军广大战士无偿供应书刊。总经理徐伯昕经请示出版总署,表示同意这个建议,并组织全国新华书店为志愿军募集书刊。不久,由总店派来的54人(含东北总分店12人),组成战地文化服务队,经短期集训,携带大批图书奔赴朝鲜前线。他们在志愿军政治部领导下,冒着枪林弹雨为志愿军创办1000多个连队图书箱,并为连队建立6000多个图书室,供志愿军战士在战斗空隙时间阅读。战士们文化程度较低,在坑道里惟一的文化活动就是看鼓舞士气的连环画册,如歌颂董存瑞炸碉堡以及杨根思、邱少云等抗美援朝战斗英雄事迹的连环画册,非常受欢迎。为此,抗美援朝总会重印 80 万册连环画册,发给沈阳的东北总分店,由东北总分店通过军用交通工具转发朝鲜前线的战地文化服务队。郑士德主要负责战地文化服务队的工作,并在图书发行部新建了部队发行科,具体负责与东北军区、志愿军后勤部、战地文化服务队的联系,并向朝鲜战地运送图书。郑士德组织人力对全国书店募集来的大批图书进行审读。他规定凡是不适合战士们阅读的图书,一律不运送到朝鲜战地。各个连队组织战士阅读这些图书,向战士进行爱国主义和国际主义及英雄主义教育。1956 年 8 月,中国人民志愿军政治部在写给朝鲜战地文化服务队和新华书店等单位的信中,高度赞扬了当战斗在抗美援朝斗争最前线的志愿军指战员急迫需要精神食粮之际,书店职工给志愿军送来了大批书刊,对鼓舞部队士气,密切军队与祖国人民的关系和配合国际主义,爱国主义,革命英雄主义教育方面起到了巨大作用,对书店广大职工在朝鲜战地两年多的工作表示深深感谢。

1954 年 9 月,郑士德调北京,任新华书店总店业务处副处级秘书,其主要任务是以总店名义推动全国新华书店建立农村发行网——发展基层供销社售书点,扩大发行农村读物。1958 年任总店编刊室副主任,主持《图书发行》报的编辑工作。他经常下乡采访,撰文总结推广图书发行经验,"文革"时期停刊。1979 年《图书发行》报复刊,公开发行,郑士德任主任兼总编辑。

理论研究促发行

受历史上轻商、贱商观念的影响,一些人认为图书发行只是搬搬捆捆的简单体力劳动,什么人都可以干,社会地位低下,被人漠视;在出版界普遍存在重出版轻发行的偏见。其实,图书发行工作有丰富的理论内涵和深刻的学问,这当中也孕育着伟大业绩。"图书发行工作担负着传播人类精神文明的重要任务。人类精神文明主要是是依赖书籍、报刊等记载和积累下来的,而它的广泛传播,却有赖于发行工作。离开了发行工作,任何出版物都不能发挥它应有的作用……现在不少读者喊着'买书难',而出版社、书店又感到'卖书难',这是图书发行工作中的供求矛盾没有解决好。图书发行学则着重研究和分析图书发行工作中的各种矛盾(其中当然也包括供求矛盾)及其解决办法,探讨图书发行工作的规律性。所以,研究图书发行学,提高发行人员的学术水平,可以提高发行工作的工作质量和工作效率,使发行工作更好地为'四化'服务"①。"图书发行是一个很值得研究的社会现象,近期的销售热点和发行业绩显示了当前人们的一种文化心态,可见发行学应是一门很深的学问"②。发行一头连着出版,一头连着读者,是沟通出版者与读者之间的纽带和桥梁,这个中间环节能打通,可以一通百通。作为长期从事发行工作的郑士德,时刻进行图书发行理论研究和促成发行学的建立。几十年来,特别是改革开放以来,他发表了一系列发行理论研究论著。20世纪90年代初,他写的《关于图书商品流通规律的探讨》就是其中的一篇代表作。作者运用马克思《资本论》中有关商品流通、货币交换的原理,阐明了图书作为商品经营的一般规律以及图书的供求规律、进销规律、促销规律。作者首先肯定图书是物化的精神产品,又是商品。图书作为精神产品,图书发行工作具有文化宣传属性;作为商品,图书发行工作具有商业属性,二者的对立统一、精神产品的传播规律与商品流通规律的统一,构成图书发行的科学内容;作为商品的图书,是遵循商品流通的一般规律即通过货币交换而产生社会效益、经济效益。关于图

---

① 徐召勋:《图书发行人员应当进行学术研究》,《徐召勋论著选集》,黄山出版社1998年版,第463—464页。
② 姚福申:《绪论 关于中国图书发行史的一些思考》,高信成《中国图书发行史》,复旦大学出版社2005年版,第7页。

书的供求规律,作者认为供求之间存在图书发行总量与需求总量之间的矛盾;图书品种构成与需求之间的矛盾;图书供求在时间与空间的矛盾。因此,图书发行部门要善于调控它们之间的矛盾。图书进销规律是指图书的购进数量只能跟着需求数量的展开而展开,其订添货频率、重印率与供求满足率成正比。作者提出的图书流通的三个规律具有一定的创新性。这是改革开放之初较早探讨图书流通规律的论著,对发行者具有一定的启发性。本文被评为1991年首届全国出版科学研究优秀论文。

理论来源于实践,反过来又指导实践。科学研究的任务在于揭示事物发展规律,更好地为现实服务。郑士德图书发行理论研究的一个重要特点是立足国内,面向市场,关注现实,在研究工作中做到三个结合。

一是认真读书与调查研究相结合。读书能启迪智慧,开拓视野。郑士德20世纪50年代在中国人民大学贸易经济系读书时,虽然政治运动一个接一个,他还是尽可能抓住一切空隙时间广泛读书,打下了专业知识的扎实基础,为他后来从事理研究打下了根基。他深知搞学术研究,光靠关门读书不行,只有把读书和社会实践结合起来才可取得成效。早在20世纪50年代,我们党开展了对私营工商业的社会主义改造,而对私营发行业的改造是其中一个重要组成部分。1955年4月,在上级主管部门安排下,他被抽调到西安市对私营书店进行了50余天的调查访问,协助西安市新华书店落实了党对私营书店的安排改造政策。1990年代他撰写了《1955年安排改造私营书店的历史回顾》。这篇论文回顾了西安市私营书业的概况以及对私营书店的政策、改造的成果,最后提出了两点启示:一是批发环节是图书流通的枢纽,"批发从严,零售从宽"是规范图书市场秩序的必由之路;二是合理的发行折扣是疏通发行渠道的关键,这对搞活图书流通具有重要参考价值。改革开放以来,图书市场发生了新的变化。为了适应新形势,总结新经验,他和别的同志于2004年走访了浙江省大中型书店,肯定了浙江省新华书店系统从计划经济走向市场经济,立足新的实践和新的发展理念,突破旧体制的弊端,使精品图书增多,销售上升,采购成本下降,又按照"精干效能"原则建立新的用人机制和管理制度,使得发行费用减少,利润上升。根据调查情况,写出了《先进生产力推进书业规模经营》一文,肯定了浙江的经验值得借鉴推广。

二是理论研究与解决现实问题相结合。发行改革是一场革命,在前进道路上会遇到曲折和困难。1989年,郑士德被新闻出版署临时抽调到署发行司,专题研究图书发行改革问题。他经过调查研究和署党组讨论,把当年的发行改革概括为"三放一联",即放权承包,搞活国有书店;放开批发渠道,搞活图书市场;放开购销形式和发行折扣,搞活购销机制;大力发展横向联合,打破条块分割和地区封锁。经中宣部出版局副局长袁亮同志在文字上修改润色,形成《关于当前图书发行改革若干意见》的文件,由中宣部、新闻出版署联合发出。实践证明,这些改革措施对缓解"买书难"、"卖书难",打通发行环节的中间梗塞,搞活流通渠道,增强出版者、经营者社会效益与经济效益起了积极作用。但在前进中也出现了一些新的问题,突出的表现是一些出版单位和发行部门片面追求经济效益,乱编乱发,造成发行秩序混乱。针对这种情况,郑士德撰写了《整顿图书流通秩序是当务之急》,列举了五种混乱的表现:一是权力战。党、政、军、教、群等机关团体,以最优惠的价格从出版社直接取得货源,运用自己的行政权力发通知、下指示,要求所属系统或有关单位必须向他们购买指定的图书,这些权力机关并没有经营图书的许可证,其发行所得利益归自己。二是折扣战。出版社以低于国营书店发行所得的批发价格,把大中城市的批发市场抢走;以低于国营书店的零售价格,把相当一部分公费购书抢走,以低价向本系统出售图书,与书店搞不平等竞争。三是回扣战。部分集体、个体书店逃税、漏税,用请客送礼给现金回扣等手段经营图书,腐蚀、拉拢公费购书单位的经办人,而自己获得经济利益。四是买书号战。用现金向少数出版社买书号独家发行,严重冲击了国营书店的正常销售图书。五是转移战。一些书店看到不赚钱,就淡化一般图书的经营,把注意力转移到销售热门书,导致热门书销售过热,一般图书、学术著作发行严重萎缩。作者进一步指出,造成图书流通秩序混乱的原因:是改革目标与现行出版经济政策不配套;产销形式与购销模式不配套;竞争措施与协同措施不配套。解决这一问题的关键是出版、印刷、发行三者协同一致,互相合作,平等竞争,协同发展。此文分析透彻,针对性强,也显示了作者敢于批评的勇气。

随着发行体制改革的深入,在20世纪90年代还出现了一些新的情况。郑士德在《发行行业"围城"现象说明什么》[①]一文中指出,我国图书发行的主力——一些新华书店守不住寂寞,耐不得清贫,纷纷"出城"跨行业经营其他商品,诸如服装、百货、家电,或缩小门市部的经营面积,开办金店、餐厅、舞厅、宾馆;一些经营图书的农村供销社也不再卖书而经营其他商品,这叫"出城"。与此同时,在"城外"的某些单位通过多种手段卖书营利;一些无照经营的皮包书商住高级宾馆,用长途电话控制图书批发网络,这是典型的"进城"。究其原因,"出城"是因为发行环节效益不好,把部分资源转让出去;"进城"是因为图发行环节的效益好,要把发行资源配置起来。"出城"也可以说不务正业,自设陷阱,失守城池。"进城"是投机取巧,谋取暴利。根源之一是一些国营书店图书进销差价率太少,无利可取。要消除发行行业的"围城"现象,措施之一,必须把改革进销差价率作为突破口。这篇文章虽近两千字,但针对性强,对图书发行工作有重要启示作用。

---

① 郑士德:《发行行业"围城"现象说明什么》,《出版发行研究》1993年第2期。

三是研究国内与研究国外相结合。图书发行折扣的高低,直接影响流通渠道的畅通与否。郑士德在《理顺图书发行购销差价探讨》一文中,运用马克思的"贱买贵卖是商业的规律"的理论,阐明合理的科学的发行折扣是疏通发行渠道的经济杠杆。为了合理制定发行折扣,他对旧中国的民营书店和解放区新华书店的发行折扣(40％)作了回顾,并同我国七八十年代的发行折扣(25％)作了纵向对比,认为现行的发行折扣偏低。他又同国外的一些书业进行横向比较,如英国的发行折扣为33.3％—40％,法国为37％—40％,加拿大为40％—60％,虽然他们与我国的国情不同,但我国在六七十年代的发行折扣不到30％,比较偏低。他建议要逐步提高发行折扣,改变商品经济时期价格形成机制和方式,合理计算流通成本和流通利润,充分发挥流通渠道的作用。

改革开放以来,新闻出版战线适应新形势的需要,出现了许多新事物。20世纪80年代中期,出版学、编辑学的兴起就是一个新的创举。但是,作为有悠久历史的图书发行学还未建立,这引起了郑士德的思考与关注。他将他的发行理论进一步深化,把研究建立图书发行学作为一个新的目标。他较早撰文呼吁倡导建立中国自己的图书发行学。他在《关于图书发行学的探讨》一文中,提出建立图书发行学的理由是:一是我国图书发行有悠久的历史和丰富的经验;二是社会主义现代建设的新形势,要求我们加快图书发行学科的建设;三是对这门学科的研究建设已经有了一个良好的开端。武汉大学早在1983年就建立了发行专业,以后陆续有几所大学建立了图书发行专业,全国已建立十多所图书发行(印刷)中专学校。

任何一门学科都具有它特定的研究对象。"科学研究的区分,就是根据科学对象所具有的特殊矛盾性。因此,对于某一现象的

1983年9月10日武汉大学在开学典礼后又举行了图书发行专业首届开学典礼。新华书店总店副总经理郑士德出席了开学典礼。

领域所特有的某一种矛盾的研究,就构成某一门科学的对象"①。图书发行学主要研究图书供求关系的各个方面的矛盾。具体说来就是要研究书店的经营规律、发行网点的配置规律、供求规律、促销规律、图书流转形态规律等。可见图书发行学的研究对象及涉及的内容是很丰富的,完全可以成为一门学科。

有学者认为,各种矛盾是哲学研究范畴。郑士德接受了这个意见。2014年经反复研究,他把图书发行学的对象,定义为研究图书发行活动及其发行规律的应用学科。发行规律在一定条件下反复起作用,但又是看不见、摸不着,只有通过图书商品的进、销、存、退等发行活动所表现出来的种种现象,找出本质联系和必然联系,才能逐步认识它、掌握它。本学科立足于图书发行企业,以市场需求为中心,以图书发行活动全过程(含线上线下)为研究范围,认识和掌握发行规律,更好地满足读者需要,获得社会效益和经济

---

① 毛泽东:《矛盾论》,《毛泽东选集》第1卷,人民出版社1991年版,第309页。

效益的最佳结合。与此同时,他对图书发行的学科性质,基本内容和分支学科也作了较为详尽的阐述。

为解决发行学教学急需和基层书店骨干培训需要,新闻出版署于1980年代建立了图书发行学高等教材编审委员会和图书发行学中专教材编审委员会。新华书店总店总经理汪轶千任这两个编审委员会主任,郑士德任副主任,具体主持图书发行的高校教材、中专教材的编写工作。

呕心沥血育英才

"文化大革命"期间,出版工作受到严重摧残,新华书店职工被视为资产阶级知识分子,全体人员被下放劳改,工作停顿。粉碎"四人帮"之后,新华书店恢复了正常营业,一大批新的职工进店。但对发行工作不熟悉,业务素质偏低,培训提高的任务迫在眉睫。1979年4月国家出版局召开全国书发行工作会议,把培训发行队伍提到重要日程。面对新的培训任务,急需编写一批高水平的教材。新华书店总店把这一任务交给了时任编刊室主任的郑士德。编写新的教材没有现成的图书可供参考,也缺乏编写人才。本着边学边干,在实践中学习的精神,郑士德走访了江苏省一些书店,并物色了8位有发行经验又有一定文字表达能力的同志,凝聚群力,组成编写组编写教材。在他主持下,"从1979年开始,总店会同江苏、上海……黑龙江等省市书店储运公司,组成八个编写组,陆续出版了《图书发行学概论》《图书发行管理学》《农村发行工作》《门市工作》《科技书发行工作》"[①]等书。全国各地新华书店系统,运用这套教材先后培训职工7万多人,提高了发行人员素质,有力

---

① 郑士德:《五十春秋话新华》,新华书店总店出版发行1987年版,第38页。

地推动了图书发行工作,这其中郑士德付出了大量心血和智慧。

1984年总店投资285万元,支持武汉大学的图书发行专业。此后,安徽大学、成都大学、中山大学、北京商学院也相继建立了图书发行专业。北京印刷学院、中央文化管理干部学院也相继培训在职发行干部。此外,各省、市、区新闻出版局先后建立12所图书(印刷)发行中专学校。新闻出版署以新华书店总店为基础组建了"图书发行学高等教材编审委员会""图书发行学中专教材编审委员会"。指定新华书店总店总经理汪轶千为两个编审委员会主任委员,副总经理郑士德为两个编审委员会的副主任。由郑士德具体负责主持这两个系列教材的编写工作。从1985年到1999年,郑士德共主编图书发行高校教材12种,根据新闻出版署的通知,均由高等教育出版社终审出版;图书发行中专教材18种,均由中国书店出版社出版。郑士德吸收原由新华书店总店出版的《图书发行学概论》的研究成果,又历时四年,三易其稿,重新撰写了富有理论彩色的《图书发行学概论》,供高校使用。

面对多媒体蓬勃发展和电子出版物的崛起,图书市场激烈竞争的今天,如何探索图书发行的新路子,是摆在出版发行工作者面前的一项艰巨任务。2014年郑士德撰写了由人民出版社出版的《图书发行学案例教程》。这既是一部供高校发行专业使用的教科书,也为出版发行单位做好发行工作提供了参照。本书主线鲜明,重点突出,富于创新,具有较高的理论价值、操作价值。全书在每个章、节的论述中,引用穿插了正反两方面的案例411个,既为出版工作者开阔了思路,扩大了视野,也为发行工作者提供了操作范例。

名著传世弥久存

研究历史的任务,在于将过去的真实予以新的意义,新的价值,供现代人资鉴。

新华书店在近 80 年的历史长河中积累了丰富的经验,也有着优秀的传统。从 20 世纪 80 年代,郑士德就着手图书发行史料的收集、整理和编辑工作,他一方面请老一辈图书发行家撰写回忆录;另一方面又亲自深入社会调查,查阅各种资料,到 1990 年,已经编辑出版《书店工作史》4 辑,近百万字,在此基础上,1978 年,为纪念新华书店成立 50 周年,他主编了《新华书店五十春秋》一书,系统地记述了新华书店总店和各省、市、区新华书店的发展历史,概括总结了新华书店发展的历史及其优良传统,成为向全国新华书店职工进行店史教育和革命传统教育的教材。邓小平同志亲自为这部书题写了书名。

新中国建立之后特别是改革开放以来,中国出版史、编辑史的著作相继出版,唯独研究中国书业发展历史的图书还不多见。郑士德在进行有关发行人员编写培训教材的基础上,萌发了要写一部图书发行史的念头。

学界常说十年磨一剑。在视力不好的情况下,他用了 20 年时间,终于写出了一部近 80 万字的《中国图书发行史》,2000 年由高等教育出版社出版,初印 7000 册,很快售完。在初版基础上,经过 8 年反复修改,补充新的史料,由新闻出版总署署长柳斌杰作序,2009 年由中国时代经济出版社出版了第二版(增订本)。这种锲而不舍、精益求精的写作态度令人钦佩。

通读这部 80 万字的杰作,与别的同期专著相比,有以下几个特点。

一是时间跨度长。本书从先秦写起,跨越时空两千多年,多侧面、多角度对各个朝代的书业情况进行了全景式的扫描,画出了中国图书及其发行业的轮廓。"本书对这些书业史知识和历史上重大的出版发行活动,作了饶有趣味的解读。以史为鉴,继往开来,善于从行业的历史进程中汲取营养,并把这种历史创造继续下去,就一定能把今天的书业办得更好"。"本书可以说是行家里手写的行业史,是一部精彩的书业发展史,是出版业的基础教材"①。与同类著作相比,本书写作的时间跨度是最长的。

二是富于创新。学术研究贵在创新。作者在书中,充分揭示了文字的起源、图书的起源,探讨了我国最早出现的书肆和书业集市,记述了在印刷术发明之前抄书售书为业的佣书历史,并纠正了以往对一些历史事实的误记。在讲书业发行的同时,对出版、印刷、典型出版物的出版也作了介绍,既可作为发行史读,也可供作出版史研究。

三是详今略古。"按照详今略古的原则,本书对1840年鸦片战争以后中国半殖民地半封建社会各派政治力量创办的书业以及近现代民营书业,作了详细叙述"。"把五四运动以来中国共产党创办和领导的进步书店斗争史,作为本书的重中之重,对解放区、国统区以及沦陷区发行革命书刊的情况,作了全面论述……对于20年来(1978—1999)的图书发行改革,作者在充分肯定取得巨大成绩的同时,也指出了某些失误和需要继续解决的问题。改革正在深化,作者观点"只是一家之言,但对图书发行事业改革和发展有一定的参考作用"②。

四是资料丰富。资料是研究工作的基础。马克思曾说:"研究必须充分地占有材料,分析它的各种发展形式,探索这些形式的内在联系。只有这项工作完成以后,现实的运动才能适当地叙述出来。"③作者在论述每个历史时代书业概况时,又运用了大量的典

---

① 柳斌杰:《一部精彩的书业发展史——〈中国图书发行史〉增订本序》,中国时代经济出版社2009年版。
② 汪轶千:《一部难得的图书发行行业史》,《〈中国图书发行史〉初版序》,2000年3月,中国时代经济出版社2009年版。
③ 马克思:《〈资本论〉第一卷第二版跋》,《马克思恩格斯选集》第2卷,人民出版社1972年版,第217页。

型史实加以叙述,既有概况的介绍,又有对洛阳、开封、长安、杭州、南京、北京等书业的典型案例,给人留下深刻印象。本书引用了古代文献及近现代的档案年鉴资料数百种,丰富了书的内容。

《中国图书发行史》是一部开创性的杰作,不仅有现实意义,也具有深远的历史意义,必将长久流传人间。英国作家塞谬尔·斯迈尔斯说:"书籍具有不朽的本质,在人类所有奋斗中,唯有书籍能受岁月的磨蚀。庙宇与雕像在风雨中颓毁与坍塌了,而经典之籍则与世长存。"《中国图书发行史》正是一部弥久传世的杰作。

革命老人吴玉章在《自励诗》中勉励青年说:"春蚕到死丝方尽,人至期颐亦不休。一息尚存须努力,留作青年好范畴。"郑士德从事图书发行工作50多个春秋,一直在这个岗位上坚守,可以说发行事业融入了他的骨髓,铭刻在心灵深处。其思想风范与工作业绩令人敬仰。他爱岗敬业,工作高度负责,为人谦和,热心助人。他在治学上是日积月累,有持之以恒的韧劲;大胆探索,有勇于创新的闯劲;有只做不说做了不说的实劲。尤为可贵的是1993年离休后,本可以颐养天年,但他离而不休,身有所安,心有所寄。

"落红不是无情物,化作春泥犹护花"。郑士德是老新华人,非常关心年轻同行的成长。他年过古稀,仍四处奔波,为辽、吉、黑、冀、鲁、豫等13个省市(区)的县书店经理培训班讲课,累计达80多个课时。2003年他应聘为北京城市学院出版发行专业讲授《图书发行学基础》(系自编讲义,已由该校出版),截至2009年,连续7年,每年讲课一个学期(60课时),同时任毕业论文指导教师。

1991年,他奉新闻出版署之命,筹备和建立了中国书刊发行业协会,被选为常务副会长兼秘书长。协会评选优秀畅销书是他的首创。为总结推广各地发行协会为会员单位的服务经验,他主编了《怎样办好发行协会》,由中国书店出版社出版。第二届到第五届发行协会,郑士德被聘为顾问。他不务虚名,自觉地为协会工作,是协会的主力干将。从发行协会成立起,他就编辑印发《图书市场信息》,为会员单位提供信息服务。从2004年到2013年,他一个人承担了《中国出版物发行》月刊的编辑工作,由发行协会出版。

早在1980年代初期,郑士德是国家出版局、新闻出版署、党史资料征集领导小组成员。为抢救曾经战斗在解放区、国民党统治区的老一代出版家的出版发行业绩,他主编了近100万字的《书店工作史料》(1—4辑),由新华书店总店出版。目前,他已88周岁,仍对出版史料情有独钟,孜孜不倦勤于收集,撰写论文,陆续在《出版史料》等刊物上发表。他每天坚持锻炼,不言老,不服老,老有所为,正在续写他一生的新篇章。

郑士德部分著作书影

原载《出版发行研究》2017年第1期

研究图书发行工作的新成果

——读《图书发行学案例教程》

面对多媒体蓬勃发展和电子出版物迅速崛起,在国民阅读图书气氛不浓,书香社会还未完全形成的情况下,新华书店和个体书店的发行工作面临巨大压力和重重困难,在图书市场激烈竞争的今天,如何探索发行工作的新路子,打通发行渠道,扩大图书发行,使发行工作更好地为经济建设服务,进一步繁荣社会主义文化事业,是摆在广大图书发行工作者面前的一项艰巨任务。适逢其时,由从事编辑出版和发行工作五十多年的郑士德撰写的34万字的《图书发行学案例教程》,由人民出版社于2014年4月出版了。这既是一部学术性强,可供高校发行专业使用的教学用书,也为从事图书发行工作者做好发行工作提供了诸多启示和有益参照。本书具备学术性兼实用性,有以下几个特点:

一是主线鲜明,重点突出。全书以中共中央、国务院改革开放以来,发布的一系列文化体制改革政策和党的十八大有关推动社会主义文化发展繁荣的指示为指导思想,以宣传社会主义核心价值观为任务,坚持发行工作为人民服务、为社会服务的方向,通过图书发行向人民传播科学文化知识,积累文化,满足人民合理的文化需求,使图书发行更好地为建设中国特色的社会主义文化强国服务。这一主线贯穿全书的始终。与以往同类著作相比,不但研究探讨发行工作的一般知识和规律,而且重点关注实际操作,对发行者有重要的实用价值。

二是勇于创新,多有亮点。本书作者长期从事图书发行工作,尤其熟悉基层书店发行工作,他站在历史的高度,以现代人的眼光,审视总结了新中国成立以来特别是改革开放以来图书发行的经验,在此基础上,勇于创新,提出了具有创新性的真知灼见。如讲图书发行策略时,重点提出了以信息沟通为核心的图书促销三大策略:推动策略,即图书发行工作者主动接触读者,与读者进行面对面的信息沟通,以激发读者强烈的购书欲望;拉引策略,即图书发行工作者将图书信息通过各种方式方法传递给读者,以激发需求,把众多潜在的购书者拉来、引来,让读者从四面八方走上门来购书;公关策略,即发行者运用有说服力的传播手段去影响重要的公众和朋友,以获得公众和朋友的支持,进行有效合作,以获取共同的利益。上述三大促销策略,是结合图书市场形势变化而提出的新的对策,见解新颖,对在新形势下做好图书发行工作具有借鉴意义。

尤其可喜的是,本书作者为了更好地理论联系实际,加强读者对有关理论的理解,强化读者印象,在每个章、节的论述中,穿插了中外图书发行工作者总结的国内外发行工作中 411 个正反两方面的案例。这既为读者开阔了思路,扩大了视野,也为读者开阔了眼界,为发行工作者在发行工作中对具体细节的操作,提供了范例。这是本书的一大特色。

三是语言简练,可读性强。抽象的理论论述,一般概念的阐释是一些学术著作的通病。本书内容涉及图书发行史、出版的专业理论、经济学的基本知识以及众多的专业名词,作者善于用高度简练的语言对有关的内容加以明确表述。如讲到什么是发行时,作者作如下叙述:"发行,指为满足公众的合理需求,通过批发、零售、出租、赠送等方式向公众供应一定数量的作品复制件(出版物)。发行企业发行的出版物包括图书、报刊、音像制品、电子出版物等。"只用了简短的六七十字,就把发行的概念,工作方式,对象,内容作了言简意赅的说明,给读者留下了深刻印象,加之书中众多的案例,使本书有了较强的可读性。

原载 2015 年 10 月 26 日《社科新书目》

巢峰的《辞海》情结

我说编词典的工作不是人干的,但它是圣人干的……这是真正的人干的!他牺牲自己,为了当代,为了后代,他甘作牺牲。"我不入地狱,谁入地狱!"咱们干词典的就是圣人!……他能牺牲自己,为别人的幸福,为国家的四化,

巢峰(1928—)

为我们民族的光荣,为我们民族文化的积累,为整个民族科学文化水平的提高做出贡献。历史不会忘记这些圣人,人民也不会忘记这些圣人。这些圣人一时可能得不到人们的尊重,但终究会有人知道他们的。

——节录陈原1980年11月25日在杭州召开的《汉语大词典》第二次编委会闭幕式上的讲话。见《陈原出版文集》151页,中国书籍出版社1995年版。

编词典是苦差事。"好汉子不干,赖汉子干不了",这话不假。十六世纪法国语言学家斯卡尔格曾经说过几句近乎顺口溜的话:"谁若被判作苦工,忧心忡忡愁满容。不需令其抡铁锤,不需令其

当矿工。不妨令其编词典,管教终日诉苦情。"

——节录吴泽炎、刘叶秋《辞源修订本与其前后》,《商务印书馆九十五年》第421页,商务印书馆1992年版。

没有哪个傻瓜愿意自找苦吃,毛遂自荐,去接替《汉语大词典》和《中国大百科全书·宗教卷》的"肥缺"。不得已,只好"小车不倒只管推"了,推到哪里是哪里,什么时候推到沟里去就算完。

——节录罗竹风1982年7月15日给巢峰的信。见巢峰《出版论稿》第517页,复旦大学出版社、上海辞书出版社2007年版。

上面几段引文意在说明编纂词典、辞书工具书是艰难而又辛苦很少人愿意干的工作,但它确是一项十分光荣而重要,对国家、民族,对今人对后人有重大意义的工作。从事这项工作的人,将永远留在历史和人们的记忆中。

我国自古以来就十分重视工具书的编纂出版,特别是大型辞书的出版。因为它是人类文化积累的丰硕成果的标志,它对传播普及文化知识,发扬民族文化具有久远的作用,也是一个国家文化素质的度量衡。辞书的编纂关系到培养人、教育人和子孙后代的问题。蔡元培对工具书的功能作用曾经给予高度评价:"语言之所以能应变无穷者,由其有文字以为之记载。文字之记载所以能互相通晓而无误,则字典之功也。"[①]胡适曾说过,做学问字典、辞典要完备。他当年奉劝后人,当衣服,卖田地,至少要置备一点好的工具。比如一本字典,胜似请几个先生。这种先生终身跟着你,终身享受不尽。鉴于此,不论古代、现代的出版者都高度重视工具书的出版。在现代,早在1916年商务印书馆就出版了《辞源》,继之1936年后,中华书局出版了《辞海》。新中国建立后,党和国家领

[①] 蔡元培:《商务印书馆新字典·序》,《商务印书馆九十五年》,商务印书馆1992年版,第103页。

导人毛泽东、周恩来、邓小平、江泽民、习近平等都十分关心重视辞书的出版。出版机构的领导者胡乔木、陈翰伯、边春光、陈原等都是辞书出版的组织者和热心人。党和政府投入大量的人力财力,成千上万的学识渊博、知识积淀深厚的专家学者热心献身辞书出版事业,涌现出一批不计名利,甘于牺牲的辞书编辑出版家,其中原上海辞书出版社社长巢峰就是其中的一位杰出代表。

编纂修订《辞海》的热心人

巢峰,1928年生,江苏阜宁人,1942年参加革命,投身抗日战争、解放战争。1945年加入中国共产党,1954年起从事出版工作。长期担任上海人民出版社、上海辞书出版社社长、总编辑。曾任上海市政协常委、上海市人大代表、辞海编辑委员会常务副主任、常务副主编、中国辞书学会名誉会长、中国编辑学会顾问、上海社会科学界联合会副主席、上海市经济学会名誉会长。他曾于1975年开始参加《辞海》的编辑工作。先后参与具体主持《辞海》1979年版、1989年版、1999版的编纂修订和出版。以后还协助夏征农领衔操持《辞海》2009年版的编修工作。他先后组织策划主编辞典十多部,如《毛泽东思想大辞典》《邓小平思想理论大辞典》等。他先后获得中国韬奋出版奖,是全国百佳出版工作者。2018年6月,荣获中国"优秀出版编辑"称号。他是中国辞书学会授予的辞书事业终身成就奖,享受国务院特殊津贴。他先后发表经济学论文四十余篇,辞书学、编辑出版学论文百余篇,出版有《政治经济学论稿》《出版论稿》等。并策划组织主编辞典多部,主持《辞海》繁体字版的编纂(台湾东华书局出版)。上海辞书出版社1979至2000年长达21年的长远选题计划的制定者。是《中国共产党七十周年图集》《毛泽东思想研究大系》《哲学大辞典》《经济大辞典》《中国人名大辞典》《军事大辞典》《中国文学大辞典》《中国文物精华大辞典》《法学大辞典》《宗教大辞典》《中国历史大辞典》等书的策划者或出版人。

在主持中国辞书学会期间,组织创办中国辞书奖(后改为国家辞书奖),发起批判辞书界的不正之风。曾将其经济学论文四十余篇,出版学、辞书学、编辑学论文百余篇,分别集成《政治经济学论稿》《出版论稿》。

巢峰对出版工作的贡献是多方面的,但对《辞海》的编纂修订付出心血最大,贡献尤为突出。

《辞海》是以字带词,集字典、语文词典和百科词典主要功能于一体,而以多种知识为主的我国大型的综合性辞书和权威工具书,它1936年出版,当时的主编是舒新城。它既收单字、词语,又收百科辞条,把辞典与百科全书结合起来,一书在手,一般汉字、名词术语、名人、国名、地名、社会重大事件均可查到,不仅为普通读者学习使用,也是专家学者进行学术研究的必备之书。因而被誉为"无墙的大学""无声的老师""永恒的老师",有问题查《辞海》,成为人们的日常习惯。因而1936年出版以来广受人们欢迎。《辞海》自1936年出版至1949年新中国建立历经13年。在此期间,我国社会发生了历史性的巨变,原来的《辞海》中有的内容陈旧、思想观点有严重的政治性错误。为适应新的形势,吐故纳新,进行修订势在必行。

1957年9月17日,毛泽东在上海视察工作时,接见《辞海》主编之一的舒新城。舒新城提出了编辑大辞海和百科全书的建议。毛主席说"我极为赞成"。"到现在还只能用老的《辞海》《辞源》,没有新的辞典"。"你的建议很好,应写信给国务院"。舒先生说:"我已写信给人大常委会。"毛主席说:"你应该挂帅在中华书局设立编辑部门,以先修订《辞海》为基础,然后再搞百科全书。"舒先生听说要他挂帅,表示为难;一则人手不够,经费有限;二则自己的年纪大了(此时舒 64 岁)。毛主席风趣地说:"你有儿子吗?自己不干了,儿子继续干下去。"鼓励舒先生"一定要干",并指示在场的中共上海市委书记柯庆施帮助舒先生解决具体问题。据此,中央就把修订《辞海》的任务交给了上海。这次谈话中,舒新城还提出作者人员问题。毛主席说:"现在有那么多右派没事干,你何不趁火打劫,调一批真才实学人去?"舒先生犹豫地问:"如果批右派批到我头上怎么办?"毛主席开玩笑地说:"你别怕,是我委任你当右派司令嘛!右派帽子我们两人分担。"后来有一批"右派"参加编《辞海》就是这么来的①。(以下引文凡未注明出处者均引自此书)。

遵照毛主席的指示,1958 年在上海成立了中华书局辞海编辑所,1959 年又在上海成立了辞海编辑委员会,由舒新城任主任,罗竹风、曹漫之为副主任,辞海的修订工作终于在 1960 年全面启动。1960 年舒新城逝世后,由陈望道任主任,陈 1977 年去世后,夏征农在 1978 年 74 岁就任《辞海》第三任主编。

《辞海》的第一次修订虽历经曲折,但经过众多专家学者的努力,在经济极其困难条件下,1965 年 4 月完成了《辞海》的第一次修订,出版时定名为"未定稿"。"未定稿"的编纂得到毛泽东和有关部门及广大读者肯定,本可以听取读者意见正式发行,但1966 年"文化大革命"爆发,在"左"的思想驱动下,新修订的《辞海》竟被诬为"字字句句都是有毒的大毒草",并说"辞海编委会成员 96% 都是牛鬼蛇神"。后在"四人帮"帮派体系部署下,1972 年对"未定稿"进行修订,"修订稿"则以"无产阶级专政下继续革命的理论"为指导,歪曲党的历史,塞进"四人帮"的许多黑货,修订者并竭力美化自己,大搞影射史学,鼓吹民族虚无主义等。原计划

---

① 巢峰:《〈辞海〉的编纂和修订》,巢峰《出版论稿》,复旦大学出版社、上海辞书出版社 2007 年版,第 475 页。

1978年完成部分"修订稿",春雷一声响,1976年一举粉碎"四人帮","修订稿"成为"四人帮"罪恶的一个铁证。

面对"文革"期间严重书荒,为了学习新的知识,读者迫切需要有新的工具书以适应新的形势。鉴于此,1978年10月,国家出版局接连向上海传达中宣部紧急指示,《辞海》必须在1979年国庆节前出版,向建国30周年献礼。第二次修订1979年版的任务迫在眉睫,时间不足一年。不仅时间紧迫,而且以什么思想为指导修订更是一个困难问题。从1957年毛主席指示修订《辞海》后,《辞海》出现了1965年"未定稿"和1972年出版的部分"修订稿",在编修1979年版时,究竟以哪个版本为基础的问题当时有争议,主编夏征农旗帜鲜明提出应以"未定稿"为基础,不以"修订稿"为基础,因为它是按"四人帮"的旨意塞进了许多错误的东西。夏征农还倡导"求实"的不唯上,不唯书,只唯实,实事求是的解决各种问题,这一总的指导思想保证了1979年版《辞海》修订沿着正确的方向前进。

时间紧,任务重,编纂人员可以不怕苦,加紧工作,但难的是一个严肃的问题摆在面前。当时中央工作会议和党的十一届三中全会相继召开,新的正确思想已经出现。但是,冲破旧思想的束缚,贯彻新的思想路线阻力还很大。因关于建国以来党的若干历史问题的决议还未发表,阶级斗争、路线斗争怎么写,领袖人物怎么写,陈独秀、刘少奇、林彪怎么评价等一系列问题摆在编者面前。为了解决这些问题,"《辞海》常务副主编罗竹风专程去北京,就有关问题听取中央有关部门意见,花了二十多天时间未果。在这种情况下,巢峰同志在夏老、罗老支持鼓励下,起草了一份《辞海处理稿件的几点具体意见》,共8条39款,大胆地否定了一系列'左'的提法和观点。但对这份意见也有不同的声音,领导部门又不愿意轻易表态,夏老听了汇报后,当即说道:'我敢于定,如果有错误,我这个主编。'"①

巢峰是一位资深的编辑出版家,自1945年参加出版工作以来,至今编辑生涯已有70余年,其中有40多年与《辞海》结缘。用他自己的话说,与辞海结下了"剪不断,理还乱"的深厚感情和不解之缘。他本人有较高的马克思主义理论修养,雄厚的知识积淀,丰富的编辑工作经验,基于这些原因,他才能在1979年版《辞海》修订中敢于起草了《辞海处理稿件的几点具体意见》,显示了他胸中有全局,敢为天下先的胆识。在我国现代出版史上,像巢峰这样从事《辞海》编修时间之长,在关键时刻勇于担当,冲破阻力,大胆创新的精神,为《辞海》编修工作顺利进展,所起作用之大是极为罕见的。

《辞海》处理稿件8条39款的意见,大胆否定以阶级斗争为纲,纲举目张,抓纲治国,无产阶级专政下继续革命,两个阶级、两条路线斗争是贯穿于整个社会历史阶段的主要矛盾,无产阶级的专政,刘少奇资产阶级司令部,走资派,十一次路线斗争,党内资产阶级等等。这些问题,现在看来很容易理解,但在粉碎"四人帮"不久的1978年初,拨乱反正刚开始,提出处理《辞海》编修中8条39款意见是要冒很大风险的。对此,巢峰深有感触地说:"在我起草这一意见时,莫逆好友忠心的劝告:'勿为天下先''不要好了疮疤忘了痛'。我把这话告诉罗老,罗老诙谐地说:'砍头不过碗大的疤,大不了再打倒。文王拘,演《周易》;仲尼厄,作《春秋》。没有舍得一身剐的精神,绝不可能成就权威巨著。"②由于解决了编修中的指导思想,《辞海》第二次修订,经过编者、作者、印刷者5000人

---

① 陈昕:《怀念夏征农同志——写在辞海2009年版面世之际》,《读书》2009年第10期。

② 巢峰:《"舍得一身剐"成就权威巨著》,《社会科学报》2012年2月2日。

的努力,拥有 1300 万字,以及 140 个学科的《辞海》,终于在 1979 年国庆节完成。出版后受到读者广泛欢迎。在上海曾一度出现抢购《辞海》和凭结婚证购买《辞海》的感人情景。

形势在发展变化,社会在不断前进,新生事物层出不穷。从出版史上看,辞书一出版就显得一定程度的过时,因而长期坚持无止境修订是保持辞书青春活力的最好办法。《辞海》1965 年的出版,1979 年对 1965 年版的修订,多方面改变了原来的面貌,对原有的版本进行了"脱胎换骨"的改造。较之以前修订本有了很大进步,但从发展的角度看,必须与时俱进。为此,1981 年初,在夏征农召开的一次主编会议上,决定《辞海》每隔 10 年修订一次,使《辞海》不论在内容和形式上都日臻完美,更适合读者需要。巢峰极为赞同这个意见,认为:"大型辞书如果不加修订,就会逐渐丧失生命力。为什么 1936 年出版的旧《辞海》在解放后会失去使用价值,就是因为中国和世界、科学与文化都有了天翻地覆的变化……为什么 1979 年版《辞海》也要修订,一来它是以 1965 年的'未定稿'为基础,而'未定稿'成稿于 20 世纪 60 年代初,到 80 年代已有二十余年,有些学科不成体系,一部分百科内容,大大落后于时代现状;二是定稿时刚开始拨乱反正,虽然纠正了许多'左'的东西,但终因没有关于历史问题的决议,而许多冤假错案尚未平反,必然留下'左'的时代烙印,只

江泽民为《辞海》1989 年版问世题词(1989 年 3 月)

有隔一定时间修订一次,保证它的科学性、知识性,才能不断适应读者的需要。"①

《辞海》精神的践行者

正当《辞海》1989年版出版之时,江泽民同志在当年3月15日为《辞海》题词:"发扬一丝不苟、字斟句酌、作风严谨的《辞海》精神,为提高中华民族的文化素质而努力。"2016年12月,习近平总书记写信祝贺《大辞海》出版暨《辞海》出版80周年时,高度肯定赞扬《辞海》《大辞海》"全面反映了人类文化优秀成果,系统展现了中华文明丰硕成就,为丰富人民精神世界、增强人民精神力量作出了积极贡献"。他们对近一个世纪几代辞海人,忠于职守,不计名利为《辞海》的编纂、修订做出的贡献进行了高度评价与赞扬,也总结了编纂、修订《辞海》的宝贵经验,对以后的辞书乃至整个出版工作均有重要的指导意义。作为长期从事《辞海》编修工作的巢峰,根据自己的实践体验,把《辞海》精神具体概括为:奉献精神、作风严谨、科学态度、整体意识、严明纪律等。

奉献精神。出版工作是积累选择文化向人民提供优秀文化精神的高尚工作。推出优秀出版物是出版人的奋斗目标。一个真正的出版人,要甘于寂寞,不计名利,把自己的一生奉献给了这片热土,有一种甘为人民事业不惜牺牲的精神。对于这一点巢峰有自己切身的体会。"我觉得,人总要有点精神,对自己从事的事业不仅不能轻易放弃,而且一定要精益求精。古往今来,凡能流传后代的皇皇巨著,无不都是作者、编者无私奉献和积极追求的结果。这是一个自私自利的人,一个只想自己,不想国家、民族和后代子孙

---

① 黄春宇:《〈辞海〉编修的传统与革新》,《文汇报》2017年3月24日。

的人,即没有理想,没有追求的人,决不可能实现的"①。

巢峰工作尽责尽心而且大胆泼辣,处理问题果断,尤善于处理疑难问题。《辞海》修订中遇到的问题很多且复杂,加之时间紧迫,修订者需要付出超人的劳动。如经三审稿发稿后,需要对原稿排序,然后校对,除原稿和二样、三样、四样通读,然后又要作专项检查。据和巢峰一起参加对样进行修改的李伟国回忆,每天要审读100页,校样处理完后又都要过录退厂。有一次厂方的电脑出了差错,工作人员想不出短时间内如何把进度抓回来。"我主持会议,准备作出妥协,把整个进度往后挪,轻声向巢峰征求意见,不想老巢大喝一声:'不行!一定要在两个月里把进度抓回来!否则到规定时间出不了书,怎么向市委交代,怎么向读者交代?'于是大家就只好想办法,到后来是半天半天、两小时两小时地抠,最后终于解决了问题。现在想想,如果没有巢峰的'蛮不讲理',这么大的工程,时间一拖,也就拖掉了。《辞海》从1979年版、1989年版,每次都能在国庆节前准时出版,创造了世界大型工具书准时出版的奇迹,巢峰在其间起了很大作用"②。

《辞海》的修订从20世纪50年代开始至今已有60多年的历史,先后参加的作者、编者、出版者有数千人,他们当中大多是有关学科的顶尖人物。出书时在数千人中署名的不过数百人,但从未发生过一起署名纠纷。由于工程浩大,经费有限,《辞海》稿酬并不比一般图书丰厚。虽然如此,由始迄今,从未发生一次稿酬纠纷。《辞海》的作者、编者真正作到了不为名不为利"干惊天动地事,做隐姓埋名人",表现了忠于人民忠于党的高尚品德,其业绩将永远彪炳史册。

---

① 巢峰:《我终于从一次历史的误区中走了出来》,《编辑学刊》2007年第5期。
② 李伟国:《巢峰画像》,《编辑学刊》2008年第3期。

严谨作风。"辞书不仅知识最为密集,而且内容权威准确,被称为知识的衡器,规范的标杆。可谓声名显赫、位高权重,有很高的公信力,有着绝对的话语权"①。由于辞书的公信力高,有权威性,这就对辞书的编纂提出了更高更严的要求,对每个辞条都需要字斟句酌。"每有一条,而经历数十易,一语而思索数十日,犹以为未可。稿成而毁弃者屡,板就而阁置者又屡"②。只有对辞书的每个条目的资料来源详加考证,准确无误,才能作到对历史负责,对后代负责。精神产品与物质产品不同,物质产品出了次品,也会造成损失,但损失有限;精神产品出了问题,就会谬种流传,贻误后代。有时为了求真、求实、求准,编者对条目中的一个字也要再三斟酌,拿准而后定。如历史地理分科主编谭其骧在审读"钧陶"一词时,原作者把"钧陶"金字旁,写为土字旁,并说老《辞海》、老《辞源》都是"土"字旁,并释文说"均州窟",确有个"均州",经查,河南的禹县叫"钧州","钧陶"是金字旁,"钧陶"产自禹县,土字旁的"均州"在湖北。新《辞海》纠正了这一错误。作为《辞海》的修订者,巢峰是高度尽职尽责的。"在1979年版《辞海》出版后,一位编辑无意中发现,在'第三次国内革命战争'词条中,'反饥饿'中的'饿'字误为"俄"字。巢峰了解此事后,立即亲自跑印刷厂,把八万册《辞海》中的这个错误一一订正过来。他还在全社大会上作检讨,并扣发了自己的奖金。巢峰严谨细致的工作作风,在数十年的时间里不断影响着身边的编辑"③。为了减少《辞海》编修中的差错,对每个条目细看的十几人次,校对就更是层层把关,普通图书进行三校一读,而《辞海》要出六次校样,由专业校对人员进行十遍校对。真正作到了精益求精。巢峰经常提醒自己千万不能在出版物中出现

---

① 龚莉:《辞书编辑的网络视界》,《中国编辑》2018年第4期。
② 吴敬恒:《商务印书馆新字典书后》,《商务印书馆九十五年》,商务印书馆1992年版,第105页。
③ 甘险峰:《巢峰:一生辛劳为辞书》,《编辑之友》2008年第6期。

一个差错。他说:"在二十几年的编纂生涯中,常常如临深渊,如履薄冰,不知什么时候,什么地方冒出一个不可收拾的事故来!"他曾说:一个引文,每个数据,都要逐一核对,每个标点,每个符号,都要认真推敲。字斟句酌,一丝不苟,是我们信守的格言,而马虎草率,粗制滥造,不负责任的行为,则是我们最为鄙视和唾弃的作风。

辞书的编修工作难度大,待遇不高,是一项十分艰苦的工作。有的编者在炎热的夏季甚至挥汗如雨,加班加点,有的身患绝症仍坚持工作,有的为了静心编写只能关门谢客。在这方面原《辞源》的编者之一黄秋耘深有感触。他1976年开始参与《辞源》的编修工作,历经4年,工作极为认真。他在所写的七律《辞源书成有感》云:"不窃王侯不窃钩,闭门扪虱度春秋。穷经拟作埋名计,训诂聊为稻谷谋。怀旧每兴闻笛叹,登高犹作少年游。万家灯火京华夜,月夕花晨忆广州。"①这是他编辞书情景的真实感受。

科学态度。无论是科学研究、著书立说都要坚持科学态度。所谓科学态度就是尊重历史、尊重事实,实事求是。在辞书编写中,切忌不调查研究,凭主观臆测想象,或盲目跟风,迎合政治形势。在这方面《辞海》在修订中做得是很好的。"文革"前,在编纂《辞海》"未定稿"时,由于彭德怀受批判,就删去了[平江起义][百团大战],在[八路军][第一野战军]等条目,连他是副总司令领导人也不提了……当时由于林彪红极一时,所以在[湖南起义][井冈山会师]等条中,竟不顾历史事实,把他排在陈毅之前,朱德之后,俨然成为起义和会师的领导人之一。因为陈独秀是右倾机会主义者,在[中国共产党]条中,就不提他是首任总书记。因为项英执行了错误路线,就不列[项英]。这些违背历史事实的做法,在编纂1979年版《辞海》时,都一一予以纠正。与此同时,并不因为林彪是反革命集团头目,就否定他在历史上的地位和功绩,在[第四野

---

① 胡德培:《黄秋耘其人其事》,《出版科学》2003年第1期。

战军]以及有关战役中,仍如实加以反映。对这些问题的处理表现了编著者的历史唯物主义精神和实事求是的态度。

整体意识。从出版史上看,凡是一个大的出版工程,都是一个非常复杂的系统工程。著名出版家,原商务印书馆总编辑陈原曾这样说:"出版这个系统工程不是一个简单的,或单纯的物质运动过程,而是一个富有创造性的精神产品转化为物质形态的复杂运动过程——也就是说,将创作物转化为书本的过程","这个系统工程是由很多个子系统组成的,但它决非这些个子系统的简单和","在这个系统工程中,每个子系统的运转,必须同前一个和后一个子系统协调一致,而且应当力求协调得完整无缺。这种前后互相衔接的,类似循环状态的子系统工程,完善无缺地协调的结果,不只保证了效率,而且更重要的是,保证了质量。"[①]陈原在这里强调的作为这个系统工程的决策者,必须胸怀全局,运筹帷幄,不失时机协调子系统,协调衔接运作。

大型辞书《辞海》是一个宏伟的出版工程,从编纂到出版涉及100多个学科,有众多环节,作者数以千计,要顺利完成修订任务,既要宏观上作出整体规划统一指挥,又要协调处理好各个系统之间的关系,还必须善于指挥一支整体意识协作精神强的作者、编者队伍。作为《辞海》修订的常务副主编巢峰,积多年编辑出版工作之经验,他事无巨细,既是担负工程运作的组织者,同时又协调各种关系的指挥者,甚至因解决当时工作办公室都由他去联系。据他回忆:我是后勤部长,大事小事都得干。烤火的煤炭我去弄,做饭的师傅我去请……由于指导思想明确,指挥得体,编者、作者工作热情高涨,使1979年版如期完成修订任务。他总结自己的经验,强调管理工作的重要,他认为"三分编者,七分组织"。

[①] 陈原:《总编辑断想》,《陈原出版文集》,中国书籍出版社1995年版,第498页。

严明纪律。出版工作是传播文化的工作,关系国家大局。出版工作者在出版活动中一方面要遵守国家的法律,同时还要贯彻执行出版方面的法规,如语言文字规范,落实《图书质量保障体系》。《辞海》的作者、编者都经过严格培训,在实际工作中恪守各种规范制度,这就有力地保证了编修工作顺利进行。

经验来自实践,又指导实践。巢峰在长达40多年的编修《辞海》中积累了宝贵经验,对此,他先后撰写了20多篇文章,近14万字的总结报告,这是一笔留给后人指导辞书编修工作的宝贵财富,也对出版工作具有普遍指导意义。他"是《辞海》《大辞海》的一线主持者。他先后组织了四个版本《辞海》的修订与编辑出版工作,在当代出版史上绝无仅有。他曾写过很多关于编辑出版《辞海》的文章,其中既有《辞海》的编纂方案、修订原则、稿件处理意见,也有工作报告、情况汇报,还有往事回忆,综合起来,实在是一个不可多得极有价值的大型品牌工具书编纂实践的典型案例"①。

捍卫辞书尊严的勇士

巢峰是著名的辞书编辑出版家,也是一位在辞书出版中评优批劣的评论家和勇士。

20世纪八九十年代,在我国辞书出版界出现了抄袭剽窃、粗制滥造、弄虚作假的歪风,其代表人为王同亿,人们把王同亿及其同类人物制作伪劣辞书的行为称为"王同亿现象"。王同亿在20世纪80年代至90年代十年间,自编、主编出版的词典有25部,计1.7亿字。一时间王同亿被某些新闻媒体炒作为"奇人""超人""辞书大王""没有军衔的将领"等。面对这一情况,作为中国辞书学会

---

① 《中国编辑》记者:《守护出版的神圣与纯粹——专访著名出版家:上海世纪出版集团原总裁陈昕》,《中国编辑》2018年第9期。

《辞海》的各种版本

的负责人巢峰,出于强烈责任感不能坐视不管。他坚持必须开展辞书评论,批劣打假。"辞书的评论既是辞书研究的一个部分,也是辞书编纂出版的舆论监督,是使辞书健康发展不可缺少的一个有力的武器"。在上级出版部门的领导支持下,中国辞书学会1992年开始,组织辞书界开展了一场批评王同亿制作伪劣辞书的斗争。巢峰在近两年之内,先后撰写了《刹一刹著书出书中的粗制滥造风》《语言大典的教训》《王同亿现象剖析》等十多篇文章,从各个方面批评了王同亿制作伪劣辞书的表现及其危害。

在《王同亿现象剖析》一文中,作者列举了王同亿现象的三个特点,即抄袭剽窃、粗制滥造、重复出版。以《新现代"汉语词典"》为例,该书抄自《现代汉语词典》及其补编的《古今汉语实用词典》达65%之多;《语言大典》之中的成语,总共不满5000条,抄自上海辞书出版社《中国成语大辞典》一书竟有3700条之多,占《语言大典》中成语词条75%以上。王对语言学不懂无知,却敢于胡编乱造,《语言大典》中几乎每处都有错误。王把别人别的社已出版的词书,用改头换面的方式,以同样名称作为自己编的东西加以出版。

批评者认为发生这些现象的原因"一是对编纂辞书的规律性一无所知;二是出于争名夺利的动机和偏见"。作者进一步分析了这些不良现象会败坏学风,使学术界、辞书界、出版界和文化界腐败堕落。这种作风,"拿来律己,则害了自己;拿来教人,则害了别人"。对这种不良现象,出版家陈原早就指出:"出书是为了济世救民,为了文化积累,为了开发民智,为了在知识大厦添上一砖一瓦……如果单纯为求名而出书,故作惊人姿态,其结果仍不得名,甚至相反,得一臭名;如果单纯为求利而出书,伤天害理。"① 早在20世纪50年代,出版家金灿然针对一家出版社出版"时代百科小丛书"的错误行为就进行尖锐批评:"这些小册子的作者和出版者,十分缺乏对人民的负责精神,丝毫没有革命的文化工作者应有的严肃态度,因而他们没有办法不堕落到投机商人的行列里。"王同亿等人不顾社会读者需要,见利忘义,既落个臭名,又作出了伤天害理之事,真是值得人们深思。

为了总结经验,吸取教训,巢峰从批评"王同亿现象"中总结了六点教训及启示:一是"王同亿现象"反映了作者队伍中道德观、价值观的蜕变。中国自古以来,先贤做事,坚守重义轻利,而当今"王同亿现象"的出现,反映了传统道德规范被市场经济大潮冲击所出现的一种特殊现象。社会主义道德规范只有在批判假恶丑中才能发扬光大。二是"王同亿现象"反映出一些出版社,不是社会主义精神文明的传播者、建设者,而是追逐非法利润的投机商。一些出版社,单纯追求经济效益,把出版辞书作为摇钱树和扬名榜,忘掉了出书是一件严肃的政治工作,是意识形态领域能传之久远的工作,必须认真对待。三是"王同亿现象"说明新闻媒介的误导在社

---

① 陈原:《总编辑断想》,《陈原出版文集》,中国书籍出版社1995年版,第511页。

会上产生严重后果。由于某些新闻工作者缺乏出版工作的基本常识,加之对图书内容缺乏深入研究,把王同亿所编辞书大加吹捧,起到了推波助浪的作用。这再一次说新闻工作者必须提高自身素质,加强调查研究,才能作人民的代言人。四是"王同亿现象"反映出版行政管理上存在亟待治理的问题。图书的质量要求高,不是随便什么人可以编,什么样的出版社都可以出的。由于出版管理部门疏于管理监督,不加审查,一些质量低劣的辞书便流入市场。五是"王同亿现象"说明在法制上还存在不少欠完善的问题。由于有关出版的法制不健全,对一些有严重问题的图书没有明确的法律规定制约,因而使得一些图书得以出版,因而健全出版法制,进行法制教育势在必行。六是"王同亿现象"还反映辞书界在辞书理论的认识上还存在一些界限不清的紊乱现象。如对在辞书编写中通过收集资料,参考借鉴前人的东西,与抄袭剽窃混淆起来,甚至混为一谈,就会无形中放纵抄袭剽窃行为。这六条教训对出版界特别是辞书出版有重要的警示作用。

辞书界在巢峰及其他部分老同志带领下,纷纷投入批评"王同亿现象"。《光明日报》《文汇报》《解放日报》二十余家报刊发了数十篇批评《语言大典》及"王同亿现象"的文章。使这一批评更加深入。

批评"王同亿现象"自1992年至2002年历经三个战役,取得了重大胜利。在一定程度上遏制了辞书界"无法无天的态势,其积极意义无疑是历史性的","不仅给辞书论坛注入了生机和活力,而且强有力地显示了学术批评的魅力与威力;它不仅张扬是辞书界的正气之歌,而且为90是年代中国学术批评开启了一条阳光大道"。在这场斗争中,尤其是巢峰同志,他对王同亿等所编伪劣辞书,提出了义正词严的尖锐批评,为维护辞书的尊严,进行了不懈的斗争。出版家刘杲曾这样评价巢峰对辞书出版不正之风批评的积极意义。"特别引人注意的是,近几年来,作者对辞书编纂出版工作中剽窃抄袭、粗制滥造的严重不正之风,进行了尖锐的批评,义正词严,旗帜鲜明。作者在辞书的编纂出版工作上,既有深厚的理论修养,又有丰富的实践经验。因而作者的批评文章,立论严谨,说理透彻,很有力量。这些文章,不仅对改进辞书的编纂出版工作有直接的意义,而且对整个出版工作的改进也有积极的意义"①。

不破不立。批评"王同亿现象"是为了批劣扬优,进一步净化辞书出版,促进辞书出版繁荣。根据巢峰长期从事辞书编纂修订工作的经验,他提出了许多切实可行的建议和办法。他在《净化辞书市场的五大措施》一文中提出五点建议,即建立健全社会效益为主的考核制;在评优的同时,定期进行辞书质量检查;建立辞书出版准入制;加强制度建设;加强辞书评论和舆论监督等。另外,他还建议加强出版行政管理;强化图书市场整治;加强对辞书质量的社会监督等。

巢峰早在解放战争年代就投身党的出版工作。新中国建立后,他经历了近70年出版工作的各个历史阶段,是一位在党培育下成长起来的革命家与出版家二者完美结合的杰出出版人。在长达70余年的编辑出版生涯中有40余年从事《辞海》的编纂修订工作,他把编修《辞海》当作自己一生的神圣事业。仅从编修《辞海》一事,多角度、多侧面地展示了他的精神风貌和优秀品质,值得我们出版人学习和继承。他具有一生热爱出版,忠于职守,没有他求他务,不为名不为利的奉献精神;顾全大局,出于公心,敢为天下先的创新精神;对出版工作一丝不苟,兢兢业业,求真求实严谨认真精神;无私无畏,敢于批评出版工作中的歪风邪气的斗争精神。在新的形势下,学习发扬巢峰出版工作的革命精神,对做好当前及今后的出版工作有现实的指导作用。

---

① 巢峰:《出版论稿》,复旦大学出版社、上海辞书出版社2007年版,第4页。

出版战线导航人　出版人的好朋友

——深切怀念宋木文同志

宋木文（1929—2015）

自2015年10月21日宋木文同志逝世,至今已4年了。在这段时间里,他的音容笑貌一直在我脑海里闪现。生前和他接触的一些情景和读他著作的感受,驱使我将一些往事写下来,表示对他的深切怀念。

初识相见　常常思念

1992年10月,河南大学出版社出版了由青年学者李频撰写的我国第一部文学编辑家评传《龙世辉的编辑生涯》,在社会上引起广泛关注。为进一步听取出版界专家们的意见,1993年6月25日,河南大学出版社在新闻出版署九楼会议室召开座谈会。参加座谈会的有时任出版署图书管理司司长杨牧之、图书管理处处长石家金,出版界专家戴文葆、林穗芳、阙道隆、吴道弘、邵益文、郑伯农、房树民、杨匡满等十多人。座谈会开始前,刚上任的新闻出版署署长于友先到会和大家一一握手,并发表热情洋溢的讲话。他说:我也是一个老编辑,但没有在座的各位资格老。过去出一本书很不容易,编辑对书稿的内容和文字都要反复推敲。现在似乎有一种情况,出一本书

269

很容易,有的提出文责自负,作编辑的连标点符号都不管,形成无错不成书。在社会主义市场经济条件下,编辑出版工作如何搞要很好研究。通过这个座谈会,要把编辑工作好的传统发扬下去,努力提高编辑的素质,让出版工作走向世界。

到会专家热烈发言,会议开得很好。会议结束,大家走向餐厅用饭时,于友先特请刚卸任的新闻出版署原署长宋木文同志和专家们见面言谈。事情很巧,中午吃饭时我正好和于友先、宋木文同志同桌。作为来自基层出版单位的一位出版新兵,第一次见到出版界的最高领导人,我当时是心弦紧绷、局促不安。于友先似乎觉察到我当时的心情。他指着我对宋木文同志说:"这是河南大学出版社社长,他也姓宋!"这时宋木文同志和我握手说:啊!一家子。他鼓励我,以后大胆干。这时我的心情一下子轻松了好多。接着他又在席间谈了出版界好多情况。初识相见,他的平易近人和长者风度给我留下了深刻印象。

宋木文同志作为出版界的最高领导人,为了了解情况,他经常参加出版界的学术活动。1997年11月20日至25日,由中国出版工作者协会、中国出版科学研究所、中国编辑学会联合举办的全国出版理论研讨会在厦门召开。宋木文同志亲临大会作指导,我有幸参加这次研讨会。当会议小组讨论结束进行大会发言时,宋木文同志作了题为《要高度重视出版产业发展战略的研究》的发言。他开门见山地提出,出版科研工作必须高举邓小平理论的伟大旗帜,进一步解放思想,紧密联系出版改革和出版产业发展实践进行战略研究;出版科研要为指导出版工作实践服务,要有长期性、战略性目标。他提出要深刻领会社会主义文化建设的战略地位,理解文化建设是综合国力的重要标志。他特别提出,初级阶段的出版产业有着自身的发展规律、发展特点,只有把这些规律和特点把握准确了,才能制定出符合实际的发展战略,推动出版产业健康发展。在谈到出版要面向市场时,他认为,出版要面向市场,又不能一切以市场为导向,中国特色的市场体制最终要通过市场来检验,而市场活动要严格遵守《出版管理条例》所确定的基本原则。与会同志听了他的发言齐声称赞,联系实际,高瞻远瞩,明确了许多问题。

宋木文同志长期从事出版事业的管理工作,其工作领域与视野带有全局性。他既有丰富的实践经验,又有较高的理论水平。遇到出版上的难点、疑点常常有自己独到的看法,对一些有争议的问题,讲出自己的卓见,使一些难点问题得到化解,达成共识。

2000年,中国出版科学研究所承担了一项国家社科基金项目——《中国出版通史》的编撰任务。为了编撰好这部书,在新闻出版署领导下,成立了以副署长石峰同志为副主任的编委会,以出版界的老领导王益、王仿子、宋木文等8人为顾问,吸收出版界、教育界有关专家戴文葆、方厚枢、吴道弘、傅璇琮、肖东发等28人为编撰组成员。工作开始,编撰组成员就《通史》的内容范围、体例、大纲框架多次开会进行讨论,进展顺利。但随着问题的深入探讨,对编撰中的一些具体问题产生了许多分歧。怎样统一认识,石峰同志建议将有关问题和资料送宋木文同志参阅,并请他在全体编撰人员会上作一个发言,以利于统一大家的思想。2006年8月5—6日,《通史》第18次编撰工作会议在北京松鹤山宾馆召开。8月5日上午宋木文同志以顾问身份应邀到会作了《关于〈中国出版通史〉写好"两头"的意见》的讲话。我作为编撰组的一位成员参加了这次会议。宋木文同志首先肯定了石峰同志领导大家6年来编撰工作的成绩。接着他讲了两个问题:关于出版的起源、关于《中国出版通史》的下限。他说:"关于出版的起源的讨论,应该解决好两个问题:一个是正确阐述出版、出版活动早期的发展历史,即萌芽、雏形、初期的历史;另一个是正确阐述中国古代出版对人类文明的巨大而独特的贡献。"这种贡献"不是用辩论的方式,而是要用叙述的方式,用确凿的史实向世界讲述得更系统、更全面、更深刻、更服人。"针对学术界对出版史起源的4种不同看法,他说:"我们讨论出版的起源不是讨论这四种或者五种观点哪一种更正确,确定一种而否定其他几种,而是用事物发展的观点来阐述,将以上几种看法相协调、相衔接、相融合……我的基本观点是,不要相互排斥,而是将几种观点衔接起来,融合起来,将其作为一种进步,作为一种阶梯,作为一个从出版萌芽到成熟,从不完整到完整的发展过程加以叙述。不能以现在出版的概念去否定古代的出版活动,也不能把现代的出版概念无限地前移,用以'规范'古代出版活动。写历史也要实事求是。"关于《通史》的下限问题,他认为:"要有个科学的、统一的下限。最好从党和国家大势考虑。我总的说一句话,对近十年、二十年、三十年的出版发展历史,既要保持高度一致,又要拉开一点距离。"最后他强调:"写史一定要冷静思考。史书是要留给后人的,不是现在什么人高兴就行了的。写史要经得起历史的考验。我对后边这一头,总的观点是:既要保持一致,又要有一点历史眼光。"① 宋木文同志这个讲话,站在辩证唯物主义和历史唯物主义高度,联系实际,回答了编撰《通史》的许多问题,受到与会专家的赞同,起到了凝聚统一思想的作用,促进了《通史》加快编纂的进度。

通过和宋木文同志的几次接触,加深了我对他的了解和认识。他给我的总体印象是:身居高位无官气,学识渊博不傲气,待人平易很和气,是出版战线上的一位杰出领导人。

广交朋友　情谊深厚

宋木文同志1972开始从事出版工作。历任国家出版局研究

---

① 宋木文:《关于〈中国出版通史〉写好"两头"的意见》,《亲历出版30年——新时期出版纪事与思考》,商务印书馆2007年版,第897—900页。

室副主任、办公室主任、文化部出版局副局长、代局长,文化部副部长、国家出版局局长,1987年后任新闻出版署副署长、署长,直到1993年卸任,之后,又在全国人大教科文卫委员会和中国版协任职,30多年从未离开出版工作岗位。在这段历史进程中,经历了"文革"对出版事业的破坏、拨乱反正、改革开放,由计划经济向市场经济的转型,这是一个曲折复杂、情况多变历史过程。但他忠诚党的出版事业,贯彻党中央、国务院有关出版工作的一系列指示,坚持正确导向,狠抓精品图书出版,大胆推进出版改革,勇于担责,善于处理重大问题,为出版繁荣作出了重大贡献,不愧是新时期出版改革的组织者、策划者和领导者。著名编辑出版家戴文葆对宋木文同志这个时期领导的出版工作是这样评价的:"您既有丰富实践经验和阅历,又有理论修养和政策水平,在您领导我们工作时,感受很亲切的。尤其是您在处理重大问题时,思考全面,待人慎重;如有什么责任问题,您首先挺身肩负,绝不推诿下级。领导的风度,理性的思考,我过去一向衷心钦佩!有事实在,当年也对您讲过我的实际体会,是我四十多年在基层工作与生活的理解。"①老出版人于国华谈到宋木文时说:"作风务实,平易近人,工作扎实","对出版工作方向把握得好……在出版业改革开放初期的探索阶段,为出版行业创造了好的环境,为下一步铺平了道路。"

  作为一个出版战线上的领导人,宋木文在出版工作中取得巨大成就的原因是多方面的。他能自觉地学习马克思主义理论,具有较高的政治理论水平;自幼勤奋读书,特别酷爱文史知识,有丰厚的文化素养。他在《一个"出版官"的自述》一书中曾这样说:"我这一生,如果可以做一点自我肯定的话,那就是比较认真学习,直到后来我离休了也还注意读书读报,这已经养成习惯了,成为生活

---

  ① 《戴文葆一九九七年元月五日给宋木文的信》。宋木文:《亲历出版30年》,商务印书馆2007年版,第1051—1052页。

需要了。"此外,还有一个重要原因,他人缘好,处事宽宏大度,广交四海朋友,与出版人建立深厚的情谊,善于处理与不同层次不同人员的关系,与周边环境的人员和谐相处,具有亲和的人格魅力,广泛吸纳各方不同意见,聚众家智慧,以此充实自己领导能力。

对上级长辈,尊重、学习。他在主持领导出版工作期间,多次与当时主管思想文化战线工作的胡乔木接触。他曾出席由胡耀邦主持、胡乔木出席的中央书记处讨论出版工作的座谈会,他对胡乔木坚持原则,从大局出发,实事求是,关心支持出版工作精神,为我国新时期出版事业发展的一个历史阶段所起的无可比肩的重要作用甚为钦佩;胡乔木主持中国大百科全书出版呕心沥血,殚精竭虑,处理问题高瞻远瞩的精神,使他从中学到了很多宝贵东西。

1987年11月5日,中共中央政治局委员胡乔木(左一)同宋木文亲切交谈

宋木文同志有一段时间在陈翰伯领导下工作,他对陈翰伯同志在主持出版局工作期间,抓好辞书出版,尤其为拨乱反正,作出了重大贡献给予高度评价。对陈的人品学识、工作作风深为赞赏。认为陈"决无领导者的官架子,更不喜欢别人,特别是下级对他的奉承、迎合。他是一位学有专长、学识渊博的学者,他精通新闻出

版业务,是一位造诣深、业务精、经验丰富的新闻出版专家……而最为宝贵的是他那忍辱轻荣、淡泊名利的人品"①。宋木文把陈翰伯奉为学习楷模。鉴于已出版的《陈翰伯出版文集》,收入内容不够全面丰富,他建议有关部门充实内容,重编出版新的文集。

宋木文同志对老领导、老前辈怀有深厚的感情。这些年,随着年岁的增长,思想文化界出版界的胡乔木、周巍峙、王益、许力以、陈原、边春光、石宗源等因病先后去世,他总是饱含深情及时撰写怀念文章,缅怀他们对文化出版事业的贡献,为后人树立典范。

宋木文同志为人圈子大,朋友多,与著名的编辑出版家有着广泛密切的联系,和他们经常书信交往。这不仅是沟通思想,情感交流,也是文化传承。他和戴文葆的交往尤为密切。戴文葆早在20世纪40年代就从事进步报刊活动,跟随党投入抗日爱国民主运动。新中国成立后很早就从事编辑出版工作。1957年被错划为右派。之后走上6年劳改、两年编外,"文革"10年又被流放家乡江苏阜宁,过着苦难的生活。在他身处逆境之时,仍对党的信念不移。在艰难条件下,查阅资料,评点阜宁保存的方志及其他古籍,抱着"为地方申诉历史文化,保家卫国"的赤诚之心,写出了一部方志作品——《射水纪闻》一书。宋木文同志对此书给予高度评价:"戴文葆能够在那劫难随时而至的特殊岁月里平安度过,为今人和后人留下一部有历史价值和现实意义的《射水纪闻》,是值得庆幸的。"②对戴文葆的为人品德,他说戴文葆是一位敢为人先的思想者和富有创新品格的编辑大家。"是一位见多识广、善于独立思考之人。他对党和国家的一些大事常有深入、冷静的观察思考","戴文葆与我有着个人的友情,我视他是亦师亦友,而他对我则是亦官

---

① 宋木文:《陈翰伯同志对出版领域解放思想拨乱反正的重大贡献》,《宋木文出版文集》,中国书籍出版社1996年版,第50—51页。

② 宋木文:《读戴文葆致曲家源信——记〈射水纪闻〉成书点滴》,《出版史料》2012年第4期。

亦友,有时官在友上。我曾经说过,作为'政府出版官',能同这位编辑大家为友,乃平生之幸事"①。正因为二人有这样的深厚情谊,戴文葆平时对出版工作中的问题直言不讳,这对于一个领导干部形成正确的工作决策是极为有益的。

同戴文葆(左一)在1999年元宵节知识界联欢会上(右一为刘杲)

对于宋木文同志的为人处事,俞晓群谈到他为宋木文同志的《思念与思考》所写序中曾这样说:"我敬佩他为人的友好与和善,他说:'人的一生,要多交一些朋友为好。以诚相待,可以增添友情;心怀坦荡,必会相遇知己。多为朋友着想、做事、不求回报,但求理解与知心,这样才能活得安心与顺心。'""我敬佩他有着一根很硬的脊梁,敢于坚持真理,不为风向所动。""我敬佩他为官大半生,整天被人簇拥着、追捧着、逢迎着、约束着,还能够保持心态平

---

① 宋木文:《读戴文葆〈射水纪闻〉感言》,《中国编辑》2012年第5期。

和,说真话,不说假话,实在是本性使然,绝不是装得出来的。"①

对同级平辈,团结、支持。作为一个领导人,妥善处理和领导班子成员的关系,做到成员之间相互尊重,团结相处,相互支持,形成合力,是领导人应具备的品德。宋木文同志在这方面显示了他的高超的领导艺术。1993年5月,宋木同志和于友先同志顺利交接。于友先同志任新闻出版署署长,宋木文还任党组书记。为支持于友先同志大胆工作,宋木文同志主动提出,从于友先同志任职之日起,署里涉及重大问题和人事安排,由于友先同志主持召开署务大会研究决定,体现了宋木文同志谦让大度和坦荡的胸怀。于友先谈到刚上任情况还不熟悉时,碰上因国内两家出版社出了两本内容有问题的书而惊动社会,是宋木文和刘杲同志支持他的工作,鼎力帮他解了围。由于当时出版业正是由计划经济向社会主义市场经济过渡的历史阶段,新闻出版业还有许多在体制上、工作上还没理顺的关系,工作起来相当困难。于友先说:"老宋在这方面确实是言传身教,给了我许多帮助与建议。""一是木文同志特别强调坚定正确的政治方向","二是他很讲究工作方法,特别重视调查研究","三是他做事很有原则性,……敢于向上级讲真话,提意见"。于友先深情地说:"结识老宋有30多年了。他不仅是我的老领导,也是我的兄长和朋友……从认识他开始,可以说我的后半生一直是一步一步紧跟着他在新闻出版事业里摸爬滚打。我不仅从他手里接过新闻出版署署长的接力棒,接过中国版协主席的接力棒……"②

担任新闻出版署副署长,德高望众的刘杲同志,长期和宋木文同志一起工作,二人相互支持,合作默契。刘视宋木文为言传身教

---

① 俞晓群:《思念老署长》,《编辑学刊》2016年第1期。
② 于友先:《无尽的思念——悼念木文同志》,《中国新闻出版广电报》2016年5月6日。

的老师。"宋木文同志是'班长',又是师友。我能在工作岗位上做点儿事情,是木文同志支持的结果。如果一把手不支持,副手能做什么?可是对重大问题他总是亲自过问的"①。于永湛、桂晓风、邬书林、石峰、杨牧之先后都和他共事,他们之间相互尊重,心往一处想,劲往一处使,不断推动我国出版事业前进。

对下级和晚辈,关怀、提携。宋木文同志对下级和晚辈极为关怀提携。他识才、爱才、重才。对一些有突出成就的专家高度赞扬提携。原中国出版科学研究所副所长、《中国出版年鉴》主编方厚枢,被业界称为"活字典""资料库""老黄牛"。他因家境贫寒,仅是"初中肄业",是一位边学、边干、边研究,自学成才的辞书、年鉴和出版史研究专家。但他从未评过"编辑"职称,既无学历,也不懂外语。1987年6月申报副编审职称,方很担心评不上。后经时任编辑出版专业高评委主任的宋木文提议,评委一致通过破格评定方厚枢为编审。因方厚枢在出版史研究方面有特殊贡献,1991年11月,又和出版界的有突出贡献的20多位出版家一起被颁发了政府特殊津贴奖。宋木文同志的这些举动被业界视为用人之道。②

宋木文同志对基层出版单位出版人在出版工作中作出重大贡献的人多加关怀、支持并给予很高评价。重庆出版社1989年起,历时8年,出资600万,组织编选了94卷5600万字的《反法西斯"三部曲"》,即《中国抗日战争大后方书系》《中国解放区文学书系》《世界反法西斯文学书系》。书系总主编为刘白羽,实际主编是"韬奋出版奖"获得者、重庆出版社总编辑沈世鸣。宋木文对在编辑"三部曲"中作出突出贡献的沈世鸣大加肯定赞扬。他深情地写道:"沈世鸣同志在日寇铁蹄下度过了童年,为躲避敌人的迫害,整

---

① 刘杲:《出版笔记》,河北教育出版社2006年版,第242页。
② 宋木文:《一位出版史家的成长路径》,方厚枢《出版工作七十年·序》,商务印书馆2015年版。

整5年女扮男装。童年时代的家仇国恨,参加革命后受到的教育和锻炼,在策划、编辑《反法西斯三部曲》时,使她有着强烈的革命责任感,虽身患癌症,更加抓紧分分秒秒,一边治病,一边坚持工作,'把生命的每一天都当作最后一天'。这种精神支持着她战胜了病魔,迎来了巨著的诞生。"①这不仅是对一个出版家的业绩的肯定,也是对出版人劳作的尊重。

宋木文同志对下级工作中出了些问题不是简单地责怪,而是坚持原则,实事求是,既要严肃对待吸取教训,又要保护人们的工作积极性。1983年10月,党的十二届二中全会,提出开展反对精神污染的斗争。"当年人民出版社出版了关于人道主义和异化问题的3本书,受到了严厉批评,薛德震同志也因发表相关文章受到责难。怎么处理,木文同志坚持实事求是,既讲原则,又从实际出发,既坚决贯彻中央精神,又稳妥处理问题……木文同志在回顾这段经历时深情地说:'处理这样的问题,不能因自己的失误使出版事业和出版队伍受到不应有的伤害。而最重要的是在分清是非界限的同时,要保护、调动出版队伍特别是各级出版骨干的积极性。'这是一个出版家对出版事业大爱的真情表露"②。

宋木文同志对晚辈寄予厚望、信任、支持,放手让他们大胆工作。曾任宋木文同志秘书、现任中国出版集团公司党组书记的王涛回忆,宋木文生前曾对他说,情况虽有变化改变:"无论怎样干,商务的品位不能变",这包含了老一辈出版家对后辈的殷切希望。人民教育出版社原社长韩绍祥回忆说:"我1999年1月到人教社工作。老宋告诉我说人教社是大社、老社,有专家、有好的传统,你要多向大家学习。在我的工作中,老宋给了我不少指导,这些都使

---

① 宋木文:《沈世鸣与重庆版反法西斯三大书系》,《中国新闻出版报》2014年9月23日。

② 石峰:《一辈子的榜样——深切怀念宋木文同志》,《中国新闻出版广电报》2015年11月25日。

我这个'门外汉'受益匪浅,难以忘怀。"

这几年在出版理论研究上做出突出成就的聂震宁、俞晓群,受到了宋木文同志的赞扬。他夸奖聂震宁文章写得不少,也写得不错。他看到俞晓群在报刊上发的文章称赞说:极好。又请俞为自己的书写序。这既反映了老出版家对后辈的关怀,也反映了老出版家的虚怀若谷,以诚相待的高尚人品。

宋木文同志的《出版30年——新时期出版记事与思考》出版后,2008年1月6日,他惠赠于我并题签,让我指正。我视之为老署长对我的鼓励,只有好好研读,感谢老署长对自己的关怀。1998年,我与袁喜生、刘小敏编撰了社科"八五"规划项目《中国当代出版史料》8册,325万字,1999年9月出版。宋木文看到后,于1999年10月25日给我来信说:"对你为今人和后人收集编选出版专业史料而进行的艰辛而有远见的劳作甚为钦佩,还要感谢决定出版这套书的大象出版社。"这封信经常在鼓励我努力开展出版理论研究。

宋木文同志由于善于与各种不同层次人员平等和睦相处,理顺上下级关系,使得各项工作进展比较顺利,正像他自己说的,"我的工作,每做一件事,上有领导,下靠群众,更有同我合作的一班人,众人的理解和支持"。真正起到了"五湖四海朋友多,谏言献策共切磋;情通气顺凝群力,科学决策少差错"的作用。

老有所乐　著书写作

人的衰老是客观规律,但在当前国家富强,民生安乐的大好形势下,许多老人活得老有所乐、老有所为。百岁老人周有光说:"老不老,我不管,我是活一天,多一天。我从81岁开始,作为一岁,从头算起。""我的思想是入世,走进世界,追赶现代。"他一生勤奋,研究写作不止。1953年以来,他已出版了20多部著作,他100岁之后写出《百岁新稿》等4部书,不愧是老有所成的典范。

同样,宋木文同志2004年7月离休。但他时刻不忘出版是他一生的事业。他说"岗位离开了,而事业还牵挂着,只要力所能及,总是不敢放松的"。袁亮同志赞扬他:"人离休了,思想不离休;身居民间,心怀天下。""岁过八旬,老而益壮;气慨非凡,犹如当年,脑勤手勤,笔耕不辍;文章频发,硕果累累。"作为学者型、研究型出版"高官",宋木文同志在30多年的出版生涯中,在工作繁忙的情况下一直坚持研究出版理论,先后出版了《宋木文文集》《亲历出版30年——新时期出版纪事与思考》《八十后出版文存》《思念与思考》《出版是我一生的事业》《中国的出版改革》(日文版)等近300万字,这些著作大都是他离开领导岗位之后进入晚年撰写的,给后人留下了一笔研究中国当代出版史的宝贵财富。

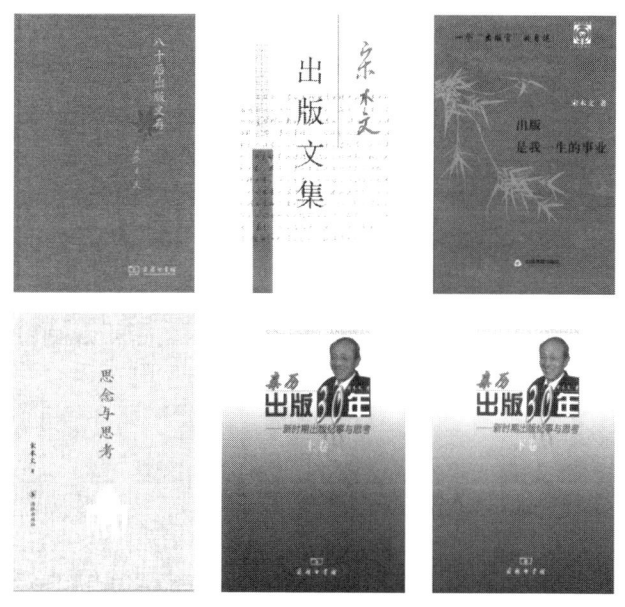

宋木文同志著作书影

宋木文同志对出版研究怀有一种坚强的毅力和饱满的热情,而且是在困难条件下进行的。2006年8月,我在北京参加《中国出版通史》编纂会,私下和他交谈。我问他你年岁大了,平时还坚持理论研究写作吗？他爽快地说:平时对有些问题想好了,考虑成熟了就写,我不会电脑,全是手写,顺利时一天也能写两三千字。我听后顿时心生敬意,十分惊讶,深为他年事已高还笔耕不辍,深入研究著书立说的执着精神所感动。正如他的好友、原《人民日报》总编辑范敬宜对他的贺诗中所说的:"步入书林岁月长,迎来时雨郁苍苍。两鬓飞雪无暇顾,惟欲人间翰墨香。"这是对他老年著书写作的真实写照。

在我和宋木文同志多次接触中,我总感到他有一种使不完的劲,干不完的事,写不完的题儿。由于他平时爱学习,注意观察事物,捕捉众多信息,积淀深厚,偶然得之,写起来能挥笔成章,随时成文。一直到老年,写作激情不减,始终保持旺盛精力。

乐在学途未知老,人愈年老志愈坚。宋木文同志从领导岗位退下来,还时刻想着出版工作中的重大问题。尤其是他对传统文化有深厚的敬意,有决心为历史树碑,为后人存典。改革开放以来,出版界抓了几项大的国家重点工程,需要德高望重具有权威的人参与其事,大家不约而同想到是宋木文。他先后应邀主持参与了《毛泽东评点二十四史》(线装本)《续修四库全书》《中国图书大辞典》《文津阁〈四库全书〉》影印本等的编纂出版工作。其中尤为《续修四库全书》投入的精力最大。

《四库全书》是我国乃至世界有史以来规模最大的一部丛书,清代乾隆年间修成。它汇集了乾隆以前历朝历代的主要著作,保存了历代的大量优秀典籍。但由于统治阶级的偏见,编纂者的局限,有些该收入的书未收入,资料不全;一些著作收入时作了若干改窜或删除,造成了这部大书的历史遗憾。1781年《四库全书》问世后,又有大量优秀著作出版,对《全书》拾遗匡谬补缺,为一代又一代学者的夙愿。由于历史的原因,续修的时机尚未成熟,续修一直未能进行。改革开放以来,党和政府对续修工作高度重视,提到日程,经过一段时间的酝酿筹备,由宋木文、伍杰等担任续修《全书》的工作委员会主任、副主任,吸收有关专家组建了领导机构,于1994年续修四库全书的工作正式启动。

宋木文等同志和有关专家一起制定出版方案,组建编选班子,

1994年9月同主编顾廷龙在《续修四库全书》工委会会议上

解决巨额经费,确定出版单位。为使续修工作顺利进行,编委会多次开会,讨论了全书的整体面貌框架、收书范围与选编原则,确定了全书的编纂方案,用宋木文同志的话说,当时的工作面对越来"越大的压力"。但"我们有信心编好、出好……谨慎操作,保证质量。""续修四库工程太大了,动用资金太多了,我们的责任太重了,保持清醒头脑,把各项工作做扎实,才能立于不败之地"①。可以想像,要完成这样巨大的工程在工作中会遇到多么大的困难。但在上级领导下,在宋木文等同志的策划支持下,全体编纂专家共同

---

① 宋木文:《八年成旷典——〈续修四库全书〉编纂出版纪实》,《亲历出版30年》,商务印书馆2007年版,第848页。

努力,一部收书5273种,成书规模1800册,利在千秋的鸿篇巨制《续修〈四库全书〉》历经8年终于在2002年3月完成,从而为保留民族记忆,传承中华文明,延续民族血脉做出了巨大贡献。在这一工程过程中凝聚了宋木文同志和众多参与者的大量心血。

当前出版战线广大职工正以饱满的政治热情,顽强的毅力,努力作好出版工作,决心由出版大国向出版强国迈进,以实际行动完成宋木文同志未竟的事业。九泉之下,宋木文同志有知,定会感到欣慰的。

(本文照片选自宋木文《亲历出版30年》,商务印书馆2007年)

添荫增绿绘美景　老树虬枝着新花
——记好友编辑出版家吴道弘

我自1978年踏入出版圈子，由于工作的关系，结识了出版界的许多朋友。人民出版社原副总编辑吴道弘先生是我与其相交甚深的好朋友。

人生贵相知，相知在缘分。我对吴先生虽仰慕已久，但无缘谋面。初识吴先生是在1994年春天。青年学者李频写了我国第一部文学编辑家传记——《龙世辉的编辑生涯》在河南大学出版社出版。为听取专家意见，社里在北京召开了一个小型座谈会，

吴道弘(1929—)

吴先生应邀到会，并在会上作了热情洋溢的发言。和吴先短暂的相见，他那一生情系出版事业、知识渊博、乐于助人的资深编辑出版家的形象在我脑海中留下了深刻印象。此后，我和他书信往来频繁，电话联系不断。我在工作和学习中遇到问题向他求教，总能得到他满意的答复与指教，我从中受益匪浅。

为出版的一生

吴道弘,1929年生,浙江省嘉善县人,中共党员,编审。他出生在一个有浓厚文化氛围的家庭,自幼聪慧好学,喜爱阅读诗文,才气过人。1950年春,正当他21岁风华正茂之际,以上海诚明文学院中文系学生身份,考入上海三联书店编审室,从此开始了他的编辑生涯。同年8月调北京三联书店编审部工作,1951年随三联书店并入人民出版社。他先后任编辑、编辑室副主任、主任,1983年起任人民出版社副总编辑,直至1995年退休。自1950年至今,60多年来,他一直坚守在出版第一线。他亲历了新中国成立初期中国出版事业的恢复与初步繁荣,历经了"文革"时期出版事业惨遭劫难,沐浴了改革开放给出版事业带来的大发展、大繁荣。他是我党在新中国成立之后培养成长起来的新的一代编辑出版家,也是新中国出版事业发展全程的见证人之一。几十年来,由于他的编辑出版业绩卓著,曾先后被授予国务院有突出贡献的专家,1993年荣获第三届"中国韬奋出版奖"。虽至耄耋之年,但2001年7月仍挑起《出版史料》执行主编之重任,继续为出版作贡献。他热爱出版,一生献身出版的崇高风范是当代出版人学习的楷模。

历史证明,一个人只有对自己从事的职业热爱,才能产生做好工作的强大动力。吴先生自幼爱书、读书,这使他很自然地走上了编辑出版这一行当。他自己说:"我说不清楚是什么时候起,对于书籍产生了一种特殊的喜爱;可是还清楚地记得,正是书籍使我对编辑、出版工作产生了向往和崇敬,终于自己也选择了这一职业。"编辑的一生是与书结缘的一生,又是幸福的一生,这样坚定的信念,支撑了他一生梦萦难忘的书缘、孜孜以求的编辑"未了情"。正是他对编辑出版事业的执着热爱,才使得他在编辑出版岗位上不管遇到什么困难,都义无反顾,克服重重困难,做好编辑出版工作。

万事开头难。当他刚调入北京三联书店时,就遇到了一系列困难。他先是担任著名理论家李达的难度较大的《〈实践论〉解说》《〈矛盾论〉解说》的责任编辑。为了适应工作,他遍读文史哲书籍,丰富自己的文化知识。稍后,他在中国史编辑室当编辑。为了工作的需要,他系统地读了中国通史,边干边学,负责编辑《国史旧闻》《太平天国前后的反清运动》以及《中国历史分期问题讨论》等著作。后来根据工作需要,他被调入外国历史编辑室和翻译书籍编辑室工作,主要接手苏联的译著。他本人学过英语,不懂俄语,为编好苏联史,下苦工,学俄语,读有关俄文原著。在翻译书籍编辑室工作,在审读苏联早期史学家波克罗夫斯基《俄国史概要》中译本时,曾反复比较俄文原著的新旧版本,发现新版已删去旧版有关沙俄侵略史实的文字,因而在编辑加工中译本时便增添了相应注文,这就纠正了一个史实和政治性的错误。

工夫不负有心人,功到成处喜自来。由于他勤奋好学,知识丰富,到20世纪80年代,他不再从事一般书籍的编辑工作,而主要致力于马克思、恩格斯、列宁著作的编辑出版工作。他还先后参与编辑了《列宁家书》和《马克思恩格斯》《列宁》《斯大林》等著作。为传播马克思主义作出了贡献。

平生勤于编著工作,栽培幼苗满园林。在长达60余年的编辑生涯中,吴先生究竟编了多少书、多少期刊,扶持过多少个青年作者,他本人也难以说清,但有一点可以肯定,他长期坚守出版第一线,一生钟情于编辑出版事业,为出版倾注了全部心力,无怨无悔,业绩卓著,令人感到欣喜与敬佩,堪称新中国大师级的一位编辑人物。

倾力倡导出版史研究

评价一个出版家,首先看他编了多少好书,留下多少传世之作,同时也要看他对编辑出版理论有无自己独到的见树。吴先生在长期的编辑实践中,以编为主,亦编亦研,特别是他积极倾力倡导研究出版史,并在这一领域有突出贡献。他认为编辑开展编辑出版理论研究是工作的需要,只有编研结合,以编促研,才能提高编辑能力的自觉性,减少盲目性。他认为:"我们一定要提倡、鼓励编辑写作,或者有自己的著译,这样不但可以提高编辑自身的鉴别、欣赏能力,而且在取得创作的经验和体会以后,可以在编辑工作中更好地帮助作者和读者。"他常说:"很多编辑忙于工作,一般却缺少研究和写作时间,但往往忽视岗位的有利条件和掌握不好学用结合,以致鲜有所得,浸沉在书林之中,埋头古书堆里。"吴先生在繁忙的编辑之余,不停顿进行写作,在编辑学研究中提出了自己不少的真知灼见,而对出版史的研究尤为倾尽全力。

吴先生对出版史研究的突出贡献在于:一是把出版史的研究看做是一个广阔的领域,把它的重要性上升到相当高度,推动了出版史的研究进程;二是他晚年致力于编《出版史料》,借助这个平台推动了出版史的研究。

吴先生在为方厚枢先生《中国出版史话》撰写的序中提出:"研究图书与出版,以及与之相关的若干事物或现象的历史,是内容宽广又很精深的学问。""作为一门科学的出版史,不仅需要总结和研究出版工作发展的历史,揭示出版工作的规律性;而且必然反映和说明时代与社会的科学、文化、精神文明的情况。出版史无疑是文化史的组成部分,也是社会的文明史。"吴先生在这里不仅对出版史作出了明确的定位,也扩大了出版史研究的内涵和领域。他是出版史研究的积极倡导者,而且身体力行,撰写了如《李公朴与出版》《纪念胡绳同志》《晚年宋原放的情结》《追忆1950年在上海三联的往事》以及《韬奋与胡愈之的友谊》和《书籍的历史和文化》等多篇出版史的论文,他还和宋原放等一起编纂了8卷15册的《中国出版史料》等。

吴先生对出版史研究的另一贡献是他晚年主编《出版史料》。"雄心敢与壮年比肩,壮志不因花甲而减"。1995年,吴先生从人民出版社副总编辑岗位退下来,用他自己的话说,自己可以看些书,写点散文诗歌之类以休闲自娱。其实又一个新的任务在等待着他,即重新走上编《出版史料》的工作岗位,谱写"老兵新传"了。

《出版史料》1982年创刊于上海,宋原放、赵家璧为主编,出至32期,因故于1993年停刊。许多出版史研究者为此而惋惜,出版界的一些老同志为恢复其出版而奔走呼吁。在新闻出版署的支持下,2001年在北京开明书店重新出版。1995年6月,吴先生从副总编辑岗位退休,用他自己的话说本来可以轻松自由地读些书,写点小文章。"可是从2001年起忽然参加了《出版史料》杂志的编辑工作,正式学做期刊编辑了"。他谈到20世纪80年代,三联的前辈徐雪寒说过:"工作是永远也不会退出的,革命工作是永远不会做完的……活到老,做(工作)到老。"他自谦地说:"我是真的'七十学吹灯',也算是老有所学吧!"。

新的形势下如何办好这一刊物,面临一系列新的问题,诸如刊物的定名,定位,宗旨,读者对象,与原来刊物如何保持连贯性都需要编者进行新的谋划。

吴先生自入编辑界长期从事图书编辑工作,很少接触期刊编辑工作。只是在1951年3月,三联书店出版有《新贸易译丛》,他短暂地参与了编辑工作;1951年4月创刊的《中央合作通讯》他参与了编辑工作。以后大量的时间是从事图书编辑工作。当今重新编刊物,不免有些生疏。怎么办,得从头学起。他一方面和编辑部的同志一起拜访老编辑家范用、王仰晨,当面求教办刊经验,一方面又广泛向老出版家王益、王仿子研讨编刊经验并约稿。经过调研学习,新出的《出版史料》,一方面与原来刊物相比重视历史的传承性、连续性;另一方面作为目前国内唯一一家出版史料刊物,坚持资料性与研究性的统一,坚持实事求是,解放思想的思想路线,客观公正地反映我国出版史的丰富内容和优良传统,同时又为积累出版史料,传播出版史知识为出版史研究服务。在办刊过程中重视抓刊物的个性特色,即知识的普及性、信息性及可读性。根据刊物定位及个性特色开设了"往事寻踪""名家书信""人物写真"等共12个栏目,在取稿上严把质量关,坚持刊物纯正,又要形式高雅活泼,适合读者阅读。

办好刊物必须有一支强大的作者队伍。由于吴先生长期在出版界工作,与全国知名的出版史研究专家有广泛交往,利用这一方便向他们针对性的组稿,丰富稿件内容,保证了刊物的高质量。

2009年4月,《出版史料》同人在《嘉兴日报》社门前合影(左三为吴道弘)

吴先生的渊博学识、严谨认真、执着追求、乐于进取的学品人品都在刊物上留下烙印。如他谈到编辑在改稿问题上要坚持两条:"一是谨慎,不要'为改稿而改稿'。要改正原稿中的不妥和错误,千万不要把原稿改错了。""二是要尊重作者的思路、文风和表达方法,力求做到帮助作者表达清楚、有逻辑性,切忌任意删改,或是按照某种模式(或风格)去改造作者的原稿。"为了把握刊物准确定位,他重视编刊物时"大处着眼,小处着手"。"'大处着眼'就是在每期安排选题时,从整体出发,综合考虑,安排次序";"'小处着手'就是对每篇稿件认真通读,从观点到材料,从文句到标点,都要注意,尽可能避免出错"。这些从编辑实践中总结出来的经验是十分可贵的,也足见吴先生对编辑工作是如何的尽力投入。

《出版史料》在北京出版自2001年至今,已出版42期,总字数700余万字,如今已成为出版史专家研究交流出版史的平台、培养青年学子的园地、储藏出版史料的一座丰富矿藏,是期刊丛林中一枝奇葩。

大师风范学习楷模

编辑出版工作是一门很深的学问。它要求编辑出版工作者应具备较高的文化素养,不断地提高自身的文化知识和业务能力,这就要靠在工作实践中不断地勤奋学习。"编辑是书稿的组织者、设计者和评论者……没有专业知识,包括不了解有关专业的基本著作……就难于担任审稿工作,也就无法履行编辑的职责……编辑工作的特点,又需要编辑具备比较广泛的知识"。吴先生自幼就有一种勤奋好学的习惯。早在上中学时,就广泛地阅读古典名著和散文诗词方面的文艺读物。他还如饥似渴地阅读现代著名作家鲁迅、茅盾、叶圣陶、巴金的著作。他坚信列宁说的"书籍是巨大的力量"。把读书学习当成自己一生生活工作的内容。他曾说:"读书对于我则是嗜好和习惯,或者竟是一种享受,青少年时代的求知欲是读书的驱动力,后来踏上工作岗位,读书成了职业的需要,老来读书可以说是随心所欲,怡然自乐的快乐事。"早在20世纪50年代在三联书店工作之前,他就阅读了艾思奇的《大众哲学》、周扬的《论马克思主义文艺》、刘少奇的《论党》、梅林的《马克思传》、高尔基的小说等。他博学多识,勤奋好学,这为他以后从事编辑出版活动奠定了厚实的基础。

著名出版家钟叔河说:"好编辑是编出来的,也是写出来的。"好的编辑"要有两支笔,蓝笔自娱,朱笔编文"。意在强调,一个好的编辑要努力编好书,同时还要结合编辑工作,不断地总结工作经验,开展编辑理论研究,做到编研结合,相得益彰。可以说,吴先生从走上编辑岗位之后,在紧张繁忙的编辑工作之余,不间断地对出版理论加以研究,使他在这方面的成果累累,除了在报刊上发表文章200余篇之外,还先后出版了《书评例话》《〈书评例话〉新编》《寸心集》《书旅集》《星空集》《编辑实践与编辑学思考》《浪花集》等著作,这些著作熔铸了他长期劳作的心血。

严谨认真、一丝不苟是吴先生的一贯作风。编辑出版无小事,稍有不慎就容易出问题,产生不良的社会影响。吴先生进入出版界之后,就对自己提出很高很严的要求。认真下工夫消灭出版物中的差错。他说到1951年,他和别人编校《中央合作通讯》月刊时,在排字车间和工人一起工作,进行文字核对,即将付印时,突然发现在校样上把"抗美援朝"四个字排错了,马上改正,避免了一次政治性大错误。

吴先生对自己工作认真,要求严格,对别人也同样认真。我编著的《中国期刊发展史》出版后寄他征求意见,他挑出不少错误,对个别错别字也不放过,如书中把"艾寒松"写成"艾塞松",他提出这是一个错误。另一次我在给他写信中把著名出版家"叶籁士"写作"叶赖士",他在来信中特别指出这是一个错误,这些事虽小,表明他对工作严谨认真的态度,我从中深得教益。

在和吴先生多年的交往中,他那为人忠厚、平易近人、谦虚谨慎、不事张扬、热心待人、乐于助人的高尚情操给我留下了深刻印象。他一生情系出版,熟悉出版,有很高的理论素养,对出版工作的执着,至老不减当年,每次与他会面,不是伏案写作,就是看书看稿。他工作热情高涨不知老,做到了如孔夫子所说:"发愤忘食,乐以忘忧,不知老之将至。"他本人多才多艺,文史知识功底深厚,诗文并茂,书法亦擅。很多青年向他求教帮忙,他乐于应允,有求必应,让你高兴而来,满意而去。2005年我和袁喜生、刘小敏编纂的《二十世纪中国著名编辑出版家研究资料汇辑》即将出版,我请他为本书题字,他满口答应,题写了"汇集编辑菁英,注重史料兼通学术,普及出版文化,裨益研究惠泽教学"切合此书宗旨的题词。2011年我撰写的研究期刊的著作《名刊名编名人》,再一次向吴先生求字。他很快地把书名题字和题词寄来。他的字刚健有力,气力遒劲,清秀潇洒,为书增色不少。需要说明的是他从来不把博学多艺作为获利之器,而是把它看做是完善人格、净化灵魂、提升人生境界的终身之道。

1990年11月6日,吴道弘(左一)在第二届"韬奋出版奖"颁奖会上发言

吴先生长期从事出版工作,对出版界的人和事都很熟悉,他博闻强记又健谈。出版上遇到什么问题,向他求教、帮忙,他都不吝指教。2009年12月,河南大学出版社在京召开《亲历新中国出版六十年》座谈会,有些情况我们不大熟悉,如何把会议开好,征求他的意见。他根据自身的经验,提出了许多切实可行的建设性意见,真是我们办事的好参谋。

也许是吴先生长期坚持在出版第一线,勤于思考,发愤工作,而今他仍思绪如潮,在和他交谈时,"上下五千年,纵横十万里"无所不涉,给你提供广泛的知识和启示。他像一架动力饱满的发动机,不停地喷射出有用的知识和信息;他犹如一座富矿,有取之不

尽的宝藏,在相谈甚洽之中使人受益无穷。

当今的时代,孕育了一批大师级的出版人。这些大师级的出版人,按照有篇文章中所说:"所谓编辑大师,是指编辑过许多作品甚至不朽作品,从而得到行业与社会高度认可的人,是怀抱文化理想不放,造福于知识阶层乃至全体人民的人。""他们引领了他们所处的时代的编辑方向,甚至文化方向。"这些人富有创新精神,富有理论建树和很高的编辑思想及很深的文化素养。吴先生可以说就是当今的大师级的编辑人物。

老骥伏枥,志在千里。吴先生如今已是90岁的老人了,虽鬓染白发,但思维敏捷,记忆力过人,走起路来,健步如飞,人影一晃而过。在紧张繁忙的出版活动中欢度晚年,他真正做到了老有所学,老有所为,老有所乐,愈老而弥坚。祝愿他延年益寿,长寿百年。

吴道弘著作书影

选自《宋应离出版文丛》,河南大学出版社2013年版

编评结合　相得益彰

——记图书评论专家吴道弘

在新中国图书评论发展史上,涌现出了许多知名的图书评论家。1988年9月15日,在北京召开的中国图书评论学会筹备会上,"大家公认萧乾、李锐、周振甫、舒芜、戴文葆、吴道弘、沈昌文、徐召勋为书评专家,从此,结束了在我国找不到、推荐不出书评专家的历史"①。这几位书评专家中,萧乾、周振甫、舒芜、戴文葆已相继去世。健在的几位仍关心出版工作,并积极进行有关图书评论的写作。其中吴道弘在图书评论这块园地一直辛勤耕耘,他有关图书评论的理论与写作受到出版界广泛好评、关注,对后人有许多启示。

1986年4月吴道弘在中宣部出版局召开的全国图书评论工作座谈会上发言

① 徐召勋:《书评学概论》,武汉大学出版社1994年版,第126页。

拓荒之作《书评例话》

在新中国图书评论界,吴道弘是研究、写作图书评论的开拓者与倡导者之一。吴道弘,1929年生,浙江嘉善县人。他生于一个文化氛围浓厚的家庭,1950年春,风华正茂之时,他以上海诚明文学院中文系学生的身份,考入上海三联书店编审室,从此开始了长达60余年的编辑生涯。他先后担任编辑、编辑室副主任、主任,自1983年起,担任人民出版社副总编辑。由于工作业绩突出,曾获中国韬奋出版奖,享受国务院颁发的政府津贴。此后又担任中国编辑学会副会长、中国图书评论学会副会长、中国出版工作者协会学术委员会副主任。60多年来,吴道弘坚守编辑出版工作第一线,既是新中国出版事业发展的亲历者、见证人,也是新一代优秀的编辑出版家,同时是一位钟情于书评的理论家与写作家。

吴道弘自己曾回忆,与图书评论结缘是在1950年春初入三联书店担任校对和编辑时,"曾经读到一本青年政治理论读物,有严重的思想错误,想到要向读者指出,便很有信心地写书评进行批评,并在报上发表了。现在看来,我的书评不免稚嫩,但指出这本书里存在的错误,则是完全必要的。这是我做编辑工作以后写的第一篇书评"(见《〈书评例话〉自序》,以下引文未注出处者均引自此书)。后因工作变动写书评中断了一个时期。进入20世纪80年代,随着出版事业的繁荣,他写书评的兴趣又复活萌发。结合编辑工作,十多年间他先后对已出版的60多种图书进行评论,发表了近百篇共约15万字的书评文章。1991年中国书籍出版社出版了他的书评拓荒之作《书评例话》,业界评论:"该书最为人注目的,是将围绕书评的10个专题博采例证进行分析研究的《书评例话》同以书评为中心发表各种见解的《书评续话》合刊。在这'两话'的

31个标题下,著者广泛而深入地探讨了书评,有较高的学术价值。"①该书曾荣获第六届中国图书奖。

前进路上不止步,探索途中不歇脚。时隔近20年,吴道弘又在《书评例话》的基础上加以充实整合,出版了一本25万字的《书评例话新编》,全书以书评例话、书评续话、书评赏析、书评写作四部分,构建了一个较完备的理论体系。全书多角度、全景式地展示了书评理论与实践活动及其写作经验,既有理论高度,又有较强的实用价值。书评专家伍杰评价"他的书评特点是理性、沉稳、平实、有文气,善于发掘、分析、提升,与现实结合紧密,是一个理性的书评家"②。

见解独到内容广泛

吴道弘的书评理论与书评写作,有其自身的鲜明特色。一是见解独到。吴道弘认为"图书评论是以图书为对象进行的介绍、评论和研究的一种科学活动。它运用大众传播工具(主要通过报纸、期刊等媒介)向社会各阶层的读者传达文化出版和研究学术的信息,开展图书宣传、传播知识与扩大教育,以及进行学术讨论的一种活动方式"。"图书宣传评论工作不仅是贯彻出版方针、提高图书质量的重要方式,而且是沟通出版社、作者与读者的桥梁,也是出版社更好地为读者服务的具体途径"。他认为,书评就是发动群众,通过社会舆论,动员社会力量,向读者介绍推荐好书,批评不好的书和坏书,它对于监督促进出版部门坚持正确的出版方针,坚持正确导向均有重大意义。作者在这里还特别强调评论的本质属性

---

① 王余光、徐雁:《中国图书大辞典》,南京大学出版社1993年版,第902页。
② 伍杰:《书评理念与实践》,河南大学出版社2006年版,第347页。

是评论性、指导性,而评论性是书评的灵魂。只有精彩的、有影响力的评论才能正确引导读者,推动出版活动。书评专家萧乾也说过:书评是"现代文化这巨厦一根不可或缺的梁柱"。而书评家就是一个"文化保镖",起着关心、维护、促进文化的作用。图书有其自身的命运,但这个命运并非掌握在自己手里,而书评是影响读者与图书命运的一种助力。著名作家雨果说过:书籍的创造者是作者,而书籍命运的创造者却是社会。

从一定意义上讲,书评可以影响左右一本书的命运和图书作者的命运。一些流传后世的经典之作,是由于某些书评的推荐而保存下来的,这种情况在出版史上不乏其例。如1957年下半年,茹志鹃写了一篇反映群众爱护解放军的主题小说《百合花》,被多家文艺杂志退回,认为小说"调子比较低沉"、情感"阴暗"。几经周折,1958年3月,《延河》刊出这篇小说。1957年"反右"开始,小说发表不久,茹志鹃的丈夫被划为右派,开除党籍、军籍,茹志鹃的生命、创作都面临丧失信心的深渊。1958年5月,茅盾针对当时的一些作品,写了一篇书评《读最近的短篇小说》,发表于《人民文学》1958年6月号,认为《百合花》具有"独特的风格""清新俊逸"。是他读过的几十篇作品中"最使我满意,也最使我感动的一篇"。茅盾对作品的高度评价使茹志鹃感到"一个失去信心的、疲惫的灵魂,又重新获得了勇气、希望。重新站立起来……不管今后道路会有千难万险,我要走下去,我要夹着小小的卷幅,走进长长的文学行列中去"①。1960年之后,组织上为了使茹志鹃安心创作,将她从繁忙的编辑岗位调入作协从事专业创作。

二是内容广泛。吴道弘编辑阅历长,文化积淀丰厚,视野开阔。他读百家文,评百家书。书评以马列著作和文史哲书籍为主,其余无所不涉。出于对一种新兴学科建设的支持,尤其突出评论

---

① 杨建民:《改变命运的文学评论》,《中华读书报》2010年3月31日。

出版专业图书。他先后评论的出版专业图书有许力以的《人类文明与出版》、袁亮的《出版学概论》、陈原的《书和人和我》、李海崑的《出版散论》、李频的《龙世辉的编辑生涯》以及方厚枢的《中国出版史话》等,其目的是总结出版规律,促进推动编辑学这门新兴学科的建立和发展。

三是典型引路。理论的价值在于指导实践。吴道弘的书评理论来源于实践,具有鲜明的实践性与指导性。他在《书评例话》一书中进行理论阐述时,结合10部图书,主要是对马克思、恩格斯、列宁的著作进行了分析评价。他还在《书评例话新编》的"书评赏析"编中,列举了萧乾、胡愈之、茅盾、巴金、陈原等10人的书评作品作为典型案例,在文后,仅用了二三百字作了评析,言简意赅,抓住要领,给人以启示,起到了典型引路的作用。他本人写的书评善于抓住书中精髓,阐明对书的特殊见解,富有研究性、探讨性,以平和商量的口气阐明己见,加之书评文字本身所具有的文学性,给读者带来了阅读的愉悦和知识的增长。书评文字优美,可读性强,而且体裁多样,有散文式的、序跋式的、杂感式的、点评式的,对读者如何写书评具有一定的示范作用。

编评结合孜孜不倦

在出版界曾流行一种看法,认为编辑只能是编辑,写书评只是读者、专家、学者的事。吴道弘认为写书评向读者推荐好书,宣传好书,是编辑工作的延续,是编辑工作的分内事。"应该看到,编辑关心书评,撰写书评已经成为考核编辑的一项内容,编辑不仅是书稿的第一个读者,而且又义不容辞是书稿的第一个评论者。在未来宏大的书评家队伍中,编辑理应是重要的一部分"。因为出版与书评之间有着一种天然的联系,书评应是一本书与读者缔结姻缘最好的介绍人。编辑写书评既是关心图书的命运,也是为读者提供信息和指导阅读的重要手段。通过对图书的评论和宣传,又可以听到读者反馈的信息,有利于改进编辑工作。编评互动,相得益彰。他还认为,编辑进行写作(包括书评写作)是提高编辑素质,搞好编辑自身工作的需要。他早就提出:"我们一定要提倡、鼓励编辑写作,或者有自己的著译,这样不但可以提高编辑自身的鉴别、欣赏能力,而且……可以在编辑工作中更好地帮助作者和读者。"①

吴道弘认为编辑写书评有很多优势。一是了解图书选题、出版过程,通过审稿了解书稿的内容及特色,了解作者的写作意图及作者的学识和专业水平,是最有发言权的人;二是比较熟悉出版信息,能从宏观上了解把握出版动向,便于写书评之时选好评论的角度,发挥编辑优势;三是编辑在写书评时,抒发自己的甘苦得失,会给作者、读者一种亲切感,容易产生思想上的共鸣。

吴道弘进入出版领域之始就和书评相伴而行,除一段时期中断外,一生大部分时间都是边从事编辑工作,边开展书评理论研究与书评写作。他还为不少作者出书写了序跋,在书评园地里可谓一位孜孜不倦、热爱书评事业、撰写书评的专家和引路人。

条分缕析操作性强

书评写作是一门学问,也是一门艺术,对一般初学者而言并非易事。作为书评的作者,既要有相当高的理论水平,渊博的文化知识,还要有过硬的写作功底,以及掌握书评的写作方法,特别是要懂书。吴道弘一生喜书、爱书、写书、编书、评书,尤其懂书。他当过校对,干过编辑,也熟悉装帧设计,对书有一种熟悉精通的硬工

---

① 吴道弘:《认真探索编辑工作的规律》,人民出版社 1986 年版,第 7—8 页。

夫和惊人的鉴赏力。一本新书送到他手里,他大体翻阅之后,就能对这本书从内容到形式作出优劣的总体评价。因而他才能从自己从事的出版工作与书评写作中,总结出一套较系统的、实用的书评写作方法。他自谦地说:"我写书评并不多,但有一条经验:在动手写书评以前,一定要想清楚书评的目的性,主要是为哪些读者写的,要讲清什么问题……一篇书评至少应该提出一点启示,讲述一下优缺点,指引一下读书的方法等。""写书评无疑先从图书出发,从认识、分析图书着手。既入于书,又出于书。'入于书'是认真细致地读原书,千万不要一目十行、浮光掠影地阅读。'出于书'是要跳出书本来冷静地思考。"① 因为只有"入于书",才能体验作者在作品中的思想情感,"出于书"才能客观冷静地分析作品的价值。这些道出了书评写作的基本规律,也是作者书评写作的经验之谈,对书评写作者有重要的借鉴参考意义。作者还指出,书评作者还要"有高明的见解、洞察的能力,善于分析比较。同时需要感情与文字相统一,作者要有真诚的感情、善意的批评,这样流于笔端的文字才能感人"。的确,那些优秀的评书之作不仅增长了读者的知识,还能丰富人们的思想,陶冶人们的性情。要达到这一目的,最重要的一点,是要坚持客观公正、实事求是的科学态度,克服书评中只表扬、不批评的不良倾向,对一本书既不盲目庸俗地吹捧,廉价拔高,也不随意贬低,一概否定。为便于书评写作者写好书评,少走弯路,他引用美国西斯曼的《书评二十忌》、罗伊·次尔珀的《论学术评论:十个常见的错误》(1985)作为例证,阐明书评写作的十项原则。加上他自己的理解,归纳书评写作的十大箴言,供书评作者参考。他有关书评写作的具体方法讲得具体又实用,可操作性强,可以说是书评的"写作指南"。"书评是出版的影子,是图书

---

① 吴道弘:《关于书评给青年的一封信》,《书评例话新编》,首都师范大学出版社 2010 年版,第 2-3 页。

的灵魂,也是出版文化的旗帜;书评是宣传领域的重要思维活动,也是重要的文化现象"①。出版的繁荣离不开图书评论。据国家新闻出版广电总局公布的数字,2012年我国年出书已达414000多种,成为世界出版大国。书之多,如汗牛充栋。读者选书,如同大海捞针,特别是在信息爆炸时代和市场经济条件下,更需要加强书评引导。而当下的书评表扬多,实事求是、具有公信力的批评性书评少;一般读者写的书评多,既有理论水平,又有专业眼光的书评专家写的书评少;在报刊上零打碎敲的书评文章多,专业书评刊物少。在此情况下,认真研究吴道弘的书评理论与写作,对繁荣我国的书评活动是有现实意义的。

原载《现代出版》2014年第3期

---

① 伍杰、徐柏容、吴道弘主编:《中国书评精选评析》封面题词,山东教育出版社1997年版。

在出版热土上辛勤耕耘的编辑出版家蔡学俭

坚守出版七十年,
不忘初心勇向前。
精雕细刻铸精品,
传播文化志当先。
耄耋之年不歇脚,
办刊重担挑在肩。
搭桥铺路为人梯,
英才辈出笑开颜。

蔡学俭(1929—)

我深知以上几句话远远不能概括表达蔡学俭先生一生对编辑出版事业的卓越贡献,但它确是发自我内心对蔡先生的敬重之意。

我和蔡先生相识已有二十多年。早在1994年7月初,由中国编辑学会、河南省新闻出版局、河南省出版工作者协会联合举办的"全国编辑学理论研讨会——第一次编辑学学术研究会"在郑州召开。中国编辑学会会长刘杲在开幕式上作了长篇讲话之后进行大会发言。作为湖北省出版界的代表蔡先生在会上作了精彩讲话。他的讲话有两点引起了我的注意:一是出版理论研究必须理论联系实际,指导现实,编辑学的研究要走进广大出版工作者中去;二是出版工作者要了解全局,不能两耳不闻天下事,一心只编眼前书,胸中若无全局这个弦,就会出现这样那样的问题。听了这些话,当时就感觉这位老出版家眼光高远,问题抓得准。

由中国出版科学研究所承担的一项国家社科基金项目——《中国出版通史》编撰会2006年8月5日至6日在北京松鹤山庄召开。作为该书编纂组成员的蔡先生和我一起赴会。在会议中我们相互交谈,蔡先生对湖北和全国改革开放以来,出版战线取得的辉煌成就及巨大变化充满兴奋和喜悦。但言谈之中对一些出版单位搞个人承包,片面追求数量,忽视质量,重经济效益,轻社会效益的作法深感忧虑。他认为只有抓好图书质量,建立与社会主义市场经济相适应的出版机制才能使出版业健康持久发展。

时隔3年,2009年为庆祝新中国成立60周年,回顾60年来新中国出版事业发展的巨大成就,河南大学出版社策划了一本《亲历新中国出版六十年》,在考虑该书的作者时,自然想到了蔡先生。这年6月间,我和刘小敏同志亲赴武汉,登门拜访蔡先生,并请他为该书赐稿。蔡先生很高兴很爽快应约,并谦虚地说:我写写看吧!两个多月后,蔡先生就将他撰写的一万多字的《我在50年代的编辑工作》寄来,他真是说到做到,不放空炮。

经过多次和蔡先生近距离接触,他那热爱出版,熟悉出版,善于出版管理,对编辑工作认真严谨,高度负责,热心出版理论研究,勇于创新的精神给我留下了深刻印象。他为人平易谦和,光而不亮、藏而不露的高尚境界尤使我敬仰。

要全面了解蔡先生一生的编辑出版业绩及其贡献,还得从他的一生经历说起。

新中国出版事业发展的见证人

蔡学俭,1929年生,湖南省华容县人,编审,1957年加入中国共产党。1948年就读于南京政治大学新闻系,同期担任香港《华商报》今日通讯社记者。1950年,在中共湖北武昌县委工作期间曾编辑过一份《土改小报》。1951年由中共中央中南局宣传部调中南人民出版社，1954年至1983年任职于湖北人民出版社。1983年6月任湖北出版总社总编、党组副书记。1986年至1987年任湖北省出版局局长、新闻出版局局长，1991年退居二线后，在时任局长支持下，创办《出版科学》，任主编，并任湖北省发展研究中心常务干事和湖北省人民政府咨询委员。他担任的其他社会职务有：中华全国新闻工作者协会理事，中国编辑学会副会长、顾问、湖北省编辑学会会长，中国出版科学研究所特约研究员、武汉大学兼职教授。主要著作有《离不开这片热土——我的编辑出版理念》《归燕集》，另在报刊上发表编辑出版理论文章一百多篇。

蔡先生做编辑出版工作是从最基层开始。"学俭同志从学做校对开始，助编、编辑、组长——40年来摸遍了出版机器的每一个零件，'将帅起于行伍，宰相出于阡陌'，才一步一印地走上领导岗位。他太知道出版的艰难，编辑的甘苦了。正因如此，他对出版理论的研究才能全面独到，才能够总是把理论研究做了前瞻，而不是'马后炮'"①。

实践出真知，实干长智慧。蔡先生的编辑工作是先从编普及读物开始的。他到中南人民出版社工作的第一站是参与编辑出版《中南农民》。这是面向农村，以农民和基层干部为对象的期刊。刊物内容短而精，通俗易懂，很适合农民阅读，发行量最高达到100万册。他在编辑工作中尽职尽责。但由于对编辑工作缺乏认

---

① 赵航：《把一生献给了出版热土——读蔡学俭我的编辑出版理念》，《编辑学刊》1999年第6期。

识,在编刊时"我对编辑工作知之甚少却自视很高,情况不明决心却很大,满怀热情,没日没夜地编出了初稿,自我感觉不错。哪知编稿内容芜杂,没有中心,毫无章法,缺乏编辑思想,结果几乎被全部否定,刊物险些延期出版。在领导帮助下,这次失败使我认识到,对出版工作不能轻视,它绝不是简单劳动,不是单凭热情和书本知识就可做好,一定要谦逊谨慎,认真学习,努力实践,逐步掌握工作规律"①。吃一堑,长一智,在《中南农民》接受的锻炼和教育,使他终身受益,永远难忘。

　　1952年,全国土地改革基本完成,中南区开展查田定产和改革农业税制度,蔡先生和其他同志一起,负责编两本为党的农村工作服务的书:《查田定产工作问答》和《农业税收政策问答三十条》。他们约请有关单位撰稿。但接到初稿时,问题较多,编辑提了许多中肯意见,但二稿修改仍不理想。他们和作者一起进行多次修改,方得出版。这样对书稿认真编辑的工作精神,受到上级的表扬。出版总署1952年第20期《出版通讯》发表了他们组编两书的问答文章,并加了一段很长的编者按,归纳出"九步走"的编辑工作经验。所谓"九步走",概括说就是第一步抓主题;第二步抓作者;第三步说服作者,解决作者的思想顾虑……帮助作者克服困难;第四步是作者写出提纲,出版社审阅提出意见;第五步作者写出初稿,由作者和有关同志审阅修改初稿;第六步出版社组织力量审读,进行修改加工;第七步送党委宣传部审阅,然后向作者提出修改意见;第八步和作者商定,修正定稿;第九步由政府业务部门审查,审

---

① 蔡学俭:《做出版工作的一点体会》,《编辑学刊》2007年第7期。

查后出版。"九步走"的编辑工作程序今天看来有些繁琐,但在当时条件下,它对保证图书质量确实起到了很好的作用。

蔡先生在谈到编辑《中南农民》和两本政策问答书的出版时深有感触地说:"《中南农民》的编辑工作和这两本政策问答的出版,给予我的启发是,编辑工作决不是你写我出的简单劳动,而是复杂、艰苦的创造性工作。作者创造出版物的价值,编辑同样以自己的劳动增添价值。编辑可以无名无利,但决不可以无为无用。出版物中就凝聚了编辑的劳动和奉献,这是编辑的价值所在和理应受到尊敬之处。"①

经历是财富。蔡先生是新中国的第一代编辑,有近70年的出版经历,全程亲历新中国出版历史的各个阶段。这当中既充满喜悦,也有过忧愁和苦恼。1949年10月1日,中华人民共和国成立,为中华民族的出版事业开辟了新的发展时期。至1956年,国家对出版事业进行清理、整顿、改造,建立了一批新型的国家公私合营的出版机构,出版业呈现百花齐放、万紫千红的繁荣景象,出版事业进展成绩显著,党重视编辑工作和图书质量,并积累了丰富的经验。蔡先生正是在这个大好局面下参加出版工作的,对此深感兴奋。1958年的出版大跃进,违背出版规律,在湖北及其他一些地方用大跃进的方式,提出出版要放卫星,多出书,快出书,"三审制"遭到破坏,把其视为少慢差费,把"四审一校"看成清规戒律要打破;个别地方为了配合中心工作,县里也办出版社,其结果滥编书,乱出书,导致图书质量下降,许多图书报废,出版元气大伤,令人惋惜和痛心。1966年至1976年,"文革"10年,出版事业遭受破坏。蔡先生编辑的一些书,受到批判,个人也受到牵连。使他想不通的是自己编辑的有价值的书受到批判,而那些应景之作却受

---

① 宋应离、刘小敏编:《亲历新中国出版六十年》,河南大学出版社2009年版,第703页。

到肯定,为此,曾产生不想干出版的"出版危险""出版无用"的想法。1978年改革开放以来,出版战线出现了发展繁荣的大好形势。蔡先生沐浴40年来改革开放的春风,以及编辑出版工作取得丰硕成果的大好时机,又重新坚定了从事出版的信心。通过对新中国出版事业发展的历程回顾,他体会到出版事业繁荣带来的喜悦,也有过事业遭受曲折时的失望,但无论成功或失败、经验或教训,都使他加深了对出版重要性的认识,增强了文化自信、职业自信心的自豪感与决心,愿将全部心力倾注于毕生为之奋斗的出版事业,辛勤地耕耘在这片热土上。

蔡先生曾自述70年出版经历中的喜悦、愉快和前进道路上的曲折、彷徨。他第一次刚跨入出版社门槛时说:"我刚到出版社来,把它看作一座巍峨的艺术殿堂,设想一展平生抱负,在大殿堂里创造个人的世界。但当被安排在一个不很显眼的角落,从事琐碎的为人作嫁的平凡工作,个人抱负和现实之间产生了冲撞,于是陷入动摇和彷徨。难道这种简单劳动就是出版?难道出版就是牺牲自己成就别人?我怀疑自己的才能在这里能否发挥,个人价值能否实现。由于我不理解出版这种崇高的职业,也就不能真正理解从事这项劳动的重要意义。"[1](蔡学俭:《离不开这片热土——我的编辑出版理念》,以下引文未注明出处者,均见此书)如何正确认识出版工作的重要意义,如何做好编辑工作,实现人生的最大价值,需要在实践中逐步提高认识。他结合自己的编辑实践加深了对这些问题的认识。通过他早年编书刊的锻炼和感受,"我逐步理解了为人民服务的深刻内涵,它不是一句口头说说的套话,需要有坚定的理想信念和顽强的意志毅力,需要有严肃认真的工作态度和一丝不苟的作风,还需要有丰富的知识积累和扎实的语言文字基本

---

[1] 蔡学俭:《离不开这片热土——我的编辑出版理念》,湖北教育出版社1999年版,第95页。

功,而要做到这些的根本,是对人民和出版事业的无限的热爱"①。随着他的编辑工作的延续和深入,他越来越认识到出版工作的深刻含义。"我们从事出版,是追求出版事业得到发展,为人民服务、为社会主义服务;个人的荣辱得失总是同事业的兴衰成败联系在一起的。而事业的发展,离开对出版的正确认识和不断实践,事实证明是不可能的……认识和实践的深化,促使改革前进和事业发展,而每个出版工作者也会从中发现和实现自己的价值,施展自己的才能和抱负,从而得到理解和尊重,也才感受到真正的欣慰和愉快"。谈到这方面的体会时他深情地说:"当一个人一生与一项事业荣辱与共、悲喜相连,从而生发的对这项事业依依不舍的热爱,虽到老年也是老而弥坚,壮心不已的。"他还以一个老编辑家的身份,告诉刚入门的青年出版工作者,个人价值的实现与否,总是同整个出版业的兴衰相联系的,只有努力实现整个出版业的社会价值,个人才能施展抱负,发挥才能,实现自身价值。这些发自内心的肺腑之言,说明他真正地爱上了出版这片热土,也是他几十年不忘初心,在这片难舍难分的热土上辛勤耕耘的根本原因。

蔡先生 70 年的编辑出版历程,是一笔宝贵的精神财富,凝聚了中国优秀编辑的基本素质和敬业精神,值得我们认真学习,也为撰写新中国出版史提供了参照。

认真严谨务实创新的编辑出版家

消灭出版物中的一切差错,提高出版物质量是出版工作的永恒主题。出版"思想精深、艺术精湛、制作精良"的传世之作,是出版人的最高追求。作为资深编辑人,蔡先生牢记使命,勇于担当,

---

① 蔡学俭口述,蔡珊、欧阳敏采访:《我的出版之路》,《中国出版史研究》2016 年第 4 期。

把出好精品作为自己最高的奋斗目标。

编辑工作的功能,是对文化知识思想成果的发现、选择、鉴别、优化和提升。

党的优秀理论工作者、报刊编辑家艾寒松,1952年写了《怎样做一个共产党员》一书,交中南人民出版社出版,至1953年11月,一年多时间里共印三版五次,计105万册,以后由湖北人民出版社出版多次重印。从1952年到1962年先后有7个版本出版,印了31次,发行1000万余册,成为广大共产党员喜爱的一部优秀的畅销书。

作为该书责任编辑之一的蔡先生,1954年起,对该书作了认真的审读。1956年"八大"后,作者根据新的形势作了大的修改。蔡先生提出了8条修改意见,作者接受了其中的7条。由于作者和编者共同努力,反复推敲,提高了书的质量。在"八大"后修订再版中,作者按照"八大"精神,增写了"反对破坏党的团结统一和集体领导的个人崇拜"等内容。蔡先生说:"作为责任编辑,我们深知这些增写的重要性,但又顾虑会犯错误,心中权衡再三犹豫不定,在社领导的支持下,我们终于保留了这些内容。然而,这些内容在'文革'中受到批判。"康生发出禁令,说该书宣扬"修正主义""有严重问题",是"大毒草",责令停止出版。艾寒松在"文革"中受到批判,于1971年含冤去世。这本书的编辑工作,不仅反映了编辑工作者的认真严谨工作态度,也显示了编者坚持真理敢于负责的胆识。"围绕这本书的风风雨雨,倒使我又认识到出版工作者通过出版物要宣传的真理不能是作者和编者一般的思想,是要力求宣传真理。而宣传真理要有勇气和胆识。出版工作者应该具有的正是敢于坚持真理,修正错误的态度"。

《怎样做一个共产党员》的编辑工作,显示了编者的认真、严谨的工作态度和富于创新的编辑思想,以及编辑家出版家的高尚境界。一位编辑家提出编辑人可分为三个层次,三种境界。"一个层次是收获型编辑,守株待兔,来什么稿编什么稿"。"另一个层次是耕耘型编辑……伏案审校,焚膏继晷,几多寻寻觅觅,援笔调饰,嚼字咬文,尽在圈圈点点"。"再一个层次是播种型编辑,这样的编辑本身是学者,具有很高的学术素养,洞悉学术发展的前沿,熟悉学术界方方面面的骨干精英,他能审时度势出题目、出点子、出思想"。"这样的编辑是作者的良师益友,学术成果的催生者和引领者,对期刊的发展、学术的贡

献和思想解放,功莫大焉。这三个层次体现三种境界。第一个层次是职业境界,第二个层次是敬业境界,第三个层次则是事业境界,是编辑家、出版家的境界"①。蔡先生无愧于是有眼光高水平的编辑家、出版家。

编辑出版工作是一个系统工程,它有严格的工作程序规范,任何一个环节出了问题,都会影响全书的质量。作为资深出版家,蔡先生对编辑出版工作一系列流程真正做到了学懂弄通做实。他根据自己的编辑工作实践,总结了一套保证图书质量的编辑工作方法。如何审稿?有一篇文章介绍他的方法是:"一稿在手,先审整体,看写作意图和对主题的论述;后审局部,看篇章结构的逻辑联系;再审具体观点、材料,看二者的结合和立论根据;回头再看整体,对书稿作出初步判断。他把这概括为'从一般到个别,再从个别到一般'的审稿方法。当认为书稿可能采用后,即进行精审。他的精审方法可以概括为'四看',即:从经典、定评著作中看观点;从

---

① 龙协涛:《十年磨剑更磨人》,宋应离:《名刊名编名人》,大象出版社2011年版,第261页。

同类著作中看创见;从权威工具书中看材料;从准确版本中看引证。他把这种审读法称为'比较'审读法。通过比较,反复斟酌,提出修改意见。经作者修改达到出版要求后,即进行最后一道工序:加工整理,这主要是纠正病句、错字、不规范的字和不当的标点符号,同时核对引文、数字、时间、人名等。"①实践证明,这种环环关注、整体管控、一丝不苟、精雕细刻、消灭差错、不留后患的审稿方法,精准地保证了图书质量,做到对作者、对读者、对社会负责。这种严谨细致的审稿方法,加大了编辑的工作量。编辑付出的心血远远超过自己苦心撰写的著作。但对文化建设作出的贡献是巨大的。意大利著名作家和学者卡尔维诺说:"因为做的出版工作,我花在别人书上的时间,比自己的书多得多,我并不介意。任何消耗在有益于文明的方式在一起事务的精力,都是适得其所的。"

蔡先生在实际编辑工作中正是按以上所述认真去做的。他不轻易相信自己的一般判断,在编辑工作中努力做到逢疑必查,认真核改。1954年下半年,他担任《中国共产党领导中南地区革命斗争的历史资料》一书的责任编辑,由于原书中有一些史实有误,再版时需要改正一些不符事实之处,但有一些史料查不到书证。其中有一篇是陈再励回忆1926年马日事变后湖南平江秋收暴动的文章。陈文提到平江暴动的领导者是罗纳川,有读者提出是毛简青。编辑去信向陈询问未果,后又向李六如求助。李于1927年曾指导过平江秋收暴动,亲自见证了这一历史事件。1955年1月4日,李六如给编辑部写信证明当时中共平江县委书记是毛简青,"他是执行秋暴动政策总领导","罗纳川当时不是县委书记,而是实行秋收暴动最得力的主将"。他建议将陈文中"以罗纳川等同志

---

① 汪诚:《万卷留去鬓,半生缀嫁裳——记湖北人民出版社老编辑蔡学俭》,中宣部出版局《编辑家列传(二)》,中国展望出版社1988年版,第449页。

为首的"改为"毛简青和罗纳川为首的中共平江县委"。后将这封信转致陈再励同志获得同意,再版时作了改正。当时,毛简青烈士的儿子毛萌生在中南政法学院学习,对此书再版恢复了历史本来面目表示感谢①。通过这件事,使他认识到编辑的责任重如千钧,编辑工作要做到尽善尽美确实很难,但为了对社会负责,编辑要尽最大努力,使出版物达到完善。叶圣陶曾说过:"出版事业首先要抓紧撰著编辑这一环,不惮斟酌再三,不厌屡易其稿,务求做到尽可能的完善。"②蔡先生在编辑工作中对书稿的内容严格把关,对书稿中文字也不放过细小的地方,真是踏石有印,抓铁有痕。他曾说,一个错别字符就像一块沉重的铅石压在他的心头。为了杜绝可能产生的差错,他的经验是:"编辑不可不看清样,还要十分认真。寒松编著的《怎样做一个共产党员》'八大'以后新版,订数100万册,清样到我手上,看了一通宵未发现差错,心里不踏实,认真再读发现一处'毛泽东'误排为'毛东泽',那时这种差错成书是要全部报废的,惊醒之余也聊堪自慰"。为了一个字可谓做到"废寝忘食,锐意穷搜",责尽心安,坚守职业追求。

"无错不成书"这是读者对编辑工作的严厉批评。由于编辑缺乏责任心,在编辑工作中粗心大意,在书稿审查中常出现这样那样的差错。有些书稿由于作者写作不严谨,引文中不注意核对原稿,编辑又凭印象,造成"十引九错";有的编辑手懒,对书稿中的语法错误及人名、地名、数字、年代文字的差错不查对,出现这样那样的差错。2010年1月24日,联合国教科文组织新闻发言人宣称,此前由他们发布的"由于全球气候变暖,将导致喜马拉雅冰川2035年完全消失"的文件中的数据有误,"2035年"应为"2350年"。这

---

① 蔡学俭:《我在50年代的编辑工作》,《亲历新中国出版六十年》,河南大学出版社2009年版,第709页。

② 叶圣陶:《叶圣陶散文乙集》,三联书店1984年版,第613页。

位发言人对此的解释是"由于工作人员录入文件的失误所致……正是由于这个失误,喜马拉雅的冰川消融的时间提前了315年,并且还引起人了世人不小的恐慌!"①一个数字用错,造成的不良影响与危害多么大。

出版物在编校上的差错是一个顽症,有其顽固性、反复性。出版主管部门多年抓,抓一阵,好一阵,但总不能根除。据《中国新闻出版广电报》2017年12月6日披露,"质量管理2017"教辅、少儿和生活类图书编校质量不合格出版物,涉及19家单位的24种出版物,其中5家出版社出版的5种图书差错率达到万分之五以上;另外2017年专项工作查处不合格出版物57种,涉及44家出版单位。这说明出版物编校差错仍是制约图书质量完美一个大问题。从根本上解决这一问题,一是加大管理力度,建立健全有效机制,利剑高悬,警钟长鸣;二是强化编辑的责任感,真诚干事业,培养工匠精神,做尽职尽责的编辑人。

蔡先生是编辑工作的多面手。他一生除编了许多通俗读物、政治理论图书,还编了许多有重大影响的文史哲学术著作。"经过我组织出版的文史哲著作,就有《中国哲学史人物丛书》《中国历史要籍介绍》(张舜徽)《墨家的形式逻辑》(詹剑峰)《张居正大传》(朱东润)等。我编辑的这些学术著作,因其原创性、高质量,具有很强的生命力及学术价值"②。

出版理论研究的践行者推动者

出版工作和出版改革需要理论指导,没有理论的指导,出版工

---

① 米戎:《例解编校责任心》,《出版参考》2015年2月上。
② 蔡学俭口述,蔡珊、欧阳敏采访:《我的出版之路》,《中国出版史研究》2016年第4期。

作就会陷入盲目性,只有在正确理论指导下,出版工作才富有活力,取得明显成效。蔡先生从1983年就积极倡导践行出版理论研究。"要在编辑、出版、印刷、发行人员中形成科研的风气,以各种方式组织他们从事科研……专业人员的研究和实际工作者的研究相结合,不仅有利于科研事业的发展,而且有利于队伍的提高和工作的改进"。"科研必须联系实际,应该给解决现实问题以指导。如果没有对出版的历史、现状和国内外情况的全面了解和综合考察;如果科研的课题不是源于实践,不是从实际出发进行研究,不是从理论上进行论证并提出解决现实问题的观点、方法和结论;如果不去研究变化发展着的新情况、新经验、新问题,得出新的概括;如果研究只是从书本到书本,从名词概念到名词概念,而与出版事业发展无关,那么,这种科研本身就不可能成为能解渴的'水',也不是我们所要提倡的"。他是这样说的,也是这样做的。他的研究是从自身实践体验出发,着眼大局,用鲜活的原生态事实,联系出版实际,其研究成果具有鲜明的时代性、现实的针对性及实用性。

(一)突出重点,联系实际。从已发表的论文看,收入《离不开这片热土——我的编辑出版理念》的文章48篇和发表在其他报刊的文章。其内容广泛,但重点集中在三个方面:一个中心,一个主题,一个目标。

一个中心,即编辑工作是出版工作的中心环节。1983年6月6日,《中共中央、国务院关于加强出版工作的决定》提出:编辑工作是整个出版工作的中心环节。根据这一精神,作为出版机构的领导人,蔡先生从战略高度重视编辑工作及编辑队伍的建设。他认为出版社的成败兴衰,寄托于优秀的编辑队伍。因为"好的著作要成为好的图书,实现应有的价值,关键在于编辑工作",因为"书稿的价值是作者创造的,经过出版则使其增值,其中编辑工作增值的份额最大,举凡选题策划、组稿、审稿、加工整理等,都使书稿增光添彩"。"因此,编辑工作决定作品的出版和质量,在一定意义上,还影响着一个时期文化的盛衰以至社会进程。没有编辑工作的出版必然是没有价值的出版"。一位出版家结合自己的编辑体验说:"作者决定作品的主体质量,编辑决定图书的最后定型……而精品图书无一例外地少不了责任编辑的精心打磨……千方百计的敬业精神,审读时的求全责备、披沙拣金、权衡掂量,加工时的拾遗补阙、增订润色、刮垢磨光,通过磋商探讨,推敲核定,上述这些周到细密的编辑劳动逐渐熔铸到原稿中,成为图书产品的最后定型剂和荧光剂。"①

作为一名编辑如何才能担当艰难而光荣的任务,蔡先生以自身体会谆谆告诫青年编辑,当编辑:"既要思想开拓,又要作风严谨;既要善于交往,又要有坐功;既要有所作为,又要自甘寂寞;既要编书,又要勤奋读书和写作……我体会,既当编辑,就一定要有不为名利的奉献精神、全心全意的敬业精神、勤奋刻苦的钻研精神。要达到如此境界,就要靠在实践中磨炼。""社会实践是培养人才的摇篮。""工作能力的培养,要靠实际工作中领导言传身教和严格的要求,自己刻苦学习和勇于实践。通过实践锻炼提高干部,是造就人才的宽广大道……我们一定要建设一支优秀的出版队伍,这是出版繁荣的希望所在,党和人民的希望所在。"这既是自身经验的总结,又是领导工作的经验之谈。

一个主题,提高图书质量是出版工作的永恒主题。早在1983年蔡先生就在《图书质量三题》一文中,从图书产生发展的历史提出:质量是各个时代对图书的根本要求。我国许多优秀的图书之所以至今传播不衰,其原因就在于有很高的质量。"图书的生命力在于质量,质量低劣的图书,是经不起历史和人民检验的"。时代虽然不断发展变化,要适应新的形势,"最重要的仍然是讲求图书

---

① 熊国祯:《有益的增补,无私的奉献——法苑珠林校注出版感言》,《文化积累与追求》,首都师范大学出版社2009年版,第137—138页。

质量"。"不顾质量,粗制滥造,甚至不顾声誉,损害读者的做法,都是不可取的"。针对20世纪80年代一些出版单位只讲出版数量,不顾质量,出版滑坡的倾向,他在一篇文章中有针对性地提出以质量求发展的理念。"发展既包括数量也包括质量……单纯数量的发展,不符合事物发展的规律,是一种不稳定的发展,因而不是真正的发展。在保证质量的基础上发展数量,就能实现量和质的协调发展。这种发展,才是稳定的,可靠的"。此文是国内较早提出关于重视图书质量的优秀之作,被评为全国首届出版科学论文奖。

提高图书质量,要靠改革。蔡先生提出具有普遍意义的五项措施:即大处着眼,要有战略眼光,摸清情况,制订规划;实处着手,打好基础,建立全面责任制;出版过程人人负责把关;突出重点,带动全面;注意经营管理,抵制一切向钱看的歪风。上述见解对如何抓好图书质量都有借鉴意义。

一个目标,就是建立与社会主义市场经济相适应的出版体制。要打破计划经济体制下的统得过死、缺乏自主权等弊端。出版改革就要"把企业推向市场,实行自主经营、自负盈亏、自我发展、自我约束,通过市场竞争,激发全民制企业的生机与活力,在市场竞争中起主导作用,并使出版资源得到合理配置"。为了出版改革取得成效,要处理好全局与局部、理论与实践、共性与个性、变与不变的关系。最终建立"以出版发行优质高效出版物为中心,以建立适应社会主义市场经济和精神文明建设及出版业自身发展规律要求的出版体制为前提。多出好书依赖于体制改革,体制改革是为了促进多出好书。出版改革朝着这个目标深化,将有助于理论和思想上统一认识……加速出版繁荣的步伐,走出一条有中国特色的社会主义出版之路"。这些见解有很强的现实性和针对性。

(二)撰写《规程》,指导编辑实践。说到蔡先生对出版工作及理论的贡献,不能不提到由他执笔撰写的《图书编辑工作基本规程》。

同物质生产一样,作为精神生产的编辑同样有自身的规程。在过去一段时间里,虽然也有一些编辑工作的有关程序的规定,但随着形势的发展,编辑工作出现了一些新情况,原有的一些规程需要补充修改,需要编写新的规程。"我们为什么编写《图书编辑工作基本规程》? 是为了服务于实现我国出版工作的总目标:多出好书。多出好书,就要不断提高图书质量。目前妨碍提高图书质量的问题之一,是编辑工作的不规范,也就是编辑的随意性"①。由谁担任撰写《规程》的重任,在 1996 年初,中国编辑学会常务理事会上,刘杲会长把这项任务交给既有长期的编辑工作经验,又热心出版科研的蔡先生。

　　蔡先生不负重望。他接到这一重任后很快动手,用了三四个月时间,经过广泛调查,听取有关专家意见,写出了初稿,交中国编辑学会,学会将初稿分送 20 位专家征求意见,专家对初稿给予基本肯定,也提出了不少意见。学会将这些意见反馈给蔡先生,1996 年 7 月初,根据专家的意见,作了进一步修改。1996 年 8 月,在召开的中国编辑学会年会上,对《规程》修改稿又进行讨论。"1997 年 7 月下旬,《图书编辑工作基本规程》再次经过征求一些专家的意见,在反复讨论,正式定稿后,由学会上报新闻出版署"。"1998 年 2 月 10 日,新闻出版署图书司发出管字(98)第 98 号文件,关于转发《图书编辑工作基本规程》的通知,'供全国各出版社参考'。这个《规程》的制订,以蔡学俭同志为首的湖北出版界的同志作出了重要贡献"②。

　　《规程》历时一年多,几易其稿,终于告成。这当中汇集了众多专家的智慧,更凝聚了蔡先生的辛勤汗水和个人心得体会的结晶。

---

　　① 刘杲:《为什么要编写图书编辑工作基本规程》,《出版科学》1997 年第 1 期。

　　② 邵益文:《为编辑研究和编辑学学科建设尽一份力》,中国书籍出版社 2016 年版,第 192－193 页。

用蔡先生的话说,撰写"《规程》的难度是相当大的。它不能只是个人经验的概括,而必须归纳总结编辑实务方面的研究成果;它不能是一家之言,而必须汲取诸家众说之所长;它也不能只是编辑过程的描述,而必须努力对实践经验进行理论升华……在编写《规程》中,我始终注意规范和创新的结合,使它能够接受实践的检验"①。

《规程》近两万字,内容丰富,包括总述、信息、选题、组稿等12个部分,涵盖了编辑流程所有部分。尤其值得提出的是,根据形势的发展,新增加一些内容,如信息,这是适应信息时代的需要增加的。以前讲编辑流程主要讲编、印、发,新的流程增加了图书宣传、评介;过去出版只讲把书编好,就投入市场,质量如何与编辑无关。新的《规程》增加了质量检查,这就有利于杜绝图书编校的差错,体现了出版者对作者、读者负责的精神。总之《规程》实用价值高,可操作性强,是编辑人员的工作守则和行动指南。刘杲同志把《规程》的编写及其价值意义作了高度评价。"《规程》的编写,实际上是学俭同志一字一句精雕细刻而成。若不是一贯保持勤奋务实的作风,哪能这样亲自执笔起草和反复修改;若不是有编辑工作的丰富经验和对编辑工作的深刻理解,哪能拿出有这样分量的文章来……这个《规程》对图书编辑工作全过程的每一环节,都清晰地列出了具体的内容和要求。不仅说明应当如何做,还说明为什么要这样做,完整、系统、详细、准确,有很强的针对性和可操作性……《规程》有一系列明确判断和简要阐述,总结了图书编辑工作迄今为止的一些共同经验,反映了对图书编辑工作规范化的一些共同认识,体现了图书编辑工作中一些带规律性的东西。因此,《规程》既是编辑人员的自律要求,又是当前编辑学研究的一个可喜成果"②。

---

① 蔡学俭:《我与中国编辑学会》,《出版科学》2002年第4期。
② 刘杲:《离不开这片热土·序》。

呕心沥血办刊培育出版新人

《出版科学》原为湖北省版协的会刊,原由胡光清提议于1986年创办,后因其他原因只出了一期停刊。时隔7年,于1993年正式创刊,内部发行,直到2000年才有了正式刊号。

办好一个刊物重要的是要有明确的定位、办刊宗旨和准确的读者对象。《出版科学》以建设有中国特色社会主义理论为指导,开展编辑理论和编辑工作的研究。它立足本省,面向全国,以广大出版工作者和编辑理论研究者为对象,发表有理论性、研究性、实用性的论著,为繁荣出版事业和建立有中国特色的编辑学理论作出自己的贡献。为实现这一办刊宗旨,刊物开辟了体现刊物特色的栏目。如"专论·特约稿""出版学·出版工作""编辑学·编辑工作""编辑史·出版史"等,围绕这些栏目,发表了一系列高水平的论著。为加深读者和作者的印象,栏目的设置要保持相对稳定。但根据形势的变化,栏目也要不断地调整更新。出版史、编辑史的研究相当长时间比较薄弱,1993年之后,为了推动编辑史、出版史的研究,设立了"编辑史·出版史"的专栏,2002年之后,数字出版成为一个热点,刊物将原来的"多媒体·网络出版"改为"数字技术·多媒体·网络出版",使栏目的设置与时俱进,适应社会需要。

叶圣陶根据办《中学生》的经验,认为"一种杂志要办得好,原不仅是编者力量所及,作者们都来帮助,杂志才会见精彩,收实效"[①]。因为作者是刊物的源头,稿源要有作者提供。武汉地区高校林立,人才济济。早在20世纪80年代初,武汉大学就相继开设了发行、出版专业,华中科技大学建立了出版研究机构,华中师范

---

① 中国出版工作者协会学术工作委员会、叶圣陶思想研究会:《叶圣陶编辑思想研究》,开明出版社1999年版,第316页。

大学建立了编辑学研究中心。在这里聚集了一支庞大的出版科研力量。《出版科学》以高校为依托,为高校的科研队伍搭建平台,在刊物上发表他们的著作;这些作者的著作为刊物提供了丰富的稿源,成为刊物重要的支撑,双方良性互动,既办好了刊物,又促进出版人才的茁壮成长。刊物创办多年来发表了老中青三代科研群体的许多优秀著作,如武汉大学的向新阳、曹之、罗紫初、方卿、黄先蓉、吴平、吴永贵等;华中师范大学的范军、段维、董中锋等;华中科技大学的钱文霖等都是《出版科学》重要的撰稿人,也是《出版科学》的中坚力量。据不完全统计,《出版科学》创刊10年中,共刊发各类文章1570篇,其中60％是本省作者(1084篇)。丰富的稿源成为办好刊物的肥沃土壤。

  《出版科学》在选稿上既立足本省,又面向全国。国内的许多出版理论研究的名家如王益、王仿子、宋木文、刘杲、许力以、袁亮、伍杰、宋原放、戴文葆、吴道弘、阙道隆、林穗芳、方厚枢、巢峰、徐柏容等陆续加盟,给刊物提供了许多优质稿件,为刊物增光添彩。

  以质量求生存,以特色求发展。《出版科学》2000年第3期后,作为执行主编,蔡先生下大力气抓质量。"在抓质量上,还有一条硬措施,便是认真审稿、加工、校对。一篇文稿至少审改三遍,重要文稿送局领导审查,重要引文必须核对。录入时由三人各校一遍,排版后初样二校二读,清校二读,出胶片再检查一遍,还清专家检查编校质量"。"每期的目录定稿,都要送湖北省新闻出版局邱久钦局长过目。他也是编辑出身,对哪些文稿要加,哪些要删,哪些标题要改,哪些栏目要增设,乐意提出具体意见"[①]。用蔡先生自己的话说,工作更加兢兢业业,不敢有丝毫懈怠。刘杲同志谈到《出版科学》认真的编辑工作时称赞说:"一个标点符号也不放过的精神就是实事求是、一丝不苟的精神,就是对读者认真负责的精

---

① 蔡学俭:《办刊十年》,《出版科学》2003年第2期。

神,就是对作者的认真负责的精神。有了这个精神,何愁《出版科学》不能越办越好?"①

功夫不负有心人,工到有成喜自来。经过十多年的努力,刊物的质量有了明显提升。2001年和2002年就有许多篇文章被《新华文摘》摘登和人民大学报刊复印资料中心复印,有的文章被《出版工作》转载或编入索引。《中国编辑研究》1996年至2001年的6期年刊,共选登全国有影响的文章395篇,其中53篇选自《出版科学》,约占全部入选论文的1/8。2002年全国第四届出版科研优秀论文评奖,湖北获

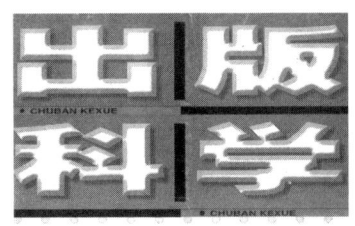

奖的4篇论文,均系由《出版科学》发表。另统计,《中国编辑研究》所选10大专业刊物1996至2003年所选中的篇数排名,"《出版科学》总排名位列第二……1999年、2000年和2003年《出版科学》连续两年,分别以8篇、11篇和9篇的数量,与《编辑学刊》并列第一"②。

《出版科学》编辑工作的严谨认真还表现在主编每期撰写《卷首语》,主要介绍每期的编辑思想、中心内容和重要文章及编者意图与评论,它是向作者、读者展示刊物整体内容的一扇窗口,也是引领读者作者的一个导航。《出版科学》从1993年第1期至1999年第4期连续7年28期,《卷首语》均由主编蔡先生执笔,虽然每

---

① 刘杲:《一个标点符号也不放过》,《出版笔记》,河北教育出版社2006年版,第380页。

② 吴永贵:《湖北省出版科研调查报告》(1980—2003),《出版科学》2004年第6期。

期文章只有千字左右,如没有对每期内容熟悉把握,对出版发展形势清醒的认识和驾驭语文字的能力,是难以写出富有启迪指导性短小精粹的文章的,蔡先生为此付出的辛劳是难以想象的。

说到蔡先生对《出版科学》的业绩,有学者曾这样评价:"蔡公为官一任,造福一方,为湖北出版业在 1990 年代的腾飞打下了良好基础。蔡公离任出版局长后,还能连续 7 年,让湖北省内各出版社轮流承担《出版科学》的出版、印刷费用,仅此可知他在湖北出版界的较为深远的影响力、较为长久的号召力……以多年出版局局长之尊办内刊者且一办 7 年的呢?蔡公学俭恐怕绝无仅有了。"①

蔡先生今年已 90 岁高龄,离休已多年,但他忠于党的出版事业,热爱出版工作的敬业精神始终如一。据我所知,至今他仍关心出版工作,参与出版活动。《出版科学》每当出版之前,编辑部总是把清样送蔡先生审阅定稿,严把质量关。真可谓:雄才博学造诣深,出版业绩扣人心。痴心不忘出版事,梅花愈老愈精神。

本文不是对蔡先生一生编辑工作的全面系统地总结,只是从几个方面对他的编辑出版、理论研究和办刊的贡献略加概述,从这当中我们可以学到很多东西,得到许多启发。

一、扎根基层,打牢根基。蔡先生是从编辑工作最基层做起,一步一个脚印走下去。他了解基层、了解作者、了解读者、了解属下的编辑队伍。他广交朋友,倾听他们的呼声,了解他们的要求,为他领导工作的决策提供了有益的参照。这是他领导工作顺利进行的一个重要原因。

二、目标认定,不懈追求。在前进道路上,他也有过曲折彷徨,但他一旦发现自己的认识有误,能较早觉醒,通过实践提高认

---

① 李频:《一代人的学科向往一群人的精神家园——致敬〈出版科学〉》,《出版科学》2013 年第 4 期。

识,增强了从事自己工作的自觉性,就不忘初心,坚定地走下去,追求工作的最高目标,久久为功,取得工作一个又一个的成功。

三、严谨认真,精益求精。他珍惜并履行自己的责任,在图书编校工作中把握全局,全程监控,最大限度消灭出版物中的一切差错,这种精益求精、精雕细刻的工匠精神,为广大编辑工作者树立了典范。

四、总结经验,与时俱进。他以自己的亲身经历总结以往工作的经验教训,既能以历史的眼光审视过去,又能以开放的姿态看待新形势下出版工作出现的新问题,有针对性地提出解决新问题的对策与办法。

五、呕心沥血,培育新人。作为省出版局的局长,武汉大学的兼职教授,他对武汉地区出版新人的培养成长十分重视。他率先垂范,重视出版研究,推动局领导班子成员也重视出版研究。他精心主编《出版科学》,为培养新人搭建平台;又从经济上给武汉大学等以支持;中青年出版著作,他又热情撰写评论给予推荐。有人说,武汉大学出版科学的发展一直留存着蔡公背后呵护的身影。蔡先生不愧是一位热心出版研究、支持编辑学学科建设的热心人。

原载《出版科学》2018 年第 3 期

新时代推动出版繁荣的出版家
——刘杲出版理论、编辑学研究及学科建设思想探微

习近平总书记在党的十九大报告中指出:"文化是一个国家、一个民族的灵魂。文化兴国运兴,文化强民族强。没有高度的文化自信,没有文化的繁荣兴盛,就没有中华民族的伟大复兴。"习总书记将文化看作是民族的灵魂,将文化的兴衰提高到国家存亡民族安危的高度。这一战略思想给广大文化工作者、出版工作者指明了努力方向和奋斗目标,对建设有中国特色的社会主义新文化有久远的指导意义。

刘杲(1931—)

改革开放以来,我国的广大出版工作者,在党中央、国务院一系列方针政策指导下,坚持出版工作为人民服务、为社会主义服务的方向,多出好书,满足了人民日益增长的文化生活的需求。在这当中涌现了许多杰出的出版家,原新闻出版署副署长刘杲就是其中的一位杰出代表。

刘杲,1931年生,祖籍湖北武穴市,中共党员。1956年开始,历任《学习生活》、《七一》杂志等刊物编辑。1961年至1963年曾下放基层。1965年调文化部。1969年至1972年下放"五七"干校。1972年后,历任国家出版局研究室主任、中共中央宣传部办公室副主任、文化部出版事业管理局副局长、国家出版局副局长、

1987年后任新闻出版署副署长、党组副书记兼国家版权局副局长,1993年底退居二线后,曾任八届全国政协委员、国家版权局顾问、国家古籍整理出版规划小组副组长、中国出版工作者协会副会长、中国编辑学会会长、名誉会长等。

刘杲长期担任出版部门的领导人,是一位卓越的出版管理家,又是精通编辑出版理论的杰出理论家。

他不论在任期间和退居二线后,始终关心出版事业的发展。他善于调查研究,勤于思考,不停顿写作。"近年来刘杲虽然年事已高,但思维活跃,洞见迭出,令人钦佩和尊敬。正像有的同志所说的:出版界像刘杲这样的老人并不多见——手中权力越来越少,吸引力却与日俱增;体力在不可抗拒地衰减,脑力却是无法抑制的活跃"①。

一个领导干部的可贵之处,在干好工作的同时,能及时总结经验,用文字记录下来,以启示后人。刘杲在担任领导工作和退居二线后,勤奋写作。先后出版了《刘杲出版文集》《刘杲出版论集》《出版笔记》《我们是中国编辑》共180多万字;另和宋木文、杨牧之合编《中国图书大辞典》2800多万字;和石峰编有《新中国出版记事五十年》34万字。他以长期积累起来的关于编辑出版等方面的丰富经验为基础,运用哲学、史学、经济学的理论,对编辑出版学进行了长时间的探索研究。他的一系列著作站位高,看得远,着眼全局,涉及面广,内容厚重,富于创新,是新中国特别是改革开放40年出版事业发展的亲历者和历史见证,具有历史的、现实的理论价值,是研究新中国出版史的重要参照,也是出版人、出版专业师生学习的好教材。

刘杲的出版理论涉及出版工作的方方面面,本文仅就他对于

---

① 郝振省:《刘杲出版思想的几个特点》,《为了编辑学的理论建设——刘杲同志编辑思想研讨会文集》,中国建筑工业出版社2015年版,第188页。

出版改革、推动出版繁荣、引领编辑学研究及学科建设作一点探索。

刘杲部分著作

出版改革的践行者

1978年底,党的十一届三中全会召开,标志着全党工作从以阶级斗争为纲转移到以经济建设为中心,由计划经济转向市场经济。作为文化事业组成部分的出版业也走向全面改革的征程。身为出版改革政策的制定者、参与者与实施者,刘杲对改革中的一些重大问题进行了实践与探索。

(一)坚持方向,牢记使命。出版工作为什么人服务的问题是一个根本的原则性的问题。以人民为中心,为人民服务是中国共产党人的根本宗旨,也是出版工作的根本宗旨。早在1949年9月29日颁布的《中国人民政治协商会议共同纲领》第49条就明确提出"发展人民出版事业,并注重出版有益于人民的通俗书报"。新中国成立后,对出版工作为什么人服务的问题,刘杲作了历史考察。他认为我们党创立了社会主义出版事业,但由于"国家没有坚持以经济建设为中心,推动经济和社会的全面发展,由于种种原因,长期坚持阶级斗争为纲,政治运动连续不断。当时出版工作的使命就是跟着政治运动转。这一点在'文化大革命'当中走到了极端"。直到1980年"中共中央宣传部转发国家出版局党组制定的《出版社工作暂行条例》规定,出版社'必须为人民服务、为社会主义服务'"。"1982年《中华人民共和国宪法》第二十二条规定:'国家发展为人民服务,为社会主义服务的……出版发行事业。'"1983年,中共中央、国务院《关于加强出版工作的决定》明确规定:出版事业"必须坚持为人民服务、为社会主义服务的根本方针"。1997年《出版管理条例》第三条规定:"出版事业必须坚持为人民服务,为社会主义服务的方向。"从出版工作坚持为人民服务、为社会主义服务演进中,可以说这一方针是我们一贯坚持的坚定方向。方向不明,寸步难行,方向一明,阔步前行。"出版工作只有坚持为人民服务,为社会主义服务,才能在社会主义现代化建设中找到自己的位置,才能充分发挥特有的社会功能和实现特有的社会价值,才能始终保持出版事业健康发展的正确方向"①。

1978年以来,经过拨乱反正,广大出版工作者解除了沉重的精神枷锁,在党中央、国务院一系列改革开放政策的指引下,奋发有为,努力拼搏,在20世纪八九十年代,我国出版战线出现了十分可喜的局面。从总体上看,出版业逐渐摆脱了计划经济模式,完成了由生产型向生产经营型转变,出版业从以规模数量增长为主要特征阶段向以优质高效为主要特征的阶段转移。1979年底,在长沙召开的出版工作座谈会,把出版社"地方化、通俗化、群众化"方针调整为"立足全省,面向全国",拉开了出版改革的序幕。图书出版种数由1979年的17212种,增加到1991年的89615种,其中精品图书逐渐增多。对这些成就刘杲列举了以下几个方面:有了建设有中国特色社会主义出版事业的明确目标;出版了一大批工程

---

① 此处的几段引文均见《牢记出版工作的神圣使命》,刘杲:《出版笔记》,河北教育出版社,2006年。

技术性的图书;出版队伍的规模有了很大发展;出版产业规模扩大,实力增强;图书市场活跃,市场意识,竞争意识深入人心;图书的进出口、对外合作、对外版权贸易达到了空前规模;出版业运用新的技术日益普及;出版管理条例及其行政规章为出版管理提供法律依据,实施《著作权法》为出版业的发展提供了有力的法律保障。① 这些成就为日后我国出版业进一步发展奠定了扎实基础。

改革是出版业前进的推动力。改革的目标是逐步建立新的出版体制,以多出好书为目标,以符合社会主义精神文明建设的要求和适应社会主义市场经济体制的要求为基本特征,最大限度地满足人民的文化需求。出版改革是一场深刻的革命。在改革初期大好形势下,在20世纪八九十年代曾出现了违背正确出版方向的各种问题。其中一个突出表现是,一些出版单位为单纯追求经济效益,以开放搞活为名,把经济利润指标下放到编辑个人,把创造多少利润作为考核编辑工作的标准。其结果,买卖书号时有发生。进而导致平庸书甚至坏书出版。老出版家王仿子早在1989年就指出:"有的出版社索性对出书内容不加过问。不看书稿,只讲价钱。一手交书号,一手收钱。""最最难堪的是砸了招牌,败坏了声誉。""'卖书号'不是一个孤立的问题,它与模糊社会主义出版方向,单纯追求经济利益,热心出版低级趣味读物,收取'好处费'与'回扣'等等,同样是'一切向钱看'思想侵入社会主义出版阵地的一种反映。"② 刘杲出于对出版的高度责任感,对出版界的买卖书号深恶痛绝。1992年他在西北考察时,他听到一家出版社搞个人承包,买卖书号情况时说:"眼前的情况实在令人寝食不安。买卖书号已经成风。"并感叹地说,"一家出版社少则几年、十几年、多则

---

① 《出版笔记》,第4—5页。
② 王仿子:《"卖书号"与出版工作尊严》,《王仿子出版文集》,中国书籍出版社1994年版,第96—98页。

几十年,从创业到发展,经过多少艰辛。真要在我们手里散了,垮了,我们如何见'江东父老'?"①对买卖书号这一顽症,他曾表示下决心整顿。"买卖书号是精品战略的大敌。出版行业的垄断地位使书号成为紧俏商品。非法牟利的驱动使买卖书号的违法活动屡禁不止。即使如此,也还要继续查禁,决不姑息"②。要真正杜绝这一现象,一定要在思想建设和法制建设上下工夫,制定一套完善的法制制度和经济措施,才能从根本上端正坚持正确的出版方向。

出版战线上出现的背离出版方向的种种原因,从根本上说是忘记了出版人的神圣使命。早在1950年9月25日,胡愈之在第一届全国出版会议闭幕会上就指出:"为了出版事业的发展和扩大生产,无论公营和私营保持合理利润是被容许的,而且也是必要的。但是我们决不是专为利润而工作,我们还有更重大的目的,就是为人民服务,为广大读者群服务。"③陆定一也在1949年10月19日,对新华书店工作人员讲话时说:"新华书店的工作人员,首先是革命家,同时又是出版工作者。革命家就是政治家,无条件为人民服务,就是我们的政治方向,绝不可脱离政治和人民,为出版而出版。"④

在现代出版史上,邹韬奋在出版工作中是处理好事业性与商业性结合的典范。"韬奋的可贵之处在于:当强调出版物作为引人向上的精神食粮时,并没有与'赚钱'对立起来,而是作了辩证的处理。一方面,他强调出版物'事业性'的一面,'不能赢利为最后目

---

① 刘杲:《一点议论》,《刘杲出版论集》,湖北人民出版社1998年版,第170页。
② 《出版笔记》,第114页。
③ 《胡愈之署长在第一届全国出版会议上的闭幕词》,袁亮:《中华人民共和国出版史料》(2),中国书籍出版社1996年版,第595页。
④ 《陆定一在全国新华书店出版工作会议上的闭幕词》,袁亮:《中华人民共和国出版史料》(1),中国书籍出版社1995年版,第445页。

标','如果因为顾到商业性而对文化食粮的内容不加注意,那就是'自杀政策';另一方面,也指出:为着要发展事业,在不违背事业性的范围内,'必须尽力赚钱'……赚钱要坚守'合理正当'的途径,决不赚'不义之财'",决不为赚钱而做'含有毒菌落后的事业'"①。在处理出版事业与经济效益关系问题上为我们树立了典范。在新的历史时期,作为文化积累和文化传播者,人类灵魂工程师的出版者,要牢记自己的神圣使命,守土有责,坚持正确的出版方向。"我们以建设有中国特色的社会主义文化为己任。民族的科学的大众的社会主义文化也是我们的目标……为读者的正当需求竭诚服务,是我们为人民服务宗旨的体现"②。这是新时期对广大出版工作者的呼唤,是号召,也是鞭策。

(二)质量第一,多出精品。坚持图书的高质量,多出精品图书是刘杲在出版改革坚持的一贯原则。"出版改革如果忘记了坚持图书质量第一,就是忘了根本。所有的改革措施都要符合质量第一的要求,都要有利于实现质量第一的目标"。"图书出版拿什么为人民服务、为社会主义服务?靠的是图书的内容,图书的质量。如果不保证质量,图书出版如何为全面建设小康社会提供健康动力和智力支持?"③多出精品图书,特别是传世之作是出版人的最高追求。因为"传世之作代表一个民族、一个时代。我们要出版的传世之作,是代表中华民族复兴、代表社会主义时代的标志性图书,是中国特色社会文化建设杰出成果的代表"④。就一个出版单位来说,只有多出精品图书,才能占据出版高地,赢得读者广泛信誉。精品书是一个出版单位的标志性品牌。当今人们一提到商务印书馆、中华书局就联想到《百衲本二十四史》《四部丛刊》《万有

---

① 雷群明:《韬奋的编辑思想》,《出版发行研究》1991年第5期。
② 刘杲:《我们是中国编辑》,《中国编辑》2002年第1期。
③ 《出版笔记》,第174、172—173页。
④ 《出版笔记》,第144页。

文库》《辞源》《辞海》《新华字典》《现代汉语词典》等一大批优秀的传世之作。当今一提中国青年出版社就想起了该社出版的《红岩》《红日》《红旗谱》和《创业史》,这些传世之作永远刻在这些出版社的历史上。

精品书不是吹出来的,也不是自发产生的。而是经过作者和编者呕心沥血,久久为功打磨出来的,是出版者慎重选题,精细加工,扣紧出版流程各个环节而得来的,其中抓好关键性的几个环节尤为重要。

坚持三审制是1952年以来,出版单位保证图书质量的有效措施,它对保证图书的政治方向和内容质量极为重要。但在20世纪八九十年代,有些出版单位却没有严格执行。存在责编一审草率从事,对书稿内容写上几句大而无当的评价;而复审那里,不再对书稿作进一步审读,简单写上同意初审意见就送到总编那里。而总编由于种种原因,无暇审阅,大笔一挥同意出版。这样粗疏的审稿流程谈不上对书稿内容的精细加工,结果是平庸书差错多的书大量出版。出精品要严格执行"三审制"。"所谓三审制,不是一个人对一部稿子审三次,也不是三个人对一部稿件平行地各审一次,而是根据不同的分工和职责,对同一部稿件分三个层次进行审读。它的本质是把不同职级、不同水平和经验的编辑组织起来,形成有效的集体编辑力……在集思广益、各抒己见的基础上,最后由三审作出裁决。三审制是一种在编辑工作中发扬民主、坚持民主集中、充分发挥集体智慧、分工合作的审稿制度"①。当代我国的一些著名编辑家在审稿中认真严谨的审稿精神是值得学习的。"当《林海雪原》这部作品放在龙世辉同志案头的时候,他不惜用去三个多月的时间,夜以继日地为作品润色、加工、甚至进行几万字的编改,倾

---

① 陈景春:《落实三审制确保图书质量》,《中国编辑研究》2009年。

注了大量心血"①。没有龙世辉的倾心投入,就不会有《林海雪原》。

校对环节缺失,编校不严是造成图书差错的重要原因。当前,有些出版社已取消了校对科,简化校对程序,执行"编校合一"。由于编辑人员缺乏责任心,图书中的差错屡屡出现。早在新中国建立前夕,当时的中宣部部长陆定一就告诫出版工作者:"同志们第一是革命家,第二才是出版家。对我们的工作,要抱很严肃的态度。封面印的好不好?排的好不好?有没有错字?不要因为这工作不是我做的,不关我事,同志们是一个革命家,就要向人民负责,一点错误都不应发生,我们不能给老百姓吃毒药,要连砂子亦不能有。"②

(三)出版繁荣,文化为先。一个国家的强盛,既要有经济、军事硬实力的强大,也要看文化软实力的繁荣昌盛。改革开放以来,在市场经济的驱动下,一些出版单位,过分强调经济效益,放松了对文化的追求。针对这些问题,刘杲认为"出版、出版,所为何来?归根到底,只能是为了文化建设。一个国家,一个民族,对出版的根本要求是什么?是文化建设。一个时代,一个地区,出版能够载入史册的贡献是什么?是文化建设……文化建设才是出版的目的"③。他进一步强调:"文化是出版的根、出版的命。没有文化的出版,等于没有灵魂的躯壳……一个出版单位,如果拿不出经得起读者检验的确有文化价值的出版物,如果拿不出立得起来、传得下去的出版物,就算赚钱很多又能怎样?当代中国的出版产业,如果拿不出足以代表我们的国家和我们的时代,能够传播四方并且传

---

① 李频:《龙世辉的编辑生涯》,河南大学出版社1992年版,第15页。
② 《陆部长在出版委员会业务训练班第一期结业晚会上的讲话》,袁亮:《中华人民共和国出版史料》(1),中国书籍出版社1995年版,第172页。
③ 《出版笔记》,第545页。

之后世的出版物,怎样向历史交账?许多庸俗无聊却可以大发其财的出版物,热闹一时;待到时过境迁,烟消云散,除了成堆废纸,在文化上还能留下什么?"①这些话读来真是振聋发聩。

(四)千秋功业,以人为本。编辑工作是出版工作的中心环节,编辑是图书出版生产力的第一要素。能不能多出好书,首先是作者提供优质书稿,但编辑工作起重大作用。衡量一家出版社办得如何,根本标志之一是看有无一支强大的编辑队伍。编辑素质的高低,直接关系着图书质量的高低。从出版史上看,20世纪号称亚洲第一出版机构的商务印书馆,由于张元济求贤若渴、唯才是举,诸多如胡愈之、茅盾、郑振铎、叶圣陶、周建人、章锡琛等优秀人才云集其中。他们当中既是作家、学者,又是知名编辑家,真是繁星点点,光芒四射。正是由于这一批优秀的编辑人才,出版了许多优秀的传之后世的精品图书,才使得一个简陋的小印刷部发展为一个享誉中外的出版机构。20世纪50年代,中青社能够出版"红色经典",得力于他们有远见的领导,也因为有了像萧也牧、江晓天、王维玲、张羽、黄伊等编辑家的努力。

出版业的竞争说到底是人才的竞争。在改革中,为了适应新的形势,对编辑人员的素质提出了更高的要求。刘杲对编辑提出了六个方面的要求:第一、坚持社会主义方向。第二、有广博深厚的专业知识和扎实的编辑业务功底。第三、能把握学术文化发展的动态趋势,勇于开拓、善于创新。第四、能掌握读者需求的市场趋向,善于擘画经营。第五、有社会责任感,对书稿的编辑加工一丝不苟,精益求精。第六、有高尚的职业道德,敬业,勤奋,廉洁,公正。此外,为了适应形势需要,编辑除了熟悉自己的专业以外,还要旁及其他一门专业知识。他还强调:"未来的出版人应当是热爱出版甚至迷恋出版的人。"出版人要做人类灵魂的工程师,并且要

---

① 《出版笔记》,第124—125页。

有理想,有道德。2004年10月20日,他与武汉大学出版科学系同学的谈话中提出"热衷于追求名利的人,请不要选择出版业"。著名出版家韦君宜早在1983年就对一些编辑人员说:"当编辑首先要有事业心,要热爱这一行,不能有私心,不能有名利观点。如果想通过当编辑达到什么个人目的,以为当编辑能爬上去,那肯定是要失败的。"①这是对一些人的忠告。

编辑学及其学科建设的引领人

我国是一个有五千年历史的文明古国,历史悠久,文化昌盛,典籍丰富。在历史发展的长河中,众多的优秀文化遗产得以代代相传,这是与编辑活动分不开的。人们的一切创作成果要传播,离不开编辑的劳动。编辑在人类的文化建设、精神文明建设上起着不可替代的促进作用。然而,编辑作为一门学问却没被人认可。随着出版事业的发展,人们开始对编辑工作作为一门学问开始研究。20世纪50年代初有人开始研究编辑学。但没有引起人们重视,影响面很小。把编辑工作当作一门学问进行研究,则是从80年代伴随着我国出版事业繁荣而起始的。针对当时编辑队伍专业骨干少、年龄老化、知识陈旧等,中共中央、国务院于1983年6月6日发出了《关于加强出版工作的决定》,指出"编辑工作是整个出版工作的中心环节","编辑人员的政治思想水平、知识水平和业务能力的高低,直接影响着出版物的质量……目前编辑队伍专业骨干缺少,老化现象严重,知识水平跟不上科学文化的新发展。因此,充实调整和培养提高编辑队伍是当务之急"。《决定》还指出"要加速建设北京印刷学院,在以后条件具备时,可改为出版学院。要选

---

① 韦君宜:《为人民当一名德才兼备的好编辑》,《上海出版工作》1983年第2期。

择有条件的大学设立图书发行专业"。《决定》还提出建立出版发行研究所。《决定》实际上是开展编辑学研究及学科建设的先兆与信号。

编辑学的产生,建立新的编辑专业可以说是广大出版工作者的迫切愿望。《决定》发表之后,老出版家王益1954年在《我对筹建出版发行研究所的愿望》中,就感叹出版发行的学术研究"落后的现状是相当惊人的"。他指出:一没有出版学院,甚至在大学也没有出版系;二没有出版发行研究所;三没有出版过论出版发行工作的学术著作;四没有公开发行的讨论出版发行工作的学术性刊物;五没有社会公认的出版发行的专家学者。这五个没有,反映了一位老出版家对现状的忧虑,也表达了他对未来出版事业发展的殷切期望。

我党的理论家、宣传家胡乔木1984年7月关于在大学试办编辑专业给教育部的信中,建议教育部协助在北大、南开、复旦三校试办编辑专业。胡乔木的信可以说是开展编辑学研究,开办编辑专业的一个动员令,预示着我国编辑学研究和编辑专业的发展进入了一个新阶段。

在胡乔木指示下,1985年,首先在北京大学、南开大学、复旦大学试办编辑学专业,招收了本科生。1986年,清华大学、河南大学、西安交通大学、四川社科院新闻研究所招收编辑专业硕士研究生。1987年,南京大学、武汉大学也开始招收图书馆学专业方向研究生。从此,国家把培养高层次专门编辑人才列入教育计划。时任新闻出版署副署长的卢玉忆在《求是》撰文,称赞编辑出版专业的建立"是中国出版史和中国教育史上一件创先例的大事"。编辑出版专业的创建在出版界、广大青年中引起强烈反响。1985年7月,经上级主管部门批准,河南大学学报编辑部开始招收编辑学研究生。1986年初,在《光明日报》刊登了一百多字的消息,消息传出后,在出版界和广大青年中引起强烈反响。在短短的两三个月内就收到全国20多个省60多个单位和个人一百多封来信,询问有关事宜并表示愿意报名应试。北京中医学院一位青年给河南大学学报来信说:"你们将带编辑学研究生,这正是我们早已想过而未能实行的。你们编辑部带研究生是解决编辑后继乏人的根本措施,值得推广。"华中工学院一位青年来信说:"我们是刚刚从大学毕业,走上编辑岗位不久的青年编辑。编辑学是一门很有发展前途的学科。对此,我们非常感兴趣,并希望在这方面有所造诣……得知贵部招编辑专业研究生,我们非常高兴。"在这些众多来信和报名应试者中,学报编辑部首次录取了3名编辑学研究生。

一个新生事物出现之始,总是不被人们理解,受到这样那样的责难。正当一些高校开办编辑专业,在出版界开展编辑学研究之时,由于传统观念的影响,一些人们重著作、轻传播;编辑工作的重要性不被人重视,"编辑无学"的影响很流行。说什么过去没学过编辑学,不是照样编出书来了吗?过去的名编辑哪一个是科班出身学过编辑学?更为可怕的是教育界的领导部门也对编辑学不屑一顾。有一次,我们向上级有关部门汇报招收编辑学研究生时,一位负责同志听到招编辑学研究生感到很惊奇,脱口而出说出这样一句话:"编辑工作在国外都是高中生干的,还需要招什么研究生。"这话一出口,如一碗冷水泼到我们头上,内心非常沮丧。有一次我们见到刘杲谈及这个事情。他鼓励我们说:别人怎么说,不去管他,你们看准了,按你们做法坚持下去就是了。话不多,这是给我们打气、壮胆,使我们继续干下去更有底气了。

20世纪80年代末至90年代初,我国不但有众多学校开设了编辑学专业这一学科,而在编辑学的研究方面也取得初步明显的成效。一是研究编辑学的刊物纷纷创办,继1985年、1986年《编辑之友》《编辑学报》相继创刊之后,另有《河南大学学报》《中国人民大学学报》《南京大学学报》等十几家学报开辟了编辑学研究专栏。据不完全统计,上述刊物仅十年左右刊发编辑学论文1200多篇。与此同时在编辑理论及学科建设方面,先后出版了200多部著作,仅以编辑学命名的就有阙道隆的《实用编辑学》、叶再生的《编辑出版学概论》、任定华的《新学科与编辑学》、王振铎与司锡明的《编辑学通论》、徐柏容的《图书编辑学概论》、陈早春的《文艺编辑学》等30多种。河南大学出版社自1985年至2005年,为了支持编辑学学科建设,先后出版编辑理论著作40多部。有一次我和刘杲交谈时,他问我你们投资多少钱?我说总共100多万元。他赞同地说:值得。

20世纪80年代中期至90年代初期,是我国编辑学研究及编辑学专业学科建设的初创期。这一时期编辑学研究是比较分散无序的,对一些理论研究还不够深入,目标也不够集中。进入90年代之后,编辑学的研究进入更加有组织、有领导的自觉活动,研究更加深入,其标志就是1992年中国编辑学会的成立。

中国编辑学会成立于1992年10月,刘杲担任会长。刘杲在中国编辑学会成立大会上的讲话中明确提出"编辑学会作为群众性的学术团体,它的任务是以马克思主义为指导,遵照党的基本路线的发展方针,开展编辑工作、编辑理论、编辑学和编辑史的研究,探讨出版工作中的重大问题,逐步建立编辑学科的理论体系,促进出版事业的繁荣,更好地为我国社会主义经济建设事业服务"。学会建立十多年来,在刘杲的引领下,始终坚持学会宗旨,开展了一系列卓有成效的研究。作为学会的掌舵人,刘杲率先垂范,对编辑学的一系列问题,诸如研究编辑学的指导思想、学科定位、编辑活动的基本规律、学科体系的构建、编辑队伍建设等都作了简明的概述。这方面邵益文等同志详细总结了刘杲在编辑学的创建与研究中的贡献,本文不再叙述。这里仅就他研究编辑学的特点作一简要概述。

(一)理论与实际紧密结合,有鲜明指导性、针对性。理论来自于实践,又指导实践。刘杲长期担任出版战线的领导与管理工作,他接触面广,了解国内外出版界情况,又善于深入调查研究,占有鲜活的第一手原生态资料,这就使得他的理论研究是有很强的针对性、指导性。如改革开放以来,他深入调查,曾先后四次对大学出版社讲话,对一个时期一些大学出版社,只讲经济创收,忽视学术著作出版的现象曾提出过批评。认为大学出版社就是为教学和科研服务的学术性单位,不是单纯为学校创收的。学校领导不要把出版社当作创收的工具。出版社对高校的贡献在于提高高校的学术地位,而不在于上交金钱。

刘杲(右二)在中国编辑学会第三次全国代表大会上

编辑的职业道德是检验编辑素质的重要条件。改革开放以来,随着市场经济的确立,在出版界一度出现了职业道德滑坡的现象,这引起了刘杲的高度重视。他指出这些情况的突出表现是"胡乱出书;内外勾结;买卖书号;弄虚作假,阳奉阴违;敲诈勒索,贪污受贿;伪书盛行,低俗成风。有的编辑甚至到了道德败坏,违法乱纪的地步。他们的行为是一种行业不正之风,违反了编辑职业道德,败坏了编辑职业名声,招致了正直的编辑和广大公众的批评指责。我们不能不高度重视这些问题,并且采取措施努力加以解决"①。针对上述情况,经过多年的反复思考,听取意见,形成了刘杲"对待编辑职业,以忠于职守为荣,以玩忽职守为耻"的"12个如何对待,12为荣12为耻"编辑的道德职责,成为编辑出版工作者

---

① 《出版笔记》,第392页。

的行为规范。刘杲的出版理论研究来自实践并指导实践,有鲜明的针对性。"刘杲研究编辑出版学的学术理论,是从出版工作实践经验开始,遵循马克思列宁主义的唯物辩证法,步入学术思想的阶梯,逐步登上编辑学理论和出版应用业务的厅堂,再进入编辑出版学学科理论体系研究之'室'的。刘杲是以现代中国出版实践经验为基础走上编辑学学科体系建设高峰的"①。

(二)发扬学术民主,尊重专家意见。中国编辑学会建立以来,开展了一系列富有成效的研究活动,使学科的研究逐步走向深入,一个重要原因是坚持了百家争鸣的方针。作为会长,刘杲尤为重视发扬学术民主,听从尊重专家意见。针对编辑学研究上的不同意见,他认为:"学术问题可以保留不同意见。不同意见的发展,将来无非形成不同的学派……这对推进理论建设和提高研究水平有好处。还有另外的情况,就是在研究的过程当中,彼此互相启发,互相吸收,互相补充,共同前进。"②在谈到编辑史、出版史研究时说道"学术问题的分歧不必急于统一"。他还强调学术上的是非不能由权威人士和多数人的意见来裁判,只能由社会实践来裁判。"在学科建设的过程中,出现不同的学术观点是不可避免的。只有通过不同学术观点的讨论和比较,编辑学研究才能逐步深入,从无到有,从低到高。其实,任何学科在前进的路上总是议论纷纷的。更何况编辑学是一门年轻的学科"③。这些谈话,解除了一些同志的顾虑,一时形成了热烈讨论的局面。

刘杲在编辑出版理论研究中是权威。但他从不以权威发威来指点批评别人,而是以谦虚的姿态用自己高深的学识品德来和别

---

① 王振铎:《中国特色编辑出版学学科体系的建构——读刘杲同志的四部文集》,《为了编辑学的理论建设——刘杲同志编辑思想研讨会文集》,中国建筑工业出版社2015年版,第78页。

② 《出版笔记》,第345页。

③ 《出版笔记》,第375页。

人平等交流。如在一次讲如何构建编辑学理论体系时,他自谦地说:"仅仅是我个人的想法。"在中国编辑学会第四次全国代表大会闭幕式的讲话中肯定了建会以来的成就和有关编辑学研究如何深入发展时说,"我的想法供大家参考"。在众多场合,他讲问题总是作为编辑学会的一员讲个人看法。

(三)坚持创新,身体力行。在编辑学研究中要倡导理论创新。创新是学科建设的灵魂,如果没有理论创新,学科建设势必停滞,甚至萎缩。

在刘杲的论著中有许多创新之处。其中,《出版:〈文化是目的 经济是手段〉》是一个典型的代表。在文中,他提出:"出版业对社会的最大贡献是什么?是文化。传播和积累文化是出版业的天职。""以文化为目的,必须十分坚定,以经济为手段也必须十分坚定"。在这里他辩证地讲了文化经济两者的关系,强调突出文化的重要性。过去出版界常讲两个效益的结合,有些人实际上只强调经济,不讲文化,社会效益第一原则成为一句空话。说经济是手段,丝毫没有看轻经济的意思,出版业做大做强,必须借助经济提供强有力的手段。我们必须始终牢记"发展文化生产力是为了满足人民的美好生活追求,契合人的精神心理需求,而不是为了文化产业增加值的'数字好看',切不可滋生'把手段当成目的'的文化产业泡沫。因此,文明的价值之于文化产业和文化发展是一个根本性的参照系,旨在构筑一个民族精神追求的根基'""中国要跻身世界舞台中心,仅仅有经济的支撑不够,文化力量的支撑是可持续和社会主义事业繁荣的根本保障,文化价值才是中华民族的伟大复兴对世界和人类文明的重大贡献"[①]。"出版业是两个效益寓于一体的行业,需要讲求社会效益,提高国民科学文化素质和培育社

---

① 范玉刚:《牢牢把握新时代文化产业发展的"新常态"》,《新华文摘》2018年第15期。

会主义核心价值观,给新时代提供优秀精神食粮;又要按照经济产业的规律和市场规律生存和发展,取得企业持续发展的实力和提高全体员工收入水平不断增长的财力,这是出版业的立命之本"①。

（四）文字简练扼要,饱含真挚感情。在读刘杲的论著中,很少空话、套话、虚话。往往是开门见山,直奔主题。在论著中既有一两万字的长篇大论,也有画龙点睛短小精悍的千把字的短文。如《一个标点符号也不放过》一文仅500多字,一个严谨认真的出版家蔡学俭的形象给勾画出来。在讲到编辑工作者的神圣职责时用"精神食粮的生产者、先进文化的传播者、民族素质的培育者、社会文明的建设者"四句话作了高度概括。尤为可喜的是在他的论著的许多地方饱含真挚感情,增强了可读性。他为《中国编辑》写的代发刊词中有这样一段发自肺腑的诗一般的句子:"我们默默奉献,好比无人看重又无法离开的空气;我们为人作嫁,好比燃烧自己照亮别人的蜡烛;我们没有显赫的地位,却有穿越时空的翰墨芬芳;我们没有殷实的财富,却有寄托心灵的文化殿堂。"这当中充满了编辑人的光荣感与自豪感,富有较强的感染力。

刘杲的另一重要贡献是自从1992年10月中国编辑学会成立至2006年连任三届会长期间,为编辑学研究和学科建设办了许多好事实事。

学会成立之始,他就提出坚持马克思列宁主义、毛泽东思想、邓小平理论和"三个代表"重要思想为指导,团结广大出版工作者、编辑学研究者、高校编辑出版专业教学人员,开展了编辑学理论研究和学科建设的研究活动,为出版事业的繁荣发展作出了重大贡献。

---

① 柳斌杰:《发展高品位高质量高效益的出版业》,《中国新闻出版广电报》2018年8月17日。

1. 创办刊物,为编辑学研究提供阵地。为了推动编辑学及编辑理论研究,由中国编辑学会主办、河北教育出版社承办的《中国编辑》双月刊于 2003 年 1 月正式创刊。刘杲在 2002 年 1 月为该刊撰写了发刊词。他以热情洋溢的笔法阐明了编辑的职责、使命,是一首"雄壮的编辑之歌"。该刊创刊以来,在刘杲为主任的编委会带领下,坚持正确的办刊宗旨,为广大读者服务,为编辑学学科建设和编辑队伍建设服务,为出版改革发展服务,发表了大量有关编辑学理论及学科建设的优秀著作,深得读者好评。

中国编辑学会与人民教育出版社联合主办的《中国编辑研究》于 1997 年出版。刘杲为《中国编辑研究》写了发刊词。《中国编辑研究》是一本选刊,年出一本,选编前一年报刊上发表的编辑出版理论研究文章,既有对出版工作现实的指导作用,又有汇集研究成果、积累研究成果的文献价值。据对 2005 年至 2008 年 4 期的统计,共集录文章 245 篇,深受出版界欢迎。

2. 组织专家撰写《图书编辑工作基本规程》和《编辑学理论纲要》。随着形势的发展,原有的一些有关图书编辑工作规程已不能适应形势的需要。为了进一步加强编辑工作的规范化,需要编写新的规程。刘杲会长把这一任务交给湖北省编辑学会有长期编辑工作经验的蔡学俭。蔡先生接到这一任务后,经过调查研究,听取专家意见,用三四个月时间写出草稿,交学会有关专家听取意见,加以修改,1997 年正式定稿。学会上报新闻出版署,以文件形式转发全国各出版单位参考。《规程》总结了新时期图书编辑工作的共同的带规律性的东西,是编辑工作者的行为准则。

一个学科是否成熟,重要的是要有自己明确的研究对象和基本范畴、基本理论的学科框架体系。早在 1992 年刘杲在中国编辑学会成立大会上讲话中就提出要"建立编辑学的理论体系"。事隔 7 年,1999 年他在《我们的追求——编辑学》一文中又强调:"在编辑学研究上陆续取得了一些宝贵的成果……但是,离建立现代科学形态的编辑学理论体系好像还有相当的距离,仍须继续努力。"针对如何构建编辑学的理论体系,编辑界开始了广泛深入研究,其中取得重大成果的是阙道隆的《编辑学理论纲要》的发表。用阙道隆自己的话说,"它是在近二十年来众多专家研究的基础上写出来的",前后花了七八个月时间,可见如何艰辛。《纲要》共分13章6万多字。刘杲盛赞它是"近二十年来编辑学科建设的一项重要成果"。在一定意义上标志着编辑学学科建设走向成熟。

3. 为培养编辑后备力量开展"未来编辑杯"征文竞赛活动。学会从1997年开始,以高校编辑学专业高年级本科生和研究生为对象,连续开展了四次"未来编辑杯"征文竞赛活动,目的是使在校学生尽早了解出版、熟悉出版,为未来出版工作培养后备力量。这一举措,深受编辑专业师生欢迎,许多学生纷纷报名应征参赛,有的学校为了学生参加竞赛,还专门成立了由专业组组成的论文写作与推荐小组。河南大学编辑学专业在1998年4月给编辑学会写信时说:领导对这次征文活动非常重视,并专门抽调教研室骨干教师组织评审组负责征稿初审工作。武汉大学向新阳教授在写给编辑学会的信中说,"学生应征十分积极,写作非常认真……学生们普遍反映:还从来没有这么认真写作过……这第一次活动成了一个令人难以忘怀的起点",并说省学会领导对这次征文活动极为重视。事先仔细看了学生们提供的全部写作提纲,以后又拨冗到学校,面对学生进行指导,学生初稿交来之后,又认真阅读,指导修改,最后由评选组经评选后,推荐这几份送交学会。

"未来编辑杯"竞赛活动从1997年开始至2004年共进行4次,经过专家评审,从数百篇论文中评选出优秀论文155篇。为了扩大影响,学会联合出版社,每次将评出的优秀论文结集出版。出版后,有的论文经有关专家又作了专门点评在报刊上发表。这几次的竞赛活动不仅鼓励了学生学习的写作热情,而且对编辑学专业的教学是一个很大的促进。

4.重视出版专业人员培训,把它作为学会的一项重要工作。受新闻出版总署人教司委托,2001年下半年起,学会负责同志组织一批学术骨干,开始编写"全国出版专业人员职业资格考试辅导教材",经过几年的努力正式出版,后又连续几次修改,供广大出版专业人员参加职业资格考试使用,这对广大出版人员职业素养的提高起到了很大促进作用。

5.为编辑出版专业及学科建设四处奔走八方呼吁。刘杲一直牵挂编辑学专业的学科建设。1984年以来"编辑学"曾列入国家教委"专业目录",到了1997年前,国家教委调整压缩本科专业目录时,出版专业有被砍掉的可能。为此,高校的领导和专业教师很焦急。刘杲闻讯后也认为"后果不堪设想"。为此1997年5月19日,他向有关部门写信,力争这保留这一专业。刘杲联合业界有关人员,在1997年3月2日全国政协八届五次会议上,以提案的形式"建议设立编辑系硕士点",并列入《授予博士、硕士学位的培养研究生学科专业目录》之中。后虽保留这一专业,但建立硕士点并没有解决。1999年6月23日,他再次写信向有关领导反映将编辑出版学专业列入硕士研究生专业目录。1999年鉴于学术委员会将调整"授予博、硕专业目录",2001年3月2日他在全国政协九届八次会议上,再次提出要在高校建立出版学硕士学位授予点,待条件成熟时再建立博士点。在他及高校有关专业师生努力争取下,历经艰险,出版专业终于成为一门专业列入"专业目录",时至今日,已发展为本科生、硕士研究生、博士研究生层次的专业体系。赵航曾这样评价刘杲在这一问题上的贡献:"在1992年和1997年,两次面临生死存亡的中国编辑出版学专业以及整个的出版高等教育事业,都是由他(指刘杲——本文作者注)和一批前辈、领导、专家挺身而出,据理力争,走在前头。那种激情,那种魄力,那种胆识,那种不顾一切地奔走呼号,才使得我们渡过了重重的激流险滩,成就了今天的事业,有了独树一帜的中国出版高等教育体系。"①

刘杲连续担任中国编辑学会会长 16 年之久,领导学会会员及广大出版工作者努力奋进,使学会工作成果辉煌,在编辑学的学科建设、理论建设、人才培养、推动新时期出版事业的繁荣做出了独特贡献。这一方面得力于他本人对编辑学及其理论有深入的研究,另一方面在于他善于多方面地调动专家学者的积极性,大胆放手发挥几位副会长邵益文、阙道隆、蔡学俭、程绍沛、王振铎等的积极性,使他们各司其职,协调配合,形成合力。特别是其中的常务副会长兼秘书长邵益文同志作出的贡献更大。邵益文同志"从 1992 年起担任中国编辑学会常务副会长兼秘书长,主持会务,直到今天。他的职务,加上他的学术修养和工作热忱,使他在编辑学研究活动中长期居于重要地位,发挥了组织和推动的作用","大量的工作,从学术活动到行政事务,都是益文同志亲自完成的或者在他主持下完成的。他图的是什么呢?这里没有名,没有利,只有繁琐的工作,甚至误解和埋怨。那么,他图的是什么呢?只有一个答案,他不图什么。跟许多投身编辑学、出版学研究的同志一样,他这样做只是出于对出版事业的热爱,出于对编辑学研究的热爱。对益文同志的奉献精神,我个人怀着深深的敬意,学会的其他同志也都怀着深深的敬意"②。

刘杲在担任编辑学会会长十多年里,为编辑学及其学科建设所取得的成绩费尽心思,克服种种困难,他为编辑学取得的成绩而欣慰。在当今,我们看到近 40 年来,编辑学研究及学科建设的巨

---

① 赵航:《刘杲同志的出版教育理论与实践》,《为了编辑学的理论建设——刘杲同志编辑思想研讨会文集》,中国建筑工业出版社 2015 年版,第 146 页。

② 《为了编辑学研究——〈20 世纪中国编辑学研究〉序》,《出版笔记》,第 512-514 页。

大成就,看到数以千计编辑学专业硕士、博士活跃在出版领域时,我们为刘杲同志的贡献感到由衷高兴。刘杲在"贺编辑学会十岁"时写诗表达自己的真切感受:

> 编辑学问费思量,十载开局不寻常。
> 求是唯实显睿智,创新进取见锋芒。
> 闻道朝夕只争快,取经征途不怕长。
> 协力攻关日继夜,心血掏尽铸华章①。

在这里需要说明的是,刘杲对我国出版事业的贡献是多方面的,其中他在我国《著作权法》的制定、版权保护以及开展国际版权贸易等方面做出了重大独特的贡献。限于篇幅,本文不再论述。

刘杲在中国高校编辑出版学专业20周年纪念会上

出版人的楷模

我同刘杲接触20多年,尤其研读了他的著作,他在我脑海中留下了难以磨灭的印象,那就是他:学识渊博有底气,为文著术有灵气。身居高位无官气,为人处事扬正气。他高尚的道德风范,是出版工作者学习的楷模。

(一)热爱出版,矢志不移。他在出版战线工作了几十年,全身心地投入。他把编辑出版工作看作自己的崇高神圣职业。他在《我们是中国编辑》的开头就说:"中国编辑,我们的名字,我们的岗位,我们的荣誉,我们的责任","我们是中国编辑,我们决不玷污这个响亮的名字"。他为做一个中国编辑而感到骄傲光荣自豪。2004年10月,他在同武汉大学出版科学系同学谈话中告诫青年:

---

① 《出版科学》2002年第4期。

"我们是文化的开拓者和传播者,默默无闻,为人作嫁……你们既然选择了出版,就要坚持下去,决不后悔。"这包含着对青年学子的殷切希望,也蕴含了自己的亲身体验。尤为可贵的是他这种对编辑出版事业炽热的感情并不因为年龄的增长有所减退。1993年退居二线后,他深情地说"要说对出版事业的心态,可谓旧情难舍"。他在为《出版笔记》所写自序时说:"我今年74岁,对出版事业的感情并未减退。只要精力许可,我愿追随出版界的同志继续学习。"正是基于对出版事业的热爱,对编辑家怀有深厚的感情,当他看到《中国编辑》刊发的方厚枢写的《我的启蒙老师——深切悼念王仰晨同志》一文,深为感动。王仰晨原是人民文学出版社文学编辑部副主任,鲁迅著作编辑室主任。1987年获首届"中国韬奋出版奖"。曾编辑出版《鲁迅全集》《茅盾全集》《巴金全集》等。当刘杲得知这位84岁的编辑2005年去世时后事不尽如人意。他向有关部门和媒体反映,但回答说,王是编辑室主任级别不高,只能这样。听到这些,他感慨地说:"仰晨同志作为编辑家的历史地位不是行政级别能够规定的。我相信,广大读者和出版界会永远怀念仰晨同志。"这表达了他对编辑家的敬仰尊重,也批评了社会上的世俗偏见。

(二)公而忘私,关爱人民。作为共产党的领导干部要时刻想着人民,关心人民群众疾苦。在这方面,刘杲的表现让人感动。

2008年6月,刘杲获韩国第三届"南涯安春根出版文化奖",奖杯上写有颁奖词:"刘杲先生作为中国编辑学会的创始人,在初创期曾连任三届会长。是中国编辑学会领导人兼出版行政专家。阁下为编辑学与出版学的发展奠定了坚实的基础。在大学里培养高级出版人才等振兴出版学教育方面作出了卓越的贡献。此外,作为一名出版学者撰写了《刘杲出版论集》以及其他著作,促进了出版学者之间的国际交流及合作,推动出版学的发展,将南涯安春根先生的崇高精神、高尚品德与渊博的学识进一步发扬光大。在此,为了表彰刘杲先生的贡献,为后人树立师表,特颁此奖。"当刘杲拿到奖金后,作了《答谢词》。他不顾因夫人生病卧床十多年来,精力和财力消耗很大的境况,他执意把所得奖金500万韩元(折合人民币3.12万元)全部捐给了中国红十字基金会,用于四川汶川地区抗震救灾。并说:"四川地震灾情那么大,于情于理,我别无选择。"①这一消息在媒体公布后,在出版界引起强烈反响。

(三)廉洁自律,以身作则。原湖北出版局局长蔡学俭回忆刘杲时说:"熟悉的人都景仰他的淡泊名利,埋头做事而不图虚名,遇事克己而乐于助人。他在北京工作,除老伴儿女外,其他亲人都在湖北。我在湖北出版界工作几十年,他从未以私事相求。老伴长期患病,生活不能自理,他日夜照顾,相濡以沫。儿子下派湖北工作,严格要求不准打扰老家熟人……80年代我在湖北省新闻出版局任职期间,他是顶头上司,每次来湖北视察工作,回去都要检查汽车行李舱,除来武汉时带的小包外,多余之物一概留置,不许带走。以后他不当副署长了,几次来湖北开会仍然'半点不讲情面'。他对自己的要求近乎'苛刻',在物欲畅行的今天,这种'苛刻'就是一种完善,是品质修养的高境界。"②类似这样的事决不止一个。据当年在他手下工作的黄晓新回忆,1991年,他随刘杲到青海、甘肃考察调研出版工作时,"临离开西宁去兰州中川机场(那时西宁还没有机场或航班飞北京)乘机回京时,青海的同志出于对老刘的感激之情,拿了一点高原的土产(好像是几瓶蜂蜜等)送我们上车,老刘坚决不收,推拉僵持许久,老刘说:'你们不把这些东西拿下去,我就不走',搞得青海的同志没有办法,只好把土产拿下,老刘才让汽车开动"③。作者写到这里,说他虽早已离开权力中心,但

---

① 《中国新闻出版报》2008年6月4日。
② 蔡学俭:《刘杲及其〈出版笔记〉》,《中国编辑》2007年第4期。
③ 黄晓新:《我也是老刘的"粉丝"——回忆在刘杲同志领导下工作的那些日子》,《中国编辑》2016年第2期。

他的人格和思想影响力却如陈年老酒,历久弥香。

严于律己,清正廉洁,艰苦奋斗,只求奉献,不求回报是我们党的一贯作风与传统。老一代无产阶级革命家为我们做出了榜样。习近平总书记在《纪念周恩来同志诞辰120周年座谈会上的讲话》中说:周恩来同志"是一位没有利用自己的权力为自己或亲朋好友谋过半点私利。周恩来同志谆谆教导晚辈,要否定封建的亲属关系,要有自信力和自信心,要不靠关系自奋起,做人生之路的开拓者。他特别叮嘱晚辈,在任何场合都不要说出同他的关系,都不许扛总理亲属的牌子,不要炫耀自己,以谋私利……周恩来同志一生心底无私,天下为公的高尚人格,是中华民族传统美德和中国共产党人优秀品德的集中写照,永远为后辈景仰"①。刘杲作为一名共产党员在廉洁自律方面严格要求自己,值得我们学习。

(四)求真务实,谦虚平易。读他的文章,听他的讲话,总给人的感觉是胸有成竹,言不虚说,语言简练准确。2004年2月,他曾写信给潘国彦,就潘参与起草的《中国出版工作者职业道德准则》其中的一些不准确提法包括文字差错,提出不少问题。如准则提出:"多出好作品,不出平庸作品,杜绝坏作品。他认为其中'不出平庸作品',这话不准确。'不出'和'杜绝'的意思差不多。坏作品应当杜绝,应当不出。平庸,指'寻常而不突出'。平庸,是一种中间状态。好的和坏的总是少数,中间的总是多数。中间状态是比较而言的,因此中间状态不可能消灭。一点儿不出平庸作品事实上做不到。事实上只能要求:努力多出好作品,尽量少出平庸作品,坚决不出坏作品。"②由"不出"到"而是少出"一个准确的提法,为了求真而准确,他是颇费心思的。

---

① 习近平:《在纪念周恩来同志诞辰120周年座谈会上的讲话》,《光明日报》2018年2月2日。
② 《出版笔记》,第622—623页。

刘杲办事重实际,反对图虚名。我亲历的一件事对我震动颇大。1996年河南大学出版社出了一套大型丛书,为了扩大影响,想在北京开一个新书发布会。6月29日下午,我和我们社的刘小敏去拜见他,邀请他出席座谈会,他一听就说:是老熟人了,给你们泼泼冷水。开这样的会纯是劳民伤财,叫人家说好话,报上宣传宣传。我参加图书评奖,那不算数。只有专家,只有学术性的书评才算数。听了他的这番话,我为之震惊,又为他的求实不图虚名而深受教育。

刘杲做人低调,做事从严求高。他为人亲切平和谦虚,和他交谈无拘无束。他担任中国编辑学会会长,成绩卓著,但在许多场合他总认为当学会会长是不够格的,是特殊情况下的带有过渡性质的一种安排;当他回答《女友》杂志访谈时,自谦地说:"为了把这个学会成立起来,我只好被推当了会长。""一个学术团体,比如编辑学会,会长应当是个学科的学术带头人,我当然不是。"2001年他80岁之时,中国编辑学会主持召开了"刘杲同志编辑思想研讨会",大会结束时,他在会上发言:"听了大家的发言,我好像被点石成金了。其实我是被灯光照亮的。只要灯光一灭,依旧是石头一块。"这是多么崇高的自谦精神。

刘杲不喜欢别人夸奖他的好话。他虚心向老一代编辑出版家学习。他把徐光霄、石西民、陈翰伯、王子野、边春光、王益、宋木文等当作自己的老师和师友。当别人和一些媒体把他并列入资深出版家行列时,总是让人删去自己的名字。2000年有一家刊物介绍编辑名家时,把他和王益并列,他深感不安,批评这家刊物的主编,声称:我不能滥竽其间,因为我不过是个编辑人员,自己心里有数。

一个人一生对人民做了好事,总是受到人们的称赞。原新闻出版总署署长柳斌杰在2008年、2013年春节期间向刘杲同志拜年时称赞他:"您工作的一生都献给了出版业,您对工作认真负责,为我国出版事业的发展做出了不可磨灭的贡献,是我们学习的楷模,从您身上我们看到了前辈们所具有的崇高品质,感觉到了你们热爱关注出版业发展的满腔热情,你们今天仍是我们事业发展的宝贵财富","刘杲同志对新中国成立以来出版事业恢复和发展所作出的突出贡献,以及他的编辑思想的深化,在我国出版史上留下重要的一笔,是我们学习的楷模"[①]。

---

① 《中国新闻出版报》2008年2月5日、2013年2月8日。

于友先印象

"我当过编辑、编辑部主任、出版社社长,当过省委宣传部长和主管文教的副省长,后来又当了八年的新闻出版署署长。可以说,我这一辈子基本上都在与新闻出版打交道。这样的经历和实践促使我十分热爱出版工作并对出版活动进行深入的理性思考"。

这是国家新闻出版署原署长于友先同志对自己一生工作经历真实简明的概括和发自内心的欣慰与倾诉。

于友先(1937—)

春秋交替,星移斗转,屈指数来,我与于友先同志相识交往已有三十余年了。在漫长的交往之中,一些往事常在脑海中萦怀,回忆这些零碎片断的桩桩往事,把这些点点滴滴感受写下来,是我长久以来郁结在心中的一个心愿。只是手笨笔拙,难以言表。新近读了于友先新出版的《出版畅言录》一书,内心又萌发了把过去脑海中积存的一些印象写出来的意念。

从普通编辑到高官高管

初识于友先是在 1981 年的春天。当时国内有一家学术刊物发表了一篇有悖四项基本原则、宣扬资产阶级自由化倾向的文章,中央主管思想宣传工作的领导人作出批示:强调在报刊宣传工作中坚持正确导向,克服思想战线软弱涣散领导不力的状况。河南省委宣传部召开全省报刊编辑工作会议,讨论贯彻中央精神。作为河南大学学报主编的我参加了这次会议。在分组讨论时,一位中年男子,身材略瘦,体魄健壮,浓眉大眼,炯炯有神,看上去面部显得很有灵气。别人告诉我,他就是河南人民出版社负责编辑《向阳花》的于友先。《向阳花》是河南人民出版社在20世纪70年代创办的一个以小学中、高年级为主要阅读对象的综合性文艺月刊。在小组会上,于友先好像有备而来,胸有成竹,介绍了他编辑《向阳花》的情况与经验,讲得有板有眼,深深吸引了我。心想,他说的是如何办好一个普及性的文艺刊物的经验,可对我办好学术刊物也深有启发。事后不久,他就先后担任河南人民出版社社长、总编辑。1984年之后,历任河南省教育委员会主任、河南省人民政府副省长、中共河南省委常委、宣传部长。在担任河南省教委主任时,他常来河南大学调研。这个时期我常从好友中听到,他工作大胆,讲究实效,善抓大事,知人善用。1993年5月,他调新闻出版署担任署长。由于工作的关系,我在担任河南大学出版社社长期间,和他的交往更多了。

于友先部分著作

主编《河南新文学大系》

20个世纪30年代,赵家璧发起主编《中国新文学大系》,对1917年至1927年十年间的我国新文学发展进行了回顾总结。在一个省编一个地方性的文学大系,这是河南省文学界埋在内心已久的夙愿。随着时代的发展,这个愿望越加迫切。1976年粉碎"四人帮"之后,河南省文学界的老同志多次酝酿编一部自1917年至1990年70余年反映河南新文学发展的具有地方特色的《河南新文学大系》。这一构想受到省委宣传部的重视。1991年9月,省委宣传部、河南省社科院文学研究所、省文联、河南大学文学院有关专家,联合召开《河南新文学大系》选题论证会。著名作家于黑丁在会上发言中殷切表达了对编这部书的迫切心情。到会的其他同志也一致赞同,认为这是一项有眼光有远见的重大文化建设工程,应立即上马。

为了落实这项工程的实施,当年11月,除上述几个单位,又邀请河南大学出版社的领导和编辑,再一次召开了座谈会,进一步讨论本书的框架、规模。大家一致推选时任宣传部长的于友先为该书的总主编,推举于黑丁、姚雪垠、任访秋、苏金伞、魏巍等人为顾问,并确定了各分卷的主编。于友先以总主编的身份在会上发表了热情洋溢的讲话,他说:"在世纪之末,对河南70年文学发展的过程作一总结,对发扬中华民族的优秀文化传统,对增强河南人民的自信心,对了解河南省情和经济文化社会发展情况,对河南文学文化的发展,走向全国都有重要意义。"虽然编这部书还有很多困难,但他提出了很多有利条件,这就是:"一是有许多老作家健在,掌握许多活资料;二是有几个部门支持,特别是有河南大学出版社勇于承担这一出版任务。河南大学出版社明知赔钱也要干,这很有眼光;三是有过去已出版的成果提供了研究的基础。"最后,他希望大家本着对现实、对历史、对后代负责的精神完成这项具有重大历史意义的文化工程。作为河南大学出版社的社长,我听到他这些话时心情喜忧参半。喜的是这是一项文化建设工程,作为出版工作者应责无旁贷去努力完成;忧的是河南大学出版社是刚建社不久的小社,经济实力不强,担当如此重任,压力很大,一时心绪难平。在会议结束时,我向于友先表露了这个心情。他向我开玩笑地说:"河南大学出版社还是有经济实力的。没有金刚钻,怎敢揽瓷器活。"当时我就想,作为一个省的宣传部长,亲自担当这部书的总主编,在全国开一个省编一部新文学大系的先例,这在全国具有开创意义啊!我真佩服他的文化眼光和胆识。

决心下定,事情必成。在河南文学界和有关部门通力合作下,历时6年,1997年5月,由众多学者专家精心编纂的一部反映河南本土作家及长期在河南生活的三百余位作家千余篇(部)皇皇巨著9卷10册500万字的《河南新文学大系》奉献在读者面前。这部巨著出版后,好评如潮,有的专家认为它是"70余年河南新文学之光","是河南人民思想精神形象的塑造"。

在召开的《大系》座谈会上于友先(左一)与魏巍(右三)、李準(右二)、董学文(右一)、孙广举后排(右一)亲切交谈

当年6月在北京召开的一次作家座谈会上,作家魏巍说:"这是一项巨大的文化建设工程,不说是创举,起码也是在这方面走在前列。作为一个故乡人,看了这部书很高兴。"李準同志说:"看了

《大系》这部书很高兴,我这一生得益于从前辈那里吸取了有益的文化思想营养。这部书是对我营养的第二次补充。"

一部书的主编,不只是挂个名,充个数,而是要真正担当主编之责。正如《大系》一位副总主编孙广举说的,《河南新文学大系》这部书的选题是于友先在河南任宣传部长时主持定下来的,他不但提出明确的编纂指导思想,而且一直关注着这部书的编辑出版工作。虽然后来他调京工作,但他一直具体过问这部书的进展情况,这部书的总序他都作了多次修改并最后加以审定。从这里可以看出他对出版工作是如何严肃认真,对出版物具有何等负责精神。

与河南大学出版社的情缘

人与人、人与事的交往,往往有一种相识相遇的巧合。人们常称这种行为是一种缘分或情缘。有缘千里来相认,无缘对面不相识。表明同志之间志同道合,情趣相投之意。也许是于友先在青年时就在开封一中读书,他对河南大学早就有所了解。后来,他又一直在新闻出版战线工作,他与河南出版界特别是与河南大学出版社有深厚的感情和难分难解的缘分。1985年河南大学出版社成立后,社里与他交往更多了。就我在社工作的几年间,就曾得到过他的真切帮助,解决了不少前进中的问题。河南大学出版社有关出版的重大活动,可以说他有求必应,随请随到。

1993年春,河南大学出版社出版了青年学者李频撰写的我国第一部文学编辑家传记《龙世辉的编辑生涯》。为了改进出版工作,广泛听取专家意见,6月25日社里在京召开出版座谈会,邀请出版界的编辑家戴文葆、林穗芳、吴道弘、阙道隆、邵益文、郑伯农、杨匡满等十几位到会。当时我们邀请于友先到会指导。他刚上任署长两个多月,事情虽然繁忙,但他爽快应允参加会议。他到会与专家一一握手言欢。他首先代表出版署对这个座谈会的召开表示祝贺,并以一个普遍编辑的身份同大家交谈:"我也是一位老编辑,但没有在座的各位资格老。过去出一本书很不容易,编辑对书稿的内容和文字都要反复推敲,现在似乎有一种情况,出一本书很容易。有的提出文责自负,当编辑的连标点符号都不管,形成无错不成书,在社会主义市场经济条件下,编辑出版工作如何搞,要很好研究,通过这个座谈会,要把编辑工作好的传统发扬下去,努力提高编辑的素质,让出版走向世界。"话不多,讲的不是官话空话,是行话,是发自内心的肺腑之言,讲到在座各位的心窝里,顿时拉近了与到会专家的思想距离。座谈会结束之后,中午他与专家们一起吃饭。饭桌上,他反复说的一个话题是,出版社要办出特色,才有生命力,才能对文化发展做出贡献。

1993年6月25日,河南大学出版社在北京召开《龙世辉的编辑生涯》座谈会,于友先署长出席了会议,对《生涯》一书给予了充分的肯定。出版、编辑界的知名人士30多人参加了座谈会。

1995年10月,是河南大学出版社建社十周年,为了总结成绩,鼓舞士气,社里决定出一个纪念册。当年4月,我去北京恳请于友先给纪念册题个词。新闻出版署在此之前,我虽去过多次,但这次去找署长心里却有几分怵。作为一个地方大学出版社的社长去见署长,能不能被接见,心存疑虑。带着这样的心情,我走进出版署的大门,按规定到署里找人要事先电话预约。我向门卫申述事先没有预约,能不能给于署长打个电话,我想去见见他。门卫看我是从远道来的,就拨通了署长办公室电话,所幸的是办公室立即回话:"让他进来。"当我走进署长办公室之时,他正在和一个同志谈话,当我说明来意后,他说:"上午我还要主持全国出版局局长会议,下午你来吧!"下午,我按照约定的时间赶到他的办公室。此时他的办公桌上,摆满了宣纸,他正在给内蒙古的一家新华书店题字。题毕,他深思了片刻,就大笔一挥,为河南大学出版社建社十周年写下了苍劲有力的八个大字:"多出好书,办出特色。"我拿到这个题词,喜出望外。心想出版署的日常工作繁忙,作为一个署长为给一个社题词那么上心,内心感动不已。

时间过去了十多年,2009年为庆祝中华人民共和国成立60周年,社里出版了由众多出版界老同志撰写的《亲历新中国出版六十年》一书。为听取意见,社里在京召开了部分出版界老同志座谈会。此时于友先已从署长任上退下来,担任中国出版工作者协会主席。我们知道他很关心这本书的出版,照例请他出席这次会议,恰巧当天上午他有一个会。为了参加这个会议,他就抓紧时间,在那个会结束后,晚了半个小时赶到会场。当听了许多老同志的发言后,他敞开胸怀,作了充满

激情的长篇讲话:"感谢河南大学出版社出了这样一本非常有意义有价值的书……这本书的价值在哪里?一是亲历,一是六十年,这本身就是价值。亲历就是见证,见证60年出版的各个方面,这里就有史料和史实,在史料和史实的基础上提炼出经验,这本书对出版史和史料的收集起到了抢救作用。这一工作既然开了头,就要

继续做下去,经济有困难,我帮助你们募捐都行。"然后话题一转就说到他和河南大学的关系,"我对河南大学很有感情,因为河南大学的校长、教授们都是我的好朋友。我的初中就是在开封的一中上的"。他又联系到新中国成立后,河南大学的历史变迁,谈到河南大学"治学谨严,非常扎实,包括它的出版社,历来编书、出书非常认真。所以它的这本书不光选题搞得好,而且编得很认真"。他希望河南大学出版社出这类书要做得更好,做到极致。这是对河南大学出版社的鼓励,也是鞭策。

热心倡导出版理论研究

没有革命的理论,便没有革命的行动。出版工作要前进要发展,一刻也不能离开理论的指导,正确的理论指导是出版工作不断前进的保证。作为出版署的署长以及后来担任中国出版工作者协会主席期间,于友先都是以一以贯之的热心倡导出版理论研究,他自己身先士卒,作出表率。

1995年7月,河南教育出版社出版了老出版工作者王铸人的《编辑工作浅论》,他为该书写序,明确提出:"出版业是国民经济的一个产业部门。我国出版业是党领导的社会主义事业的一个组成部分。这决定了出版行业的特殊性,决定了出版物的特殊性。在我国经济体制改革,由计划经济向社会主义市场经济转轨的新时期,出版业面临许多新情况、新问题,亟待给予理论上的回答。所以加强出版科学理论研究,当前更有特别重要的意义。"他"希望更多的同志,加入到出版科研的队伍中来。愿意看到更多的研究编辑出版工作规律的著作的面世。河南教育出版社重视出版科研读物的出版,值得提倡。"另外,他在1997年11月21日,由中国出版工作者协会、中国出版科学研究所、中国编辑学会联合召开的出版理论研讨会上的讲话中又一次强调:"出版科研工作是一项事关出版业持续发展的社会公益性事业,它对出版生产力的发展和出版队伍素质的提高具有重要的作用。"他希望出版界的领导部门对出版科研"一是要领导重视,二是要加大投入"。因为"加强出版理论研究,用科学的理论来指导新闻出版工作的实践,是件事半功倍的事情"。

他对出版理论研究的重视还表现在对出版史料的收集、出版史的研究上。他把从事这一工作当作是一项抢救工程。

1998年春天,当我和袁喜生、刘小敏合编的《中国当代出版史料》(国家"八五"社科规划项目)编定之后,想请他作序和题写书名。当时我思想很矛盾,想他一来很忙,二来我们是一个地方大学的普通编辑,请署长写序,万一碰个钉子很不好意思,何况过去已麻烦他多次。但又想,从工作性质来讲,我们和他总是在一个大的出版圈子里干出版这一行业,于是我鼓起勇气,当年5月的一个上午去出版署见他。当我说明来意后,他很谦和地说:"上午我还要去中宣部开会,书名我不写了,开封是个书法窝,你可请那里的名家写,序我可以写,你把有关材料放到刘万利(他的秘书)处,写好后让他转寄给你。"当时我把材料交给刘,刘说,待于署长写好后,可用快递寄给你。从出版署出来在楼梯上正好碰上阎晓宏(时任图书司司长),他问我来办什么事,我说明来意,也请他关注上述这件事。说过之后他就去内蒙古开会去了。过了一个来月,我收到了阎晓宏寄来于友先同志写的序,真是喜出望外。在序中,他肯定了这部书"从总体上看比较客观、真实地反映了50年来我国出版事业发展的历史轨迹和脉络……具有历史真实性与相当的学术价值、实用价值"。"是新中国的出版史、文化史、学术研究的一个重要的参照"。在文末特别强调:"收集、整理出版史料是一项刻不容缓的工作。我希望出版界要高度重视这项工作。"对于这一点,有一次老出版家王益在同我交谈如何研究出版史时,特别称赞署领导这一有远见的卓识之举,现在是很好落实的时候了。

2008年秋,社里拟出版一部通过出版界老领导、老出版、老编辑用自身的经历回忆新中国出版六十年的大型图书。我和刘小敏去北京向有关同志登门约稿。在一个上午,我们去中国出版工作者协会去拜访于友先,一来向他约稿,他爽快答应。二来想听一下他的意见,他肯定了我们的想法,并希望我们广泛向出版界的老同志请教并向他们组稿。他还希望我们走访老同志后,向他谈一下目前老同志的一些情况。接下来两三天,我们先后走访了十多位老同志。有不少老同志虽然年事已高,但健康状况尚好,表示乐意撰写自己的回忆录,但也有些同志步入耄耋之年,身体欠佳。当我们走进著名编辑家戴文葆先生家中时,使我们大吃一惊,这次相见,他的身体状况远不如前几年。他坐在沙发上,见面时他仿佛不认识我们似的,他只反复地向我们讲述以往他的历史和经历,絮絮叨叨,语无伦次,有些精神失常,甚至还对我们说:你们是不是公安局的,来审查我的历史,我也不怕。我们心想,这是长久纠结憋闷在他心中的话向人们倾诉。我们安慰他好好养病保重,并向保姆示意要护理好戴先生。我们从他家走出来,感到一阵心酸。我们责怪自己,何不早来向他约稿呢?可将他的珍藏在心中的东西记录下来。听说不久,他就离开了人世。这真是一件憾事。

在访问了一些老同志之后,回到中国出版工作者协会,向于友先同志述说我们访问老出版家的一些情况。他听后,沉思好久,心情沉重地说:趁老同志健在,要把他们掌握的有些资料好好收集起来,这是一项抢救性的工作,不宜迟疑。当时,我们自身就意识到办好这件事是多么紧迫,更进一步增强了做好这件工作的责任感。

大胆务实的工作作风,好学进取的人格风范

印象,印象,就是客观事物和人的行为在人们头脑里留下的迹

象。印象的累叠、沉滤、凝结就会在人们头脑中留下久远的记忆。在我和于友先相识30余年中,虽然只有一些短暂的交往和零碎的记忆,但他说话有底气,办事有胆识,好学无怠意,作风很平易,都给我留下了深刻印象。

一个人的思想作风、工作作风往往和一个人的生活经历有关。于友先研究生毕业之后,当过教师,又当过普通编辑,他来自基层,置身在新闻出版工作者之中,对出版工作、对广大出版工作者的情况知底知里,同他们在一起洞察他们所想所干。因而他在实际工作中善于从实际出发,工作务实,讲求实效,看准了的事就心无旁骛果断大胆地干。

他在署长任上8年有余,在上级领导下,带领领导班子进行了卓有成效的工作。其中突出的一项工作,就是20世纪90年代在党中央、国务院改革路线的正确指引和大力支持下,在出版界开展的出版战线的"阶段性转移",推动新闻出版事业由数量增长阶段向优质高效阶段转移的一个重大战略思路。

改革开放十多年来,我国的新闻出版事业实力增强,初步摆脱了计划经济的模式。但是在出版工作中追求数量,忽视质量,致使相当多的出版物质量不高;单纯追求经济效益,出版领域出现了"一切向钱看"的"拜金主义";违背出版规定,买卖书号,导致出版市场混乱无序,与建设社会主义的精神文明与出版强国很不适应。鉴于此,出版署在进行广泛调研,听取各方面意见的基础上,在1993年5月召开的全国出版局长会议上,萌生了"阶段性转移"的工作思路,这一构想得到了党中央、国务院的肯定与支持,从1994年至2000年,在出版战线大张旗鼓地开展了一项深得社会和出版界人心的"阶段性转移"工作。围绕这一战略性的举措,出版署切实抓了几项重要工作:一是狠抓了出版物质量,在全国范围内开展了几次大规模图书质量大检查,加大了图书质量检查力度,增强了出版工作者的质量意识。二是坚持一手抓繁荣,一手抓管理,遏制了书号买卖。三是狠抓编辑队伍建设和编辑职业道德建设。经过几年的努力,"阶段性转移"思想深入人心,收到明显成效。出版物质量有明显提高,出版队伍的责任心增强,素质显著提高,出版物市场净化,为进一步繁荣出版事业、建设出版强国奠定了扎实基础。

　　一个优秀的领导者,就是要善于根据形势的变化,审时度势,面对新情况,研究新形势,提出解决新问题的思路,为此就必须不断地加强自身的学习,充实自己。于友先很重视自身的学习,他除了重视调查研究之外,还勤读书,善思考,善于把握大局,从宏观上看问题。他曾说到自身的体会:"我从小学一直读到研究生,进修生,在学校里正式坐班读书就有 22 年半。此后在大学里教书,在出版社编书,在政府机关里管书,直到现在还在出版界工作,可以说一辈子与书结下不解之缘。"正是这样他养成了自觉读书的习惯,"取精用宏,博览群书",经常"与书零距离接触,仍是我最大的乐趣"。他不但坚持读书,而且还把读书与调查研究写作结合起来。他在《现代出版产业论集》收入的十五篇文章就是他多年在深入调查,担任北京印刷学院硕士研究生导师期间,广泛读书独立思考的结晶。在他写的《德能识——论出版人的三境界》、《总编辑应增强六大能力》《出版强国与人才培养》《加强自律,建设诚信》都是经过自己深思熟虑而透射独到见解的力作。

　　作为一位领导者,在工作中既要充分肯定成绩,也要看到前进中的差距,不能一味陶醉在一片光明之中。于友先在这点上始终保持清醒的认识。1998 年 9 月 24 日,为编写出版史料图书我去京拜见出版家戴文葆、吴道弘先生,中午二位请我吃饭。席间,戴文葆先生讲到出版界现状时说:我最近听了于友先的一个讲话,他肯定了出版界的大好形势,又感到出版有些危机,他敢于正视现实,真是一位真署长。听了这话,我内心也有同感。

　　2000 年他从署长位置退下来之后,担任中国出版工作者协会主席期间,本着第一是学习;第二是调研;第三是服务的准则。忠于职守,勤奋工作,与其他同志一起,版协工作大有起色。他总是以一个人的平常心看待过去和未来。他谦虚地说:"我的一生没有什么浪漫主义,只想严肃的工作和本分的生活,修炼一颗平常心。我的理想就是活到老,学到老,做一个与时俱进的人。"这些谦虚朴素的话语,道出了他高尚的人格风范。

于友先是我的朋友、同行,也是我的领导。通过这些年与他的相处交往中,从他身上学到了很多东西,对我的工作学习多有启发。这篇短文只是记述了我和他交往中片断的记忆与印象。至于他的工作、生活、出版工作中的业绩及人格风范的整体描绘,只好待请高手另就了。

选自《宋应离出版文丛》,河南大学出版社 2013 年版

浓浓出版情　屡屡创新功

——"韬奋出版奖"获得者李亚娜的出版情结

李亚娜(1947—)

"河南出版怎么样,同行都说看大象(大象出版社);大象出书重质量,年年都把台阶上"。这是河南出版界和广大读者对大象出版社的点赞。

大象出版社的前身是河南教育出版社,1983年建立,1986年经国家新闻出版署批准更为现名。建社之初,仅有职工12人,开办经费20万元。在改革开放浪潮推动下,三十多年来,出版社由小到大,由弱到强,现今已成为一家拥有职工200多人,年出书一千多种,资金雄厚,实力较强的一家具有中等规模的屹立中原大地的龙头出版社。1995年以来,相继被评为全国良好出版社、优秀出版社。2005年中共河南省委宣传部决定,在全省开展向大象出版社的学习活动。三十多年辛苦不寻常。这些成就的获得是历届领导班子成员梁起昌、周常林、李亚娜、耿相新、王刘纯等带领广大职工拼命奔波而来的。这当中长期担任社长的李亚娜做出了自己的独特贡献。

李亚娜,1947年生,河南开封人,中共党员,编审。1982年大学毕业后就参加了出版工作,先后任大象出版社副社长、副社长兼副总编、社长。她热爱出版工作,努力学习马克思主义理论,自觉执行党的出版方针政策,把出版当作终生奋斗的事业;她乐于奉献,勇于担当,有较高的选题策划能力和编辑业务水平,富于开拓创新和较强的领导及管理能力。由于出版业绩突出,多年来连续获得众多光荣称号。1994年被评为河南省新闻出版系统先进工作者及优秀共产党员;1998年被评为第二届"河南省十佳出版工作者";2002年被河南省委、省政府命名为第五批河南省优秀专家;2003年被评为全国"百佳出版工作者";2005年被评为享受国务院政府特殊津贴专家;2006年获"韬奋出版奖";2009年被评为"新中国成立60年百名优秀出版人物"等。这一系列光荣称号的背后,凝结着李亚娜的辛苦汗水和留下的前进道路上的足迹。

出好教材教辅　服务基础教育

一著述不能无主旨,一抬足不能无方向。同样,作为一家教育出版社也应该有自己的明确办社宗旨。三十多年来,大象出版社一贯秉承"服务教育,介绍新知,沟通中外,传承文化"的出版理念,自觉担当出版中小学教材和教辅的光荣任务。这也可以说是继承中国现代出版工作的一个传统。早在20世纪初,中华书局的创办人陆费逵就把出版教科书服务教育看作开发民智,培养人才,关系国家命运和前途的大事。他曾提出:"教育得道,则其国强盛。"他在草拟的《中华书局宣言书》中说:"立国根本在乎教育,教育根本实在教科书。教育不革命,国基终无由巩固,教科书不革命教育目的终不能达也。"①本着这一精神,中华书局当时出版了许多适合中小学的教科书,为国民教育发展作出了贡献。

新中国成立之初,党和政府高度重视教科书的出版。为做好这一工作,当时的教育部还专门设立了教材编审委员会,由叶圣陶任主任委员。叶圣陶在一次讲话中强调教科书"是一种最重要的教育工具",教科书"是进行教育最重要的工具而不是商品",教科

---

① 陆费逵:《中华书局宣言书》,《中华教育界》创刊号,1921年1月。

书"也一定要由国营的出版社来编辑、出版"①。为了适应形势需要,当时还成立了专门出版教材的专业出版社人民教育出版社。在改革开放的历史条件下,为了发展振兴教育事业,各级教育出版社仍然把出版教科书作为重要的任务。

作为一社之长的李亚娜,一直把出好教材教辅,服务基础教育作为一项崇高使命。社里在制定出版战略规划中,把出好教材教辅确定为以服务教育为中心的核心地位,以出版基础教育类出版物为基础,以教材开发与推广为重点,以市场化学生用书为突破口,组织新课标教材开发推广,物色有关专家进行新教材的编写。由中科院张泽院士任主编的新课标小学《科学》、北大王缉慈教授主编新课标初中《地理》和高中《历史》教材已通过国家教育部送审并投入使用。编辑出版的河南省地方教材《书法艺术》《心理健康、新科技、综合知识》,已于2003年秋季推广使用。这些教材的推广使用都收到了良好的社会效果。

教材教辅图书的出版与发行是多年来众多出版社瞄准的一个热点。随着教育事业的发展,出版形势越来越严峻。不但省内的一些出版社想占领一席之地,外省市的一些出版社也先后介入河南市场,竞争越来越激烈。加之2001年之后,全国中小学生"减负"和教材出版体制改革,教育出版社首当其冲。如何扩大教材教辅的销售,市场面临巨大压力。面对困难和挑战,李亚娜勇于担当。她认为市场销售的空间是巨大的,问题是进一步开发拓宽。就河南来说,是一个拥有近一亿一千万的人口大省,中小学在校生有1600万之多,市场潜力是巨大的。能不能扩大教辅书的销售,关键是深入市场调查,倾听读者意见,提高图书质量,适应读者需要,而不是关住门以自己的主观意志来出书。为此,2003年夏季

---

① 叶圣陶:《在三联书店等五单位联合干部会议开幕式上的讲话》,袁亮:《中华人民共和国出版史料》(2),中国书籍出版社1996年版,第709页。

开始,连续几年大象出版社的编辑兵分几路到省市教育主管部门和学校调查研究,有针对性地编好对路教材。作为社长的李亚娜处处走在前,自己带领一班人马,在连续20多天的时间里,不辞劳苦,风雨兼程,克服了许多困难。先后到河南省的南阳地区、信阳地区、驻马店地区、三门峡市等十多个地区市县,深入到教育部门、图书发行部门和中小学进行调查,听取用书单位意见。之后,在优化选题,精编细校,提高质量方面做了改进,使教材更适合用书单位的需求,终于使发行情况好转,仅教材一项,2005年发行码洋达到6000多万元,为出版社的发展奠定了坚实的经济基础。这一步由困难到好转,显示了李亚娜把难点变亮点的才能和魄力。

书出精品　社创名牌

作为出版人的李亚娜,有一种责任担当,文化担当,守正出新,敢闯敢干敢为人先的开拓精神。建社不久,她和领导班子成员提出"书出精品,社创名牌"这一极具号召力的办社思想。评价一个出版社办得如何,首先要看它对文化建设的贡献,是出了多少好书特别是精品书。所谓精品书是指那些政治导向正确,思想内容精深,制作优美精良,能填补空白的富于创新的,能表现时代精神、民族精神的成为人类记忆遗产的传世之作。近年来由她策划、组织责编的图书约60余种,其中有10多种(套)获得国家级、省级大奖。

她策划组织并责编的《河南人口·资源·环境》丛书,描写我国杰出女子乒乓球运动员、11项世界冠军获得者的长篇纪实文学作品《邓亚萍》一书,分别获1995年、1996年中宣部"五个一工程"好书奖。

在实施图书精品工程中,李亚娜在抓选题中重视突出三个特点。

一是抓大。抓那些在文化建设和学科领域具有重大意义的选

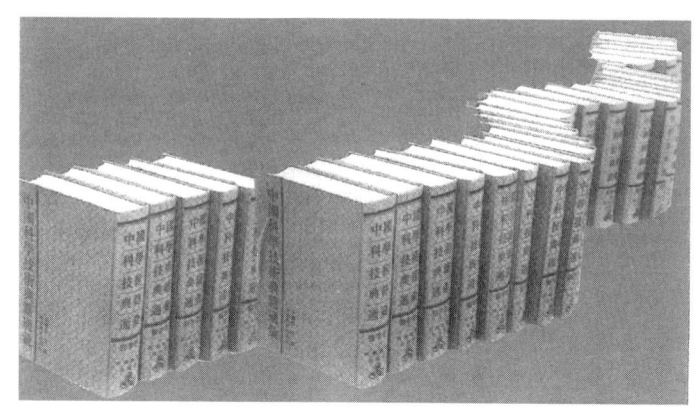

李亚娜主持实施的大型图书《中国科学技术典籍通汇》

题,这样才能在出版中起引领带动作用。如由她负责组织实施的由著名专家任继愈主编的11卷本全书50册4000多万字的《中国科学技术典籍通汇》,该书从浩若烟海的中国古代文献中,对科技典籍进行第一次全面、系统的挖掘整理,是中国科技史研究的一项基础工作,是科技史研究领域中的一项基本建设工程。由于选题意义重大,该书1997年获第三届国家图书奖提名奖。由她组织实施的《中国音乐文物大系》,分别由北京、河北、陕西、天津卷等共12卷组成,具有重要历史文献价值,该书获1999年第四届国家图书奖荣誉奖。另外,由她负责实施的《走向海洋丛书》1999年获第四届国家图书奖提名奖。

二是求新。学术研究贵在创新。出版工作者的任务在于出版那些前人未有而富于开拓创新启迪后人的新作。由她策划组织编辑出版的《工程哲学引论》一书,书中第一次提出了"科学、技术、工程"三元论,被科学家路甬祥称为是"现代哲学体系中具有开创性的崭新著作,属于马克思所说的改变世界的哲学"。

三是务实。对一些实用性、应用性的图书如史料类、资料类图书,对研究者有实用价值的图书,虽这类图书由于读者面窄,印数少,没有什么经济效益甚至亏本,但只要对读者有用,有一定文化积累价值,也大力支持出版。

1995年我和袁喜生、刘小敏承担一项国家社科规划项目《中国当代出版史料》共350万字左右。书稿出来后,这样需要大量资金投入的书哪家出版社乐意出版,一时犯难。后来我们抱着试一试的想法联系大象出版社是否接受出版。我们找到当时大象出版社的社长周常林和副总编、副社长李亚娜。不久经他们研究决定接受出版。当时我们真是喜出望外。这部书稿在编纂过程中得到老出版家王仿子的指导帮助。当我们把这一消息告诉王仿子先生时,他高兴地说:"出版社没有资金出不了好书,有了资金没有文化眼光照样出不了好书,你们算是找到了一家既有资金,又有文化眼光的出版社。"该书出版后受到出版界的广泛好评。著名出版家戴文葆在一篇评论文章中写道:"这部当代出版史料集所收文献资料,从1949年中华人民共和国成立起,至1999年50年间公开发表的文字材料,全面反映我图书出版事业的发展历程和巨大成就","可作为我国文化史、学术史、教育史及社会史的一种重要参照",

全国人大常委会副委员长何鲁丽(中)、中国版协主席于友先(右)参观大象图书展台

"在出版类图书印发十分困难的情况下,大象出版社朋友们显示了他们的远见卓识"[1]。老出版家王益等在一篇评论文章中称赞说:"全书八册,一次出齐,这要归功于大象出版社。他们以繁荣学术

---

[1] 戴文葆:《推动出版事业发展的新贡献——读〈中国当代出版史料〉》,《出版发行研究》1999年第12期。

为重,以积累文化为重,以发展出版事业为重,真正实现了把社会效益放在首位的方针","希望有更多的出版社能够像大象出版社那样,实现'三重',来共襄盛举"。①

创建名牌出版社,是出版人的最高追求。名牌出版社是靠具有品牌意义的众多图书所支撑。所谓品牌图书是高品位高质量的象征和代表,是良好信誉的保证,是铭刻在读者心目中的无形丰碑。没有高品位的品牌图书,就不会为读者所认同。品牌是图书打入市场的入场券和通行证。"品牌图书就是那些能够鲜明、系统、集中地体现出版社品牌特色的书,它是一个出版社的标志和品牌的象征。优秀的品牌书不仅代表了出版社的形象,而且能为出版社赢得良好的社会声望和信誉,为出版社带来丰厚的回报"②。为了进一步拓宽精品图书的影响力和覆盖面,把出版精品图书和创建名牌出版社结合起来,在李亚娜带领下,先后又精心推出了"大象系列书系"。如由著名学者作家李辉等主编的"大象人物自述文丛",收入巴金、赵丹、萧乾、萧红、丁玲、于光远等 20 人的自述,展现了这些人物的人生轨迹和精神世界;"大象人物聚焦书系",以冰心、茅盾、郑振铎、张元济文化界 26 人为对象,以个人历史为切入点,以传主的一生为纵线,以优美的文笔描写聚焦凸现了每个人物的性格和命运的某些片断,以传主自述和他人评点相结合的写法,多层次多侧面呈现人物的亲身经历。另外,还有"大象名家书简文丛""大象名人日记文丛"等 20 余种。这一书系的共同特点是具有令人可信的真实感、厚重的历史感、强烈的现实感。这些书的出版在出版工作中既发挥了引领作用,又为后人研究当代社会史、文化史、人物史提供了可贵的文献资料,深受读者欢迎。这一书系先后获得省部级以上奖励,并成为出版社的品牌和标志。

---

① 王益、王仿子、方厚枢:《推动出版史的研究和学习——读我国出版著作的史料出版》,《中国出版》2000 年第 3 期。

② 乔还田:《再谈出版精品是这样打造的》,《中国编辑》2017 年第 5 期。

以人为本 深化改革

改革是推动事业发展的强大驱动力。作为一社之长的李亚娜,勇立改革潮头,带领全社职工进行了一系列的改革,特别是本着以人为本的精神,重点对用人机制进行改革。

办好一家出版社,首先要有一个政治理论水平高、懂得出版规律、热爱出版事业、善于经营管理会用人的社长。社长在一定程度上决定一个出版社的发展和走向。与此同时还必须有一支热心出版事业,精通出版业务,具有工匠精神,乐于奉献的编辑队伍和管理人员队伍。鉴于人的因素在出版工作中的重要地位,李亚娜在推行一系列改革中,本着以人为本的精神,把如何用人和建立用人机制作为改革的重中之重。

一是实行全员聘用,按需聘用,双向选择,优化组合。从领导班子到全体职工全部实行岗位目标责任制,根据业绩确定员工的奖金分配,做到人尽其责,各有所得。教育社里的职工,树立社兴旺我光荣,社富裕我受益的主人翁思想,构建职工与社里利益共同体,同舟共济,把社里利益与职工个人利益捆绑在一起,极大地调动了职工的积极性。

二是采取多项措施,想法留得住招聘的优秀人员。这些年不少社根据工作需要,招聘了一些编辑和管理人员。但出现一种情况,招得来,留不住,特别是一些优秀有用之才经常流失。鉴于此,社里为了留得住优秀聘用人才,采取了诸多措施。做到政治上信任,工作上依靠,生活上关怀。对聘用职工实行与全民所有制职工同工同酬制度,根据业绩确定奖金分配。如2002年社里对三位表现比较突出的聘用编辑,根据其取得的经济效益按照社里规定的提成比例,给予一次性经济奖励;对表现突出历年考核优秀的三名聘用职工,给予了出国考察的奖励,这样大大提高了聘用人员的积极性,使他们长期安心在社里工作,真正实现了人才招得进,留得住,而且能得到相应的价值与回报,使他们一心一意干事业,真正做到了既留住"身",又留住了"心"。

三是重视编辑队伍的培养。随着形势的迅速发展,编辑人员要适应新的形势,必须不断提高自身素质,不断地填充一些新的思想,新的知识,否则就会出现知识老化、思想僵化、能力弱化。为此,社里为提高编辑队伍的素质提供平台。社里先后有4位同志参加了国家新闻出版总署委托中科院研究生院举办的出版专业高级管理研修班;有14名职工参加了河南大学编辑课程进修班学习;有10多名职工参加其他有关专业的研究生课程的学习。另外社里通过举办业务培训、专题研讨会、专业进修等形式,不断提升职工的敬业精神,政治、业务素质进一步提高,使他们增强了底气和后劲,使优秀人才脱颖而出,为出版社的进一步发展提供了人才保证。

四是切实关心职工生活。作为出版社的掌门人,李亚娜不仅做到对员工政治上充分信任,工作上大胆依靠,而且在生活上体贴关心,做到事业留人、待遇留人、情感留人。社里招聘职工较多,住地离出版社较远,不少职工中午不能回家吃饭,只能在出版社附近小餐馆用餐,既花钱多,也不方便。为了解决员工就餐问题,李亚娜投入很大精力筹建社内职工食堂。使职工花钱少、吃得好。平时员工家属有病,她总是前去探望。这些关爱,使得在社工作的员工如在自己家一样,倍感温暖,从而激励了大家的工作热情。

高尚风范　启示今人

李亚娜是在改革开放之后,由我们党培养教育成长起来的新一代的出版家。她在长达三十余年的编辑出版生涯中,担任出版社的副社长、副社长兼副总编辑、社长达20多年。她的出版业绩卓著,事迹感人,在当代女出版家中是一位比较有成就有影响的出版家之一。她对出版事业的感受、体验与经验,给当代出版人留下了宝贵的经验,提供了诸多有益启示。

热爱出版,献身出版。"看一个人对什么事情重视、投入,可以知道这个人的信念与价值观。一个人的一生把自己的兴趣爱好理想工作和事业结合在一起,享受其中的乐趣并为之努力勤勉一生,是很幸运和幸福的"①。李亚娜从1982年参加出版工作直至2015年退休,一直在出版战线上编书、出书、售书,与书结伴。当我问她从事出版工作多年感受最深的是什么时,她爽快地脱口而出说的一句话是:"当然首先是对出版事业的热爱,对出版事业有感情,只有这样才能立业创业干点事。"的确,一个人只有对自己从事的工作热爱,甚至达到痴迷的程度之时,才真正做到爱业、敬业、做出一番事业。著名出版家陈原曾这样说:"所有伟大的出版家(或者自己愿望成为一个伟大的出版家)都自幼就'嫁'给或'娶'了书这个行当。他不是天主教神父,他也结婚,但他确实将灵魂嫁或娶了书这事业。他爱书胜过一切。他为书而生,他为书而受难,甚至为书而死。这种人是十足的书迷。没有这种痴情,成不了气候。"②正因为李亚娜与出版结下不解之缘,有一种对出版事业的痴迷之情,才能把出版工作看作自己终生的事业,全身心投入,从而做出自己的贡献。

挑战困难,勇于实干。一个人在前进的道路上总会遇到这样那样的困难。作为一社之长,既要通盘考虑出版工作的整体发展规划,制定改革方案;又要考虑编辑队伍的培训提高,适应新的形势;还要走出去了解市场,扩大出版物的发行渠道。面对困难,她总是冷静思考,沉着应对,发扬"脚踏实地,善于负重,坚忍不拔,勇往直前"的大象精神,通过实干逐一解决困难。为解决教辅图书发行的困难,她亲自带队下基层进行调查;为了吸引优秀人才,她亲

---

① 傅旭清、傅文青:《心里装着阳光的人——记父亲傅璇琮先生》,《光明日报》2017年5月4日。
② 《陈原出版文集》,中国书籍出版社1995年版,第497页。

自负责招聘人才的选拔工作。为了客观公正作好这项工作,她亲自跑到河南大学找到文学院的教授和《中学语文》编辑部的负责同志商量考试命题问题。笔试之后,并组织有关专家进行面试,从而招聘了一批优秀人才,为出版社的进一步发展提供了人才保证。另外她为改善职工住房条件、办好职工食堂倾注了大量心血。她胸怀博爱,带头参加希望工程和扶贫爱心捐献活动。由于她走在前列,干在实处,在她的带领和感召下,全社职工奋勇拼搏,苦干实干,社里各项工作均取得较好成绩,受到河南省委宣传部、省新闻出版局、河南省工会的表扬。

受传统观念的影响,一个女同志要干出一番事业需要比男同志付出更大的代价。但在李亚娜的工作实践中,只要处理好各种关系,以事业为重,爱岗敬业,勇于追求,保持良好心态,攻艰克难,照样可以干出一番不凡的事业。当有人问及作为女社长对于工作、生活等方面的体验和困惑时,她的回答是:"不管是女性还是男性,只要坐在社长这个位置上,你首先所要想到的就是如何让自己称职,如何让事业发展。当然,作为女性,除了事业与工作以外,多年来形成的传统道德观念还要求她们把相当一部分精力投入到家庭和生活,这就要求她做好角色转换,要明白自己在不同的环境中的不同身份,并尽可能地做好。依我的体会,与男性相比,可能女社长更容易也更愿与下属沟通和交流,女性特有的细致、温和、严谨对做好工作的帮助是显而易见的。至于工作中的困难和困惑,我相信不止我有,所有的女社长、男社长都会有。我本人的个性可能属于那种外柔内刚型,可能还有点男性化,是属于乐观向上,开朗豁达又比较坚强的那种人,所以,对于困难,我更多地理解为挑战和机遇;对于困惑,我更多地理解为引发自己思考学习的良机。"[①]这段肺腑之言,透视了她的美好心灵,从而展示在我们面前的是一位事业心强,心

---

① 周石平:《与大象共舞——访大象出版社社长李亚娜》,《中国图书商报》2006年3月14日。

地善良,善干实干,乐观进取,好学深思,战胜困难,获得事业成功的女社长的崇高形象。

严于律己,率先垂范。李亚娜在工作中处处严格要求自己,她担任责任编辑,审读书稿,认真负责,一丝不苟;她筹划选题走出去和作者一起商量,虚心向专家请教。遇到荣誉她总是谦让想着别人,为了工作多次放弃出国考察和旅游,即使节假日和因病住院还工作不止。她廉洁自律,拒腐防变。有时一些印刷厂家为了揽活,常给社里领导送些礼物,对此,她断然拒绝。她为人低调,办事从严求高,主动进取。在工作中自豪不自满,昂扬不张扬,务实不浮躁,居功不自傲。她的准则是多做少说,做了不说。而她对社里的员工是尊重,宽容,诱导,平等相待。她心胸广阔,虚怀若谷,时刻关心她手下的一切兵将,分享手下所有人的快乐,从心底里爱着每一个员工。这里显示出她的人格魅力,这样一种令人心悦诚服地凝聚在她身边的和谐气氛,无形地产生一种强大的力量,把出版社的工作一步步推向前进。

出版家所从事的出版工作是积累传播人类先进文化,推动社会前进的大爱大益之事。"我们之所以推崇出版家,就是因为出版家在延续人类精神文化血脉中的特殊使命,就是把个体生命产生的思想文化科学成果记录下来,一代代汇集到人类的知识海洋中,形成究天人之际、通古今之变的伟大宝库。所谓做为天地立心的出版家,就是要做敢于担当、心底光明、洞察世界、追求真理的文化大家"[①]。李亚娜不愧是一位当代中国优秀的女出版家。

原载《出版史料》2017 年第 2 期

---

① 柳斌杰:《做为天地立心的出版家——喜贺〈中国出版家(丛书)〉出版》,《光明日报》2017 年 5 月 11 日。